JOHN C.
MAXWELL

EL MANUAL DE

LIDERAZGO

26

lecciones fundamentales
que todo líder necesita

GRUPO NELSON
Una división de Thomas Nelson Publishers
Desde 1798

NASHVILLE   MÉXICO DF.   RÍO DE JANEIRO

© 2007 por Grupo Nelson®
Publicado en Nashville, Tennessee, Estados Unidos de América. Grupo Nelson, Inc. es una
subsidiaria que pertenece completamente a Thomas Nelson, Inc. Grupo Nelson es una marca
registrada de Thomas Nelson, Inc. www.gruponelson.com
La Librería del Congreso ha catalogado este libro anteriormente
bajo el título *Liderazgo, principios de oro*

Título en inglés: *The Leadership Handbook*
© 2008 por John C. Maxwell
La Librería del Congreso ha catalogado este libro anteriormente bajo el título *Leadership Gold*
Publicado por Nelson Books, un sello de Thomas Nelson. Nelson Books y Thomas Nelson son
marcas registradas de HarperCollins Christian Publishing, Inc.

Publicado en asociación con la agencia literaria Yates & Yates, 1100 Town & Country Road, Suite
1300, Orange, California.

A menos que se indique lo contrario, todos los textos bíblicos han sido tomados de la Santa Biblia,
Versión Reina-Valera 1960 © 1960 por Sociedades Bíblicas en América Latina, © renovado 1988
por Sociedades Bíblicas Unidas. Usada con permiso. Reina-Valera 1960* es una marca registrada de
la American Bible Society y puede ser usada solamente bajo licencia.

Editora en Jefe: *Graciela Lelli*
Traducción: *Enrique Chi*
Adaptación del diseño al español: *Grupo Nivel Uno, Inc.*

ISBN: 978-0-71802-145-0

Edición revisada por Lidere

www.lidere.org

Impreso en Estados Unidos de América

15 16 17 18 19 RRD 9 8 7 6 5 4 3 2 1

CONTENIDO

CONTENIDO

DEDICATORIA

El manual de liderazgo está dedicado a Ella Ashley Miller, nuestra cuarta nieta. Su carácter tierno nos atrae hacia ella continuamente. Oramos que conforme crezca, aprenda las lecciones más importantes de la vida.

RECONOCIMIENTOS

Mi sincero agradecimiento para
Charlie Wetzel, mi escritor,
Stephanie Wetzel, que revisó y editó el manuscrito y
Linda Eggers, mi asistente

LECCIONES DE LIDERAZGO

He tenido una jornada notable y llena de satisfacción como líder. En 1964, a los diecisiete años de edad, empecé a leer y a recopilar ideas sobre el tema del liderazgo porque sabía que el ser líder formaría parte importante de mi carrera. A los veintidós años de edad ocupé mi primera posición de líder. En 1976 me convencí de que todo surge o se desploma por el liderazgo. Esa creencia iba acompañada de una pasión constante por estudiar y enseñar este tema vital.

Aprender a dirigir con eficacia ha sido un verdadero desafío. Enseñar a otros a ser líderes eficaces ha sido un desafío todavía mayor. A finales de los años 70, me entregué por completo a entrenar y levantar líderes potenciales. Para delicia mía, descubrí que era posible desarrollar líderes. Eso eventualmente me motivó a escribir mi primer libro sobre liderazgo en 1992, titulado *Desarrolle el líder que está en usted*. Desde esa fecha he escrito muchos otros. Por más de cuarenta años, dirigir y enseñar a líderes ha sido parte de la obra de mi vida.

AÑADIENDO VALOR A SU LIDERAZGO

Este libro es el resultado de años de vivir en un entorno de líderes y de aprender por ensayo y error lo que significa ser líder. Las lecciones que he aprendido son personales y frecuentemente sencillas; pero pueden tener un impacto profundo. Cada capítulo es una lección clave de liderazgo. En las manos de las personas adecuadas, puede añadir un valor formidable a su liderazgo.

Al leer cada uno, por favor comprenda que...

1. Todavía estoy aprendiendo a ser líder. No he llegado a la línea final, y este libro no constituye mi declaración final en cuanto al tema del liderazgo. Pocas semanas después de que se haya publicado este libro habrá ideas que seguramente querré añadirle. ¿Por qué? Porque continúo aprendiendo y creciendo. Espero seguir creciendo hasta el día que muera.

2. Muchas personas han contribuido a las lecciones de liderazgo contenidas en este libro. Uno de los capítulos se titula «Pocos líderes alcanzan el éxito, a menos que haya muchos que así lo deseen». Eso definitivamente ha sido cierto para mí. Se dice que un individuo sabio aprende de sus errores, uno más sabio aprende de los errores de los demás, pero el más sabio aprende del éxito de los demás. Hoy me apoyo sobre los hombros de muchos líderes que añadieron un valor extraordinario a mi vida. Mañana espero que *usted* pueda apoyarse sobre *mis* hombros.

3. Lo que enseño puede aprenderlo cualquiera. El filósofo griego Platón dijo: «La mayor parte de la instrucción es que a uno le recuerden las cosas que ya sabía». Esa es la mejor forma de aprender. Como autor y maestro, lo que procuro hacer es ayudar a que otros comprendan verdaderamente, y de modo nuevo y claro, algo que desde mucho antes han percibido por intuición. Trato de crear momentos en los cuales se digan «¡Ajá!» a sí mismos.

Aunque he vivido mi vida de líder avanzando, he comenzado a entenderla mejor al mirar hacia atrás. Ahora, a los sesenta y ocho años de edad, quiero compartirle las veintiséis lecciones importantes que he aprendido en cuanto a ser líder. No hay que ser experto para comprender lo que busco enseñar, y tampoco hay que ser presidente de una empresa para aplicarlo. No quiero que ninguno que lea mis libros se sienta como Carlitos, el personaje de «Snoopy», que admiraba una vez el castillo de arena que había creado en una playa solo para verlo derrumbarse por un gran aguacero. Al mirar el lugar plano en donde antes estuvo su obra de arte, dijo: «Sé que hay una lección aquí en alguna parte, pero no la veo». Mi meta no es impresionarle mientras que los conocimientos y perspectivas que ofrezco se le escapan; sino es ser un amigo que le ayude.

4. Muchas de las lecciones que comparto son resultado de errores de liderazgo que he cometido. Algunas de las lecciones fueron muy dolorosas al momento de aprenderlas. Todavía siento las punzadas que me causaron al compartirlas con usted. Me recuerda la frecuencia con la cual he cometido errores, pero esto también me alienta porque me alegra reconocer que hoy tengo más sabiduría que la que tenía en años anteriores.

El poeta Archibald MacLeish una vez observó: «Solo hay una cosa más dolorosa que aprender de la experiencia, y es no aprender de ella». Con mucha frecuencia veo a personas cometer un error y seguir tercamente adelante tan solo para terminar repitiendo el mismo error. Resueltamente se dicen a sí mismos: Inténtalo y vuélvelo a intentar. Cuánto mejor sería decir: Inténtalo, luego detente, piensa, cambia lo que haya que cambiar y entonces vuélvelo a intentar.

5. Su capacidad de convertirse en un mejor líder depende de su respuesta. Leer un libro nunca basta para hacer una diferencia en una vida. Lo que tiene el potencial de mejorarle es su respuesta. Por favor, no tome atajos con este libro. Pase tiempo con él. Aplique las lecciones.

Es necesario pasar por un proceso para mejorar y ello requiere paciencia, perseverancia e intención. William A. Ward dijo: «Guardar una gran verdad en la memoria es admirable; pero invertirla en la vida es sabiduría».

Le recomiendo que conserve este libro como su acompañante por un tiempo prolongado, para que llegue a formar parte de su vida. El autor y profesor Peter Senge define el aprendizaje como «un proceso que ocurre durante el transcurso de cierto tiempo y que siempre incorpora tanto pensar como hacer». A esto añade: «El aprendizaje es sumamente contextual... Sucede en el contexto de algo significativo y cuando el que aprende se pone en acción».

Si usted es un líder en desarrollo, le recomiendo que pase veintiséis semanas trabajando con este libro, una semana por cada capítulo. Lea cada capítulo y luego siga las instrucciones dadas en la sección de aplicación de dicho capítulo. Si permite que cada lección penetre su ser, y luego la complementa al ponerla en práctica antes de continuar con el capítulo siguiente, creo que con el paso del tiempo se asombrará por la cantidad de cambios positivos que habrán sucedido en su liderazgo.

Si usted es un líder con experiencia, tómese cincuenta y dos semanas. ¿Por qué más tiempo? Porque después de haber avanzado un capítulo, deberá dedicar una semana dirigiendo a los individuos que le ven como un mentor hasta que entiendan ese mismo capítulo. Cuando termine el año, no solo habrá crecido usted, sino que habrá ayudado a otros líderes en desarrollo a alcanzar un nuevo nivel. Después de los ejercicios de aplicación se incluye un momento para mentores para ayudarle. Éste tiene sugerencias para ayudar a que los individuos crezcan en su liderazgo en el área cubierta por el capítulo correspondiente.

Será necesario que haya logrado cierto grado de compenetración y confianza con los demás antes de poder llevar a cabo algunas de las sugerencias. Si no ha desarrollado esto con los individuos a quienes desea servir como mentor, invierta tiempo para edificar su relación con ellos de manera que pueda hablar a sus vidas.

EL LIDERAZGO HACE UNA DIFERENCIA

¿Por qué debería tomarse la molestia de aprender más acerca del liderazgo? De hecho, ¿por qué me he esforzado tanto por aprender acerca del liderazgo y destilar estas lecciones durante cuarenta y pico años? ¡Porque el buen liderazgo siempre hace una diferencia! He observado lo que el buen liderazgo puede hacer. He visto cómo puede cambiar a una organización y tener un impacto positivo sobre miles de individuos. Es cierto que el liderazgo no es fácil de aprender, ¿pero acaso hay algo que valga la pena que sea fácil de aprender? El convertirse en un mejor líder rinde dividendos, pero requiere de mucho esfuerzo. El liderazgo exige mucho de una persona. Es demandante y complejo. Esto es lo que quiero decir...

Liderazgo es estar dispuesto a arriesgarse.
Liderazgo es sentir pasión por hacer una diferencia en los demás.
Liderazgo es sentirse insatisfecho con la realidad actual.
Liderazgo es tomar responsabilidad cuando los demás están presentando excusas.
Liderazgo es ver las posibilidades que ofrece una situación, cuando los demás solo ven las limitaciones.
Liderazgo es estar preparado para sobresalir en medio de una muchedumbre.
Liderazgo es tener una mente y un corazón abiertos.

Liderazgo es la capacidad de sumergir su ego para elegir lo mejor.

Liderazgo es estimular en otros la capacidad de soñar.

Liderazgo es inspirar a los demás con una visión de lo que cada uno puede aportar.

Liderazgo es el poder que ejerce uno para aprovechar el poder de muchos.

Liderazgo es cuando su corazón habla al corazón de los demás.

Liderazgo es la integración del corazón, la mente y el alma.

Liderazgo es la capacidad de preocuparse por los demás, y al hacerlo, liberar las ideas, energía y capacidades de los demás.

Liderazgo es hacer que un sueño se convierta en realidad.

Liderazgo, por encima de todo, es valentía.

Si estos pensamientos en cuanto al liderazgo le aceleran el pulso y agitan su corazón, entonces aprender más sobre el mismo hará una diferencia en usted y usted hará una diferencia en las vidas de otros. Dé vuelta a la página y empecemos.

1

SI SE SIENTE SOLO EN LA CIMA, NO ESTÁ HACIENDO ALGO BIEN

La generación de mi padre creía que los líderes nunca debían acercarse mucho a las personas que dirigían. «Guarda tu distancia», fue una frase que escuché a menudo. Se suponía que los líderes estaban un tanto por encima y aparte de aquellos a quienes dirigían. Como resultado de ello, cuando empecé mi jornada de liderazgo, me cercioré de mantenerme a cierta distancia de mi gente. Intenté acercarme lo suficiente para dirigirles, pero permanecer a una distancia suficiente como para no ser influenciado por ellos.

Este acto de malabarismo de inmediato creó muchos conflictos internos en mí. Honestamente, me gustaba acercarme a los que estaba dirigiendo y además sentía que uno de mis puntos fuertes era mi habilidad de establecer una conexión con la gente. Estos dos factores me llevaron a luchar en contra de la enseñanza que había recibido sobre guardar mi distancia. Y, por cierto, pocos meses después de aceptar mi primera posición de liderazgo, mi esposa Margaret y yo empezamos a desarrollar amistades cercanas. Disfrutábamos de nuestro trabajo y de las personas que había en la organización.

Al igual que muchos líderes que inician sus carreras, sabía que no permanecería en ese cargo para siempre. Me servía como una buena experiencia, pero pronto me sentí listo para enfrentar desafíos mayores. Después de tres años, renuncié para aceptar una posición en Lancaster, Ohio. Nunca olvidaré la respuesta de la mayoría de los individuos al enterarse de nuestra partida: «¿Cómo puedes hacer esto después de todo lo que hemos hecho juntos?». Muchos tomaron mi partida como una ofensa personal. Pude ver que se sentían heridos. Eso realmente me molestó. Al instante pude escuchar la voz de los líderes mayores en mis oídos: «No te acerques demasiado a la gente». Al dejar ese cargo para ocupar mi siguiente posición de liderazgo, me hice la promesa de evitar que los demás se acercaran demasiado a mí.

ESTA VEZ LA COSA ES PERSONAL

En mi segunda posición, por primera vez en mi jornada de líder, pude contratar a otros para que me ayudaran. Un joven parecía muy prometedor, así que le contraté y empecé a verter mi vida en él. Pronto descubrí que entrenar y desarrollar a personas era tanto un punto fuerte como un gozo para mí.

Este miembro del personal y yo hacíamos todo juntos. Una de las mejores maneras de entrenar a otros es permitirles que le acompañen y observen lo que usted hace, darles un poco de capacitación, y luego dejarles que lo intenten por sí mismos. Eso fue lo que hicimos. Fue mi primera experiencia como mentor.

Pensé que todo iba de maravilla. Entonces un día me enteré de que este individuo había tomado cierta información delicada que yo le había compartido y había violado mi confianza al contársela a terceros. Eso no solo me hirió como líder, sino que también fue una herida personal. Me sentí traicionado. De más está decir que lo despedí; y nuevamente las palabras de líderes con mucha experiencia resonaron en mis oídos: «No te acerques demasiado a la gente».

> *La soledad no es un problema del cargo que se ocupa, sino de la personalidad del individuo.*

Esta vez había aprendido mi lección. Nuevamente me propuse guardar una distancia con todos los que me rodearan. Contrataría al personal para que hiciera su trabajo, y yo haría el mío, ¡y solo nos reuniríamos para la fiesta anual de Navidad!

Por seis meses logré mantener esta separación personal. Pero entonces un día me di cuenta de que mantener a todos a distancia es una espada de dos filos. Las buenas noticias eran que al guardar la distancia, nadie me lastimaría, pero las malas noticias eran que nadie tampoco podría ayudarme si lo necesitaba. Así que a los veinticinco años de edad tomé una decisión. Como líder, «caminaría lentamente entre la multitud». Tomaría el tiempo, y correría el riesgo, de acercarme a los demás y permitir que ellos se acercaran a mí. Hice el voto de amar a las personas antes de tratar de dirigirlas. Esta decisión me haría vulnerable algunas veces. Sería lastimado; aun así, tener relaciones cercanas me permitiría no solo ayudarles, sino recibir ayuda de parte de ellos. Esa decisión transformó mi vida y mi liderazgo.

LA SOLEDAD NO ES UN PROBLEMA DEL LIDERAZGO

Hay una caricatura que muestra a un ejecutivo sentado desoladamente detrás de un escritorio inmenso. Parado humildemente del otro lado del escritorio se encuentra un hombre que viste ropas de trabajo, y dice: «Si le sirve de consuelo, aquí abajo también se siente uno solo». El estar en la cima no significa que hay que estar solo. Tampoco es el caso si uno está abajo. He conocido a gente que se siente solitaria en el último lugar, en el primer lugar, y en el medio. Ahora reconozco que la soledad no es un problema del cargo que se ocupa, sino de la personalidad del individuo.

Para muchos, la imagen del líder es aquella del individuo que está solo en la cima de la montaña, mirando hacia abajo a su gente. Está separado, aislado y solitario. De allí el dicho: «La cima es solitaria». Pero yo alegaría que esa frase nunca la dijo un gran líder. Si usted está dirigiendo a otros y se siente solo, entonces no está haciendo bien las cosas. Piénselo. Si usted está solo, eso significa que no hay nadie siguiéndole; y si nadie le está siguiendo, entonces ¡en realidad no es líder!

Llevar a la gente hasta la cima es lo que hacen los buenos líderes.

¿Qué clase de líder dejaría a todos atrás para embarcarse en la jornada solo? Pues uno egoísta. Llevar a la gente hasta la cima es lo que hacen los buenos líderes. Elevar a los individuos a un nivel más alto es requisito del liderazgo eficaz. Es difícil lograr eso si uno se aleja mucho de la gente, porque entonces uno no puede percibir sus necesidades, conocer sus sueños, ni sentir el latido de sus corazones. Por otro lado, si las cosas no mejoran para las personas como resultado de los esfuerzos del líder, entonces esa gente necesita a un líder diferente.

VERDADES ACERCA DE LA CIMA

Debido a que este tema del liderazgo es cuestión sumamente personal para mí, he pensado mucho en ello a lo largo de los años. Estas son algunas de las cosas que usted necesita saber:

Nadie llega a la cima solo

Pocos son los líderes que logran el éxito sin que haya muchas personas que así lo deseen. Ningún líder tiene éxito sin la ayuda de otros. Tristemente, tan pronto como algunos líderes llegan a la cima, dedican su tiempo a echar a otros abajo. Juegan a ser el rey de la montaña debido a su inseguridad o sentido de competencia. Eso puede darles resultado por cierto tiempo, pero generalmente no dura mucho. Si su meta es derribar a otros, usted dedica demasiado tiempo y esfuerzo a cuidarse de individuos que le harían eso mismo. En lugar de ello, ¿por qué no mejor darles una mano para ayudarles a subir y pedirles que le acompañen?

Llegar a la cima es esencial para poder llevar a otros a la cima

Hay muchos en el mundo que están dispuestos a dar su consejo sobre cosas que nunca han experimentado personalmente. Son como un agente de viajes de mala calidad: le venden un boleto costoso y le dicen: «Espero que disfrute de su viaje». Luego uno nunca los vuelve a ver. En contraste, los buenos líderes son como guías turísticos. Conocen el territorio porque han viajado por él con anterioridad y hacen lo posible, para que el viaje sea agradable y exitoso para todos.

La credibilidad del líder empieza con el éxito personal. Termina cuando uno ayuda a otros a lograr el suyo. Para obtener credibilidad, es necesario demostrar tres cosas de modo constante:

1. Iniciativa: Hay que *levantarse* para poder subir.
2. Sacrificio: Hay que *renunciar* a ciertas cosas para poder subir.
3. Madurez: Hay que *crecer* para poder subir.

Si usted les muestra el camino, habrá personas dispuestas a seguirle. Cuanto más alto ascienda, tanto mayor será el número de personas dispuestas a viajar con usted.

Llevar a las personas a la cima da más satisfacción que llegar a ella solo

Hace unos cuantos años tuve el privilegio de dar una charla en el mismo escenario que Jim Whittaker, el primer estadounidense en escalar el Monte Everest. Durante el almuerzo le pregunté cuál de sus experiencias de alpinista le había dado mayor satisfacción. Su respuesta me sorprendió.

—He ayudado a más personas a llegar a la cima del Monte Everest que ningún otro —repuso—. Llevar hasta la cima a la gente que nunca llegaría allí sin mi ayuda es mi logro más grande.

Evidentemente esta es una forma común de pensar entre los grandes guías de alpinismo. Hace años vi una entrevista con uno de estos guías en el programa de TV *60 Minutes* [60 minutos]. Algunas personas habían muerto en el intento de escalar el Monte Everest, y a uno de los guías que sobrevivió le preguntaron: —¿Habría muerto alguno de los guías si no hubieran estado dirigiendo a otros a la cima?

—No —respondió—, pero el propósito de los guías es llevar a las personas hasta la cima.

El entrevistador preguntó: —¿Por qué los alpinistas arriesgan sus vidas para llegar hasta la cima de los montes?

El guía respondió: —Evidentemente usted nunca ha estado en la cima.

Recuerdo haber pensado que los guías de alpinismo y los líderes tienen mucho en

> *La credibilidad del líder empieza con el éxito personal. Termina cuando uno ayuda a otros a lograr el suyo.*

común. Existe una diferencia grande entre un *jefe* y un *líder*. El jefe dice: «Vaya». El líder dice: «Vamos». El propósito del líder es llevar a otros a la cima, y cuando uno lleva allí a individuos que de otro modo no hubieran llegado, no existe sensación como esa en el mundo. A los que nunca han tenido esa experiencia, no es posible explicársela; a los que ya la han tenido, de más está hacerlo.

Por una gran parte del tiempo el líder no está en la cima

Los líderes rara vez permanecen inmóviles. Se mueven constantemente. Algunas veces bajan del monte para hallar a nuevos líderes en potencia. Otras veces intentan escalar con un grupo de personas. Los mejores líderes pasan mucho tiempo sirviendo y levantando a otros líderes.

Jules Ormont dijo: «Un gran líder nunca se pone a sí mismo por encima de sus seguidores, salvo al llevar las responsabilidades». Los buenos líderes que permanecen en conexión con su gente se inclinan, pues esa es la única forma de extender la mano para levantar a otros. Si desea ser el mejor líder que pueda ser, no permita que la inseguridad, las trivialidades ni los celos le impidan extender su mano para alcanzar a otros.

CONSEJOS PARA LÍDERES SOLITARIOS

Si se encuentra lejos de su gente, ya sea por accidente o intencionadamente, es necesario que cambie. Es cierto que habrá riesgos. Podría herir a otros o salir herido. Pero si anhela ser el líder más eficiente que pueda, no existe otra alternativa viable. Esta es la forma de empezar:

1. Evite pensar solo en posiciones

El liderazgo tiene que ver tanto con las relaciones como con las posiciones. Un individuo que adopta un enfoque de relaciones personales en su liderazgo jamás se sentirá solitario. El tiempo dedicado a edificar relaciones crea amistades con otros. Por otro lado, los líderes enfocados en posiciones con frecuencia se sienten solitarios. Cada vez que utilizan su título y autoridad para «persuadir» a su gente a que haga algo, crean una distancia entre ellos y los demás. Están diciendo, en esencia: «Yo estoy aquí arriba y tú allá abajo, así que haz lo que digo». Eso hace que los demás se sientan insignificantes y pequeños y forma una barrera entre ellos y el líder. Los buenos líderes no subestiman a los demás, sino que los engrandecen.

Cada año invierto tiempo enseñando liderazgo a nivel internacional. El liderazgo posicional es un estilo de vida establecido en muchos países en desarrollo. Los líderes acumulan y protegen el poder. solo se les permite a ellos ocupar la cima, y se espera que todos los demás les sigan. Lamentablemente, esta práctica impide que muchos líderes en potencia se desarrollen y crea soledad para los que son líderes.

> *El liderazgo tiene que ver tanto con las relaciones como con las posiciones. Un individuo que adopta un enfoque de relaciones personales en su liderazgo jamás se sentirá solitario.*

Si ocupa una posición de liderazgo, no dependa de su título para convencer a los demás a que le sigan. Edifique relaciones personales. Gánese a los demás. Haga esto y nunca será un líder solitario.

2. Reconozca las desventajas del éxito y del fracaso

El éxito puede ser peligroso, y el fracaso también. Cada vez que uno piensa que es «un éxito», uno empieza a separarse de aquellos que uno estima como menos exitosos. Uno empieza a pensar: *No necesito verlos*, y uno se aparta. Irónicamente, el fracaso también conduce a la separación, pero por otras razones. Si se considera como «un fracasado», uno evita a los demás al pensar: *No quiero verlos*. Estos dos pensamientos extremos crean una separación malsana de los demás.

3. Comprenda que su negocio es tratar con personas

Los mejores líderes saben que para dirigir a las personas es necesario amarlas. Nunca he conocido a un buen líder al que no le importaran los demás. Los líderes ineficientes tienen la actitud incorrecta, y dicen: «Amo a la humanidad; ¡pero no aguanto a la gente!». Los líderes buenos comprenden que a los demás poco les importa lo mucho que uno sepa hasta que ven que uno se preocupa por ellos. Es necesario que nos guste tratar con la gente, o de lo contrario nunca la valoraremos. Y si se torna indiferente hacia ella, uno se encuentra a cortos pasos de manipularlos. Ningún líder debe hacer eso.

4. Adopte la Ley de lo Trascendental

La Ley de lo Trascendental, mencionada en *Las 17 leyes incuestionables del trabajo en equipo*, afirma: «Uno es demasiado pequeño como para pretender hacer grandes cosas». Ningún logro que tenga valor verdadero ha sido alcanzado por un ser humano que trabaje solo. Le desafío a que piense en una sola excepción a esto. (He presentado este desafío en conferencias por años y nadie ha logrado identificar una sola excepción hasta ahora.) Honestamente, si usted puede cumplir por sí mismo la visión que tiene para su vida y su trabajo, entonces sus metas no son lo suficientemente ambiciosas. En ocasiones hay individuos que se presentan ante mí diciendo: «Todo lo que he hecho, lo he hecho solo». Frecuentemente siento la tentación de responder: «Lo lamento. Si todo lo ha tenido que hacer usted mismo, entonces no ha hecho mucho».

En mis organizaciones no tengo empleados, tengo compañeros de equipo. Sí, pago salarios y ofrezco prestaciones. Pero estas personas no trabajan para mí, sino trabajan conmigo. Trabajamos juntos por lograr la visión. Sin ellos, no puedo obtener el éxito. Sin mí, ellos no pueden lograrlo. Somos un equipo. Alcanzamos nuestras metas juntos. Nos necesitamos unos a otros. Si no nos necesitáramos, entonces uno de nosotros se encontraría fuera del lugar que le corresponde.

Cuando hay individuos laborando juntos por lograr una visión común, esto puede ser una experiencia increíble. Hace algunos años atrás, los tenores de la ópera José Carreras, Plácido Domingo y Luciano Pavarotti se presentaron juntos y un reportero trató de averiguar si entre ellos había un espíritu de competencia. Cada uno de estos cantantes es una estrella, y el reportero buscaba descubrir una rivalidad entre ellos. Domingo hizo a un lado la pregunta. «Hay que concentrarse completamente en abrir el corazón a la música», dijo. «No podemos ser rivales si estamos haciendo música juntos».

Por muchos años he intentado mantener ese tipo de actitud hacia las personas con quienes trabajo. Nuestro enfoque es lo que estamos tratando de lograr juntos, y no las jerarquías ni distancias profesionales, ni la conservación del poder. He recorrido un largo camino desde mi punto de partida en este viaje de liderazgo. Al principio mi actitud era que la cima era solitaria, pero ha cambiado al seguir una evolución que se ve más o menos así:

De «La cima es solitaria» a
«Si me siento solo en la cima, es que algo estoy haciendo mal», a
«Ven a la cima y únete a mí», a
«Subamos juntos a la cima», a
«La cima no es solitaria».

Hoy nunca «asciendo al monte» solo. Mi tarea es asegurarme de que el equipo ascienda junto hasta la cima. Algunas de las personas que invito a ir conmigo me pasan y ascienden más alto de lo que llego yo; eso no me molesta. Si sé que pude darles la mano y ayudarles en el camino, entonces me siento sumamente satisfecho. Algunas veces ellos me devuelven el favor y me ayudan a ascender a su nivel; me siento agradecido por ello.

Si usted es líder y se siente aislado, entonces no está haciendo algo bien. La soledad por parte de un líder es asunto de elección. He escogido recorrer mi camino con otras personas. Espero que usted también lo haga.

SI SE SIENTE SOLO EN LA CIMA, NO ESTÁ HACIENDO ALGO BIEN

EJERCICIOS DE APLICACIÓN

1. ¿Le va mejor con la ciencia o con el arte del liderazgo? Algunos líderes son mejores con la parte técnica de dirigir: estrategia, planificación, finanzas, etc. Otros son mejores con la parte del trato con la gente: conexiones, comunicaciones, presentación de una visión, motivación, etc. ¿Cuál es su punto fuerte?

Si usted es más apto con la técnica, nunca pierda de vista el hecho de que el asunto en el liderazgo es tratar con personas. Tome medidas para mejorar sus técnicas de trato con ellas. Intente caminar lentamente por los pasillos para que pueda hablar con los demás y llegue a conocerles. Lea libros o tome cursos al respecto. Pídale sugerencias a un amigo que sea hábil en el trato personal; busque consejo. Haga lo que sea necesario para mejorar.

2. ¿Por qué desea llegar a la cima? La mayoría de las personas siente un deseo natural por mejorar su vida. Para muchos, esto significa ascender por la escala profesional para obtener una posición más alta. Si la única motivación que tiene para ser líder es ascender en su carrera y la superación profesional, usted corre el peligro de convertirse en el tipo de líder posicional que juega a ser el rey del monte con sus colegas y empleados. Dedique tiempo a examinarse a sí mismo para descubrir cómo su liderazgo podría y debería beneficiar a los demás.

3. ¿Qué tan grande es su sueño? ¿Cuál es su sueño? ¿Qué cosa le encantaría lograr en su vida y carrera? Si es algo que puede lograr por sí solo, está desperdiciando su potencial de liderazgo. Todo lo que vale la pena hacerse, vale la pena hacerse acompañado por otros. Sueñe en grande. ¿Qué logro puede imaginarse que exigiría más de lo que usted podría hacer por sí mismo? ¿Qué tipo de compañeros de equipo necesitaría para lograrlo? ¿Cómo podría beneficiarles el viaje a ellos, al igual que a usted o a la organización? Amplíe sus horizontes de pensamiento y probablemente decidirá ascender hasta la cumbre con un equipo.

MOMENTO PARA MENTORES

Como mentor de liderazgo, su tarea es evaluar cómo las personas que lo ven como tal, manejan sus relaciones. Algunas personas se sienten limitadas por su incapacidad de interactuar bien con los demás. Si se sienten desconectados de las personas que están por encima de ellos, por debajo de ellos o a su lado en la jerarquía de la corporación, fíjese la meta de ayudarles en esta área y también a establecer conexiones.

2

---⚮---

LA PERSONA MÁS DIFÍCIL DE DIRIGIR SIEMPRE ES USTED MISMO

En una conferencia, durante una sesión de preguntas, alguien preguntó: «¿Cuál ha sido su desafío más grande como líder?». Creo que mi respuesta sorprendió a casi todos en el auditorio.

—Dirigirme a mí mismo —respondí—. Ese siempre ha sido mi desafío más grande como líder.

Creo que eso es cierto para todos los líderes, sin importar a quiénes guían ni qué logran. A veces pensamos en líderes de éxito a lo largo de la historia y suponemos que ellos tenían todo bajo control. Pero si examinamos sus vidas detenidamente, ya sea que se trate del Rey David, George Washington o Winston Churchill, veremos que ellos también lucharon por dirigirse bien a sí mismos. Por eso es que digo que la persona más difícil de dirigir siempre es uno mismo. Es como afirmó Walt Kelly, en su tira cómica *Pogo*: «Hemos hallado al enemigo, y somos nosotros mismos».[1]

Reconocer que liderarme a mí mismo es un desafío me trae recuerdos dolorosos. Una gran parte de mis fallas de liderazgo han sido personales. En mi carrera de liderazgo que ha abarcado casi cuatro décadas he cometido una buena cantidad de errores, pero solo he experimentado cuatro crisis graves de liderazgo, y lamento admitir que cada una de ellas fue culpa mía.

La primera sucedió en 1970, apenas dos años después de haber empezado a ocupar mi primera posición oficial de liderazgo. Luego de dos años de trabajo, me había ganado la confianza de muchos individuos y muchas cosas estaban sucediendo. No obstante, un día me di cuenta de que nuestra organización carecía de dirección. ¿Por qué? Porque yo carecía de la capacidad de ordenar las prioridades correctamente y enfocar mi lideraz-go. Como líder joven, no había llegado a comprender que la actividad no siempre equivale a tener logros. Como resultado de ello, mi gente, por seguir mi ejemplo, anduvo vagando por el desierto por dieciséis meses. Al final, en realidad no les había dirigido a ninguna parte.

La siguiente crisis me sucedió en 1979. En ese entonces me sentía halado en dos direcciones diferentes. Había tenido éxito en mi segunda posición de liderazgo, pero también me di cuenta de que para alcanzar a una audiencia más grande, lo cual sentí que era lo correcto intentar dadas las circunstan-cias, me sería necesario dejar la organización de la cual había formado parte por los primeros doce años de mi carrera. Mi incertidumbre y los cambios personales que estaba enfrentando en ese entonces tuvieron un impacto negativo sobre la organización que estaba a mi cargo. Perdí mi enfoque, y mi visión para la organización se enturbió. Mi pasión y energía también empe-zaron a disiparse. Los líderes que pierden su enfoque no tienen la eficiencia que debieran tener. Como resultado de ello, no avanzábamos tan eficientemente como hubiéramos debido.

> *La naturaleza humana parece dotarnos de la capacidad de evaluar a todo el mundo, menos a nuestra persona.*

La tercera me sucedió en 1991, cuando me hallé sobrecargado de trabajo y con una vida desequilibrada. Debido a que había dirigido a mi organización con éxito por diez años, pensé que podía tomar ciertos ata-jos para facilitarme las cosas. Tomé tres decisiones difíciles en rápida suce-sión sin investigar la situación debidamente ni tomar el tiempo de explicárselas a todos los involucrados. ¡Qué error! Como resultado de ello, la gente no estaba preparada para las decisiones, y yo no estaba preparado para su respuesta. La confianza que me había tomado diez años ganar empezó a erosionarse. Para empeorar las cosas, cuando los que cuestionaban mis deci-siones se sentían reacios a seguir mi guía, me torné cada vez más impaciente. Pensé con enojo: *¿Cuál es su problema? ¿Por qué no captan la idea y corren con ella?* En cosa de unas cuantas semanas me percaté que el problema no eran ellos, sino yo. Tuve que pedirles disculpas a todos por mi actitud.

La cuarta sucedió en 2001 y tuvo que ver con un miembro del personal a quien tuve que despedir. Les contaré más en detalle en el capítulo «La primera responsabilidad de un líder es definir la realidad». El resultado final del asunto es que mi falta de disposición al tomar decisiones difíciles me hizo perder mucho dinero y a algunas personas clave. Nuevamente, la causa del problema fui yo.

DECIDA POR SÍ MISMO

Si somos honestos, reconoceremos que la persona más difícil de dirigir somos nosotros mismos. La mayoría de la gente no tiene que preocuparse de la competencia. Los demás no son la causa de que salgan perdiendo. Si no ganan, es porque ellos se descalifican a sí mismos.

Eso es tan cierto para los líderes como lo es para cualquier otro. Nosotros frecuentemente somos nuestros propios enemigos. ¿Por qué es así?

No nos vemos a nosotros mismos como vemos a los demás

Mis años aconsejando a otros me han enseñado algo importante: las personas rara vez tienen una imagen realista de sí. La naturaleza humana parece dotarnos de la capacidad de evaluar a todo el mundo, menos a nuestra persona. Por ese motivo en mi libro *Cómo ganarse a la gente* empiezo con el Principio del Espejo, el cual advierte: «La primera persona que debemos de examinar… nosotros mismos». Si usted no se ve a sí mismo de modo realista, nunca comprenderá dónde yacen sus dificultades personales; y si no puede verlas, no podrá ser autodirigido con eficiencia.

Somos más duros con los demás que lo que somos con nosotros mismos

La mayoría de las personas utiliza un juego de criterios para juzgarse a sí mismas y otro completamente diferente para juzgar a los demás. Tendemos a juzgar a los demás según sus *acciones*. Todo es sencillo y tajante. Sin embargo, nos juzgamos a nosotros mismos según nuestras *intenciones*. Aunque hagamos algo indebido, si creemos que nuestros motivos fueron buenos, nos eximimos de la responsabilidad; y muy seguido estamos dispuestos a hacer eso una y otra vez antes de exigirnos cambios.

CLAVES PARA DIRIGIRSE A SÍ MISMO

La verdad es que para tener éxito en una empresa, sea cual fuere, hay que aprender a quitarnos a nosotros mismos de nuestro camino. Eso rige tanto para los líderes como para cualquier otro. Debido a que he sabido por años que la persona más difícil de dirigir soy yo mismo, he tomado medidas que me ayuden a hacer eso. Por medio de practicar las cuatro cosas que menciono a continuación, he intentado ser autodirigido como requisito para dirigir a otros:

1. Aprenda a seguir

El obispo Fulton J. Sheen afirmó: «La civilización siempre corre peligro cuando a los que nunca han aprendido a obedecer les es dado el derecho de mandar». solo un líder que ha seguido bien sabe cómo dirigir a otros bien. El buen liderazgo exige comprender el mundo en el cual viven sus seguidores. La conexión con su gente es posible porque usted ha caminado en sus pasos; sabe lo que significa estar bajo autoridad y por ello tiene un mejor sentido sobre cómo debe ejercerse. En contraste, los líderes que nunca han seguido bien o que nunca se han sometido a una autoridad tienden a ser orgullosos, poco realistas, rígidos y autocráticos.

> «La civilización siempre corre peligro cuando a los que nunca han aprendido a obedecer les es dado el derecho de mandar».
> —Obispo Fulton J. Sheen

Si esas palabras describen su estilo de liderazgo, más vale que se examine a sí mismo. Los líderes arrogantes pocas veces son eficientes a la larga. Ellos apartan a sus seguidores, a sus colegas y a sus líderes. Aprenda a someterse al liderazgo de otra persona y a seguir bien, y se convertirá en un líder más humilde, y más eficiente.

2. Desarrolle autodisciplina

Se cuenta que un día Federico el Grande de Prusia caminaba por las afueras de Berlín cuando se topó con un hombre muy anciano que caminaba a paso decidido y directamente en sentido opuesto.

—¿Quién eres? —inquirió Federico de su súbdito.

—Soy un rey —repuso el anciano.

—¡Un rey! —dijo Federico, riéndose—. ¿Y sobre cuál reino reinas?

—Sobre mí mismo —respondió orgullosamente el anciano.

Cada uno de nosotros es «monarca» de su propia vida. Somos responsables de gobernar sobre nuestras acciones y decisiones. Para tomar decisiones coherentemente buenas, tomar la acción correcta cuando sea necesario y refrenarnos de las acciones incorrectas se requiere de carácter y autodisciplina. Hacer lo contrario es perder el control sobre nosotros mismos: decir cosas que luego lamentamos, perder oportunidades que se nos conceden, gastarlo todo hasta quedar endeudados. Como observó el rey Salomón: «El rico se enseñorea de los pobres, y el que toma prestado es siervo del que presta».[2]

En su obra «Decisión de carácter», el ensayista británico John Foster escribe: «Un hombre sin decisión de carácter nunca puede describirse como dueño de sí mismo. Él le pertenece a todo lo que pudiere hacerle cautivo». Cuando somos necios, deseamos conquistar al mundo. Cuando somos sabios, deseamos con-

> *Cuando somos necios, deseamos conquistar al mundo. Cuando somos sabios, deseamos conquistarnos a nosotros mismos.*

quistarnos a nosotros mismos. Eso empieza cuando hacemos lo que debiéramos hacer, sin importar nuestros sentimientos al respecto.

3. Practique la paciencia

Los líderes que conozco tienden a ser impacientes. Miran hacia delante, piensan por adelantado y buscan adelantarse. Eso puede ser algo bueno. Estar un paso al frente nos hace líderes. Sin embargo, esto también puede ser algo malo. Estar cincuenta pasos al frente puede convertirnos en mártires.

Pocas cosas que valen la pena en la vida nos llegan con rapidez. No existe cosa tal como la grandeza instantánea ni la madurez instantánea. Estamos acostumbrados a la avena instantánea, al café instantáneo y a las palomitas de maíz cocidas en microondas. Pero uno no se convierte en líder de la noche a la mañana. Los líderes tipo microondas no tienen poder para permanecer. El liderazgo se asemeja más a una olla de cocimiento lento. Toma tiempo, pero vale la pena esperar el producto final.

Los líderes tienen que recordar que el propósito de dirigir no es cruzar la línea de llegada primero, sino traer a otros consigo al cruzarla. Por ese motivo, es necesario que ellos deliberadamente reduzcan el paso, permanezcan conectados con su gente, recluten a otros para ayudarles a cumplir la visión y los mantengan en marcha. No es posible hacer esto si uno está mucho más adelantado que su gente.

4. Busque rendir cuentas

Las personas que se guían a sí mismas saben un secreto: no pueden confiar en ellas mismas. Los buenos líderes saben que el poder es seductor y comprenden su propia falibilidad. Ser líder y negar esto es ponerse en peligro.

A través de los años he leído acerca de muchos líderes que tuvieron fallas éticas en su liderazgo. ¿Sabe qué cosa tenían en común? Todos pensaban que a ellos nunca les sucedería. Tenían un falso sentido de seguridad. Pensaban que eran incapaces de arruinar sus vidas y las vidas de otros.

> *«Cuando veas a un buen hombre, piensa en imitarle; cuando veas a un mal hombre, examina tu corazón».*
> —*Proverbio chino*

Aprender esa lección fue algo sumamente serio para mí, porque yo compartía esa misma actitud. Creía que me encontraba por encima de posibilidades semejantes, y eso me asustó. En ese momento tomé dos decisiones. Primero, no confiaré en mí mismo; segundo, me haré responsable ante otra persona que no sea yo. Creo que esas decisiones me han ayudado a mantenerme en el camino correcto y me han permitido dirigirme y dirigir a otros.

No tener a quién rendirle cuentas en la vida personal ciertamente conduce a problemas en la vida pública. Vimos uno y otro ejemplo de ello con presidentes de juntas ejecutivas de empresas muy reconocidos hace varios años. Un proverbio chino dice: «Cuando veas a un buen hombre, piensa en imitarle; cuando veas a un mal hombre, examina tu corazón».

Muchos opinan que rendir cuentas es tener disposición a explicar nuestras acciones. Creo que rendir cuentas de modo eficaz empieza mucho antes de tomar acción. Empieza cuando recibimos consejo de otros. En el caso particular de los líderes, esto frecuentemente se desarrolla por etapas:

No queremos consejo.
No nos molesta recibir consejo.
Recibimos el consejo bien.
Buscamos consejo activamente.
Seguimos frecuentemente el consejo que nos ha sido dado.

La disposición de buscar y aceptar consejo es un gran indicador del deseo de rendir cuentas. Si usted ve las posibilidades por anticipado, antes de tomar acción, será menos probable que se desvíe. La mayoría de las acciones indebidas provienen de individuos a quienes no se les exigieron cuentas con suficiente anticipación.

∿

Dirigirse a sí mismo bien significa que usted se rige por una norma más estricta que la de los demás. ¿Por qué? Porque es responsable no solo por sus propias acciones sino por las de las personas a quienes guía. El liderazgo es una responsabilidad, no es un derecho. Por ese motivo, es necesario que nos «arreglemos» antes que los demás.

Siempre hemos de procurar hacer lo correcto, no importa lo mucho que hayamos ascendido ni lo poderosos que seamos. Es una lucha que nunca dejamos atrás. Cuando Harry Truman fue impulsado a la presidencia tras la muerte de Franklin Roosevelt, Sam Rayburn le dio un consejo paternal: «De aquí en adelante vas a tener mucha gente a tu alrededor. Intenta-

> *«Nada demuestra de modo más concluyente la capacidad que tiene un hombre de dirigir a otros que lo que hace día a día para dirigirse a sí mismo».*
> *—Thomas J. Watson*

rán levantar una pared a tu alrededor para alejarte de todas las ideas, excepto las de ellos. Te dirán que eres un gran hombre, Harry, pero tú y yo sabemos que no lo eres».

Ayer participé en una conferencia telefónica con miembros del consejo de una organización que se vio precisada a intervenir y pedirle cuentas a un líder por unas acciones indebidas que él había cometido. Fue una experiencia triste. Probablemente perderá su posición de liderazgo. Ya ha perdido el respeto de los miembros del consejo. Si tan solo se hubiera dirigido a sí mismo de modo eficiente primero, las acciones del consejo ahora no serían necesarias. Después de concluida la llamada pensé en mis adentros: *Si el líder no se inspecciona a sí mismo, la gente no lo respetará.*

Thomas J. Watson, anterior presidente de la junta de IBM, dijo: «Nada demuestra de modo más concluyente la capacidad que tiene un hombre de dirigir a otros que lo que hace día a día para dirigirse a sí mismo». ¡Cuán cierto es esto! El grupo más pequeño al que jamás dirigirá es a usted mismo, pero ese es el más importante. Si eso lo hace bien, entonces se ganará el derecho de dirigir a grupos más numerosos.

La persona más difícil de dirigir siempre es usted mismo

Ejercicios de aplicación

1. ¿Qué tan claramente se ve a sí mismo? Para verse a sí mismo de una forma más objetiva, examine su desempeño del año pasado. Haga una lista de sus metas y objetivos principales y luego marque cada uno de ellos como «logrado» o «sin lograr». Ahora hable con una persona conocida a quien respete y dígale que está evaluando a un candidato para un trabajo, y muéstrele la lista. Pídale su opinión sobre la base de los logros y fracasos de este «candidato». ¿Cómo se compara la evaluación de esta persona con su propia evaluación?

2. ¿Dónde necesita crecimiento? ¿En cuáles de las áreas siguientes necesita mayor crecimiento? ¿Autodisciplina, disposición de seguir o paciencia? ¿Cuáles nuevas tareas o prácticas puede adoptar para desarrollarlas? Tal vez debería fijarse una meta que para lograrla le requiriera de un año de trabajo o postergar la compra de algo que haya deseado por algún tiempo. Tal vez debería ofrecerse a llevar a cabo una tarea para un líder al cual le cueste trabajo seguir. O tal vez debería considerar ofrecerse como voluntario; para ello se requiere de paciencia, disposición de seguir y autodisciplina.

3. ¿Qué tan bien recibe usted los consejos? Pida a un grupo de cinco a diez de sus amigos, colegas y familiares que le evalúen empleando los niveles que se mencionan en este capítulo. El número que aparece junto a cada uno de los niveles indicados a continuación corresponde a los puntos que vale:

1. Usted no quiere recibir consejo.
2. No se opone a recibir consejo.
3. Recibe el consejo bien.
4. Busca consejo activamente.
5. Sigue frecuentemente el consejo que le ha sido dado.

Calcule el promedio de los puntajes que le hayan dado. Si su calificación promedio es menor que 4, necesita mejorar en esa área. Empiece a reclutar a otros durante las etapas de recopilar información antes de tomar alguna decisión. Si es casado, empiece con su esposa.

Momento para mentores

Tenga una conversación muy franca con cada una de las personas que le ven como mentor para explicarles cómo se están desempeñando ellos en esto de dirigirse a sí mismos. Proporcione ejemplos específicos para ilustrar su punto de vista. Luego ayude a los que necesitan crecer en esta área asignándoles tareas que les ayuden a demostrar iniciativa y a hacerse más responsables. Reúnase con ellos periódicamente para brindarles la oportunidad de rendir cuentas en esta área.

3

LOS MOMENTOS DEFINITIVOS DEFINEN SU LIDERAZGO

Uno de los líderes que más admiro es Winston Churchill, el primer ministro de Inglaterra que se levantó contra los nazis durante la Segunda Guerra Mundial. ¡Él era un líder de líderes! Una vez observó: «En toda época llega el momento en el cual un líder debe salir a la delantera a enfrentar las necesidades de la hora. Por lo tanto, no existe líder en potencia que no tenga la oportunidad de hacer una diferencia positiva para la sociedad. Trágicamente, hay veces en las cuales el líder no se levanta en su hora».

¿Qué es lo que determina si un líder emerge a enfrentar los desafíos de su hora? Para ir más al grano, ¿qué determinará si *usted* saldrá al frente para enfrentar con éxito los desafíos que a *usted* le toquen? Creo que el factor determinante es cómo maneja ciertos momentos críticos en su vida. Estos momentos definirán quién es como persona y como líder.

¿CÓMO SE LE DEFINIRÁ?

Si está familiarizado con mi filosofía de liderazgo y mi enseñanza en cuanto al éxito, entonces sabrá que doy mucho valor al crecimiento personal. No creo en los éxitos de la noche a la mañana. De hecho, uno de los principios fundamentales de mi libro *Las 21 leyes irrefutables del liderazgo* es la Ley del Proceso, que declara: «El liderazgo se desarrolla diariamente, no en un día». Sin embargo, también creo que las decisiones que tomamos en momentos críticos ayudan a formarnos y a informar a otros acerca de quiénes somos. Son momentos definitivos, y estas son las razones por las cuales creo que son importantes:

1. Los momentos definitivos nos muestran quiénes somos en realidad

La mayoría de los días de nuestra existencia vienen y se van; son más o menos iguales a los demás y no sobresalen. Pero hay unos cuantos días que son diferentes de los demás. Sobresalen porque nos brindan la oportunidad de levantarnos, de separarnos del resto de la multitud y aprovechar el momento, o de permanecer sentados con el resto de la multitud y dejar que pasen. Esos momentos, para bien o para mal, nos definen. Nos muestran de lo que estamos hechos en verdad.

Con frecuencia nos enfocamos en los hitos de la vida, los eventos importantes que demarcan épocas y logros. Anticipamos con

> *Las decisiones que tomamos en momentos críticos ayudan a formarnos y a informar a otros acerca de quiénes somos.*

felicidad una graduación, matrimonio o promoción; pero algunos de nuestros momentos definitivos nos toman totalmente por sorpresa y a menudo aparecen en momentos de crisis.

- Enfrentar un fracaso personal
- Adoptar una posición clara sobre algún asunto
- Experimentar sufrimiento
- Tener que perdonar
- Tomar una decisión poco placentera

Algunas veces podemos percibir la importancia de nuestras acciones en el momento. Podemos ver dos caminos claros delante de nosotros: uno que conduce hacia arriba y el otro hacia abajo. Tristemente, hay otras ocasiones en las cuales ocurren momentos definitivos y no los vemos por lo que son. solo después, cuando ha pasado cierto tiempo y miramos hacia atrás, es que comprendemos su importancia. De cualquier modo, ellos definen quiénes somos.

2. Los momentos definitivos declaran a los demás quiénes somos

La mayoría de los días podemos ponernos máscaras que ocultan quiénes somos de la gente a nuestro alrededor. Durante los momentos definitivos, no podemos hacer esto. Nuestro currículo pierde significado. No importa cómo nos hemos presentado ante los demás. Nuestra imagen nada significa. Los momentos definitivos enfocan la luz en nosotros. No tenemos tiempo de manipular nuestras acciones para que parezcan favorables. Lo que hay dentro de nosotros queda revelado ante todos. Nuestro carácter no se forja en estos momentos, ¡sino que se revela!

En el caso de los líderes, los momentos definitivos le dicen a sus seguidores muchas de las cosas que ellos realmente desean saber: quiénes son sus líderes, qué es lo que piensan y por qué son líderes. Si se maneja bien, un momento definitivo puede cimentar una relación y vincular a líderes y seguidores de por vida. Si se maneja mal, un momento definitivo puede costarle a un líder su credibilidad y ponerle fin a su capacidad de dirigir.

> *Los momentos definitivos enfocan la luz en nosotros… Nuestro carácter no se forja en estos momentos, ¡sino que se revela!*

En la edición revisada del décimo aniversario de *Las 21 leyes irrefutables del liderazgo*, escribí acerca de dos momentos definitivos en el liderazgo del presidente George W. Bush. Su primer período presidencial se vio definido por su respuesta ante los ataques terroristas del 11 de septiembre. Él estableció una conexión con el corazón del pueblo estadounidense, y aun los que no habían votado por él estuvieron dispuestos a darle una oportunidad a su liderazgo. Sin embargo, su segundo período presidencial fue definido por su respuesta deficiente al huracán Katrina. Bastaron apenas unos cuantos días para que el pueblo de Estados Unidos sintiera el vacío de liderazgo, y para que muchos de los que apoyaban al presidente desaprobaran su desempeño como líder.

Mi intención no es criticar. Todos hemos experimentado el fracaso. Mi punto es que los momentos definitivos de los líderes pueden tener un efecto dramático sobre los demás. Cuando un líder responde correctamente, todos ganamos; cuando responde incorrectamente, todos perdemos.

3. Los momentos definitivos determinan en quiénes nos convertiremos

Uno nunca queda igual después de pasar por un momento definitivo. De alguna manera somos movidos. Tal vez será hacia delante, o hacia atrás, pero no lo dude, será movido. ¿Por qué? Porque los momentos definitivos no son normales, y lo «normal» no funciona en esos momentos.

Visualizo los momentos definitivos como intersecciones en nuestras vidas. Nos dan la oportunidad de hacer un giro, cambiar de dirección y buscar un nuevo destino. Presentan alternativas y oportunidades. En esos momentos *tenemos* que escoger, y lo que escojamos nos definirá. ¿Qué haremos? Nuestra respuesta nos pone en un nuevo camino, y ese nuevo camino definirá lo que seremos en el futuro. Después de un momento definitivo, nunca volvemos a ser la misma persona que éramos antes.

MOMENTOS QUE ME DEFINIERON

Los momentos definitivos de mi vida han determinado en quién me he convertido. Si me quita uno solo de ellos, bueno o malo yo no sería igual; y los momentos definitivos que tengo por delante continuarán moldeándome.

Al mirar hacia atrás a los muchos momentos definitivos de mi vida y reflexionar sobre ellos, veo que todos pueden clasificarse en cuatro categorías:

Algunos momentos definitivos abren caminos nuevos

Muchos de los momentos definitivos de mi vida me permitieron iniciar algo nuevo. Hace más de veinte años estaba enseñando sobre el liderazgo a un grupo pequeño de personas en Jackson, Misisipí. Al finalizar el seminario, uno de los participantes me preguntó si era posible que yo le diera capacitación sobre el liderazgo de modo continuo. Yo no estaba seguro cómo podría hacerse eso. Sin embargo, conforme hablamos, pude percibir que muchos otros asistentes deseaban lo mismo.

En ese momento, tomé una decisión rápidamente. Les dije que si estaban dispuestos a pagar una tarifa no muy costosa, les prometería redactar y grabar una lección de liderazgo nueva de una hora de duración por mes y enviárselas. Nunca había hecho nada semejante antes y ni siquiera estaba seguro de cómo lo haría, pero pasé una hoja de papel por la sala y, para sorpresa mía, casi todos se anotaron en ella. Al final de la jornada, no me había percatado de que había experimentado un momento definitivo, pero así fue. La promesa que les hice se convirtió en lo que he llamado un club de cintas, un servicio de suscripción a lecciones de liderazgo en cintas magnetofónicas y eventualmente en discos compactos que ascendió a más de veinte mil subscriptores y que continúa hasta hoy.

> *Los momentos definitivos son intersecciones que nos dan la oportunidad de hacer un giro, cambiar de dirección y buscar un nuevo destino.*

Ahora, más de dos décadas después, puedo decir con confianza que mi respuesta en ese momento fue una de las decisiones más importantes de liderazgo que jamás haya tomado. En el momento me pareció un montón de trabajo; y ha sido, pero esas lecciones mensuales me han permitido ser un mentor de liderazgo para miles de líderes en todo el país y eventualmente en todo el mundo. Esas lecciones han provisto el contenido de muchos de los libros que he escrito, se convirtieron además en el agente que me llevó a iniciar una empresa de recursos para facilitar el crecimiento de líderes. Sin esa decisión, todo el rumbo de mi vida habría sido diferente.

Algunos momentos definitivos quebrantan el corazón

No todos los momentos definitivos son positivos. He experimentado momentos sumamente difíciles, pero algunas veces esas experiencias me han dado la oportunidad de detenerme y de hacer cambios necesarios en mi vida. Una de esas veces sucedió el 18 de diciembre de 1998. Cuando la fiesta de navidad de nuestra empresa terminó, repentinamente sentí un dolor y peso debilitantes en mi pecho. Estaba sufriendo un ataque al corazón. Mientras me hallaba en el piso, esperando la llegada de la ambulancia, la realidad me golpeó. Mis prioridades estaban fuera de orden ¡y no me hallaba tan saludable como creía!

En el transcurso de las semanas siguientes, pasé mucho tiempo reflexionando sobre mi salud. Había estado trabajando muy duro. No estaba pasando suficiente tiempo con mi familia. No estaba haciendo ejercicio, ni tampoco estaba alimentándome correctamente. En fin: mi vida estaba desequilibrada.

Durante esta época aprendí una lección que se describe mejor con las palabras de Brian Dyson, el anterior vicepresidente y director de operaciones de Coca-Cola, que pronunció el discurso de graduación en Georgia Tech en 1996. Allí explicó lo siguiente:

> Imagínate la vida como un juego en el cual haces malabarismos con unas cinco bolas. Les has puesto nombre: trabajo, familia, salud, amigos y espíritu, y las mantienes en el aire. Pronto comprenderás que el trabajo es una bola de caucho. Si la dejas caer, rebota. Pero las otras cuatro bolas: familia, salud, amigos y espíritu, son de cristal. Si se te cae una de ellas, quedará irrevocablemente rayada, marcada, mellada, dañada o aún rota. Nunca será igual. Es necesario que comprendas esto y que luches por guardar el equilibrio en tu vida.[1]

Fui muy afortunado. Cuando dejé caer la bola de la salud, se rayó pero no se rompió. Desde que recibí mi segunda oportunidad, he redefinido mis prioridades. Dedico más tiempo a mi familia, hago ejercicio regularmente, trato de comer bien. Estas cosas no las hago perfectamente, pero estoy luchando por vivir una vida más equilibrada. No sé cuáles son las «bolas» con las cuales está haciendo malabarismos hoy, pero le recomiendo que no espere a que se le caiga una de las importantes antes de examinar su vida. Usted puede hacer cambios sin tener que experimentar un quebranto de corazón.

Algunos momentos definitivos dispersan las nubes

Hay ocasiones en las cuales un momento definitivo sucede como resultado de ver una oportunidad nueva y tomar acción para aprovecharla. Eso me sucedió hace ya varios años. De los veinticinco años que laboré como pastor, pasé diecisiete de ellos comprando terrenos, construyendo edificios y recaudando los fondos para pagarlos.

Un día un pastor y un hombre de negocios clave volaron a San Diego desde Phoenix para almorzar conmigo. Ellos estaban desarrollando un programa de construcción y me dijeron que habían venido porque yo tenía mucha experiencia en recaudar fondos para convertir una visión en realidad, algo que no se enseña en los seminarios. Al concluir nuestro almuerzo, me preguntaron si yo les ayudaría a recaudar dinero para su programa de construcción. «Si puede hacer esto para su congregación», dijo uno de ellos, «ciertamente puede ayudarnos».

En ese momento me quedó sumamente claro que sí podía ayudarles, y que debía hacerlo. Antes de que partieran, estrechamos las manos y convine en ayudarles. Salí a mi automóvil en el estacionamiento, llamé a un amigo y le dije: «La semana que viene empezaremos a ayudar a las iglesias a recaudar fondos para poder convertir sus sueños en realidad». Ese fue el nacimiento de mi empresa, INJOY Stewardship Services.

Algunos momentos definitivos rompen las expectativas

Los momentos definitivos más sublimes permiten a un individuo elevarse a un nivel mucho más alto. Eso fue lo que sucedió hace algunos años en EQUIP, una organización sin fines de lucro que mi hermano Larry y yo fundamos en 1996 para capacitar y brindar recursos a líderes en el ámbito internacional. Los primeros años de existencia de EQUIP fueron típicos de toda organización naciente. Intentábamos establecernos, entablar conexión con donantes que nos ayudaran y desarrollaran un equipo que dirigiera a esta empresa. Esos años estuvieron llenos de ensayo y error, ajustes y cambios mientras laborábamos por establecer credibilidad como organización de liderazgo.

Con el paso del tiempo, percibí que EQUIP necesitaba una visión que capturara los corazones y las manos de los que creían en nuestra misión. Descubrí esa visión y la presenté una noche en un banquete con cientos de partidarios de EQUIP. Pinté un cuadro en el cual la organización capacitaría y ofrecería recursos a un millón de líderes de todo el mundo en un plazo de cinco años, y les desafié a ayudarme a cumplir esta visión. La visión halló eco en la gente y EQUIP remontó vuelo a un nivel nuevo. Esa noche fue un momento definitivo para cientos de personas que a través de los cinco años siguientes se convirtió en una experiencia que transformó las vidas de un millón de individuos.

> *Los líderes se convierten en mejores líderes cuando experimentan un momento definitivo y responden al mismo correctamente.*

DEFINIENDO SUS MOMENTOS

Los líderes se convierten en mejores líderes cuando experimentan un momento definitivo y responden al mismo correctamente. Cada vez que experimentan un gran avance, los que les siguen también se benefician. La dificultad de los momentos definitivos es que no es posible escogerlos. No es posible tomar un calendario y decir: «Voy a programar un momento definitivo el próximo martes a las ocho». No podemos controlar cuándo vendrán. Sin embargo, podemos escoger cómo los manejaremos cuando lleguen, y podemos tomar medidas para estar preparados cuando lleguen. Esta es la forma de hacerlo:

1. Reflexione sobre los momentos definitivos del pasado

Se dice que los que no estudian la historia están destinados a repetir los errores del pasado. Esa afirmación se aplica no solo en un sentido general a una nación o cultura, sino también a individuos y sus historias personales. La mejor maestra para un líder es la experiencia con evaluación. Para predecir cómo manejará los momentos definitivos del futuro, vea los del pasado.

2. Prepárese para los momentos definitivos del futuro

Una de las cosas más valiosas que he hecho en mi vida es tomar decisiones grandes *antes* de enfrentar un momento de crisis o encrucijada. Eso me ha permitido *manejar* sencillamente tales decisiones en momentos críticos de mi vida. Algunas de esas decisiones las tomé cuando era un adolescente, muchas otras en mi segunda y tercera década de existencia, y unas cuantas posteriormente. Escribí en detalle sobre estas decisiones en mi libro, *Hoy es importante*, pero las mencionaré aquí para que pueda captar la esencia del asunto:

Actitud: Escogeré y demostraré las actitudes correctas diariamente.

Prioridades: Determinaré mis prioridades importantes y actuaré sobre ellas diariamente.

Salud: Conoceré y seguiré pautas saludables diariamente.

Familia: Me comunicaré y me preocuparé por mi familia diariamente.

Pensamientos: Practicaré y desarrollaré buenos pensamientos diariamente.

Compromiso: Estableceré compromisos correctos y los guardaré diariamente.

Finanzas: Ganaré y administraré mis finanzas de modo correcto diariamente.

Fe: Profundizaré y viviré mi fe diariamente.

Relaciones personales: Iniciaré e invertiré en relaciones sólidas diariamente.

Generosidad: Planificaré y seré un modelo de generosidad diariamente.

Valores: Adoptaré y pondré en práctica buenos valores diariamente.

Crecimiento: Buscaré y experimentaré mejoras diariamente.

No tengo que luchar con estos asuntos durante un momento definitivo. Ya han sido decididos y ahora tengo libertad para enfocarme en la situación que tengo por delante y tomar mis decisiones basándome en ellos.

3. Sáquele el máximo provecho a los momentos definitivos del presente

Ahora que estará atento a los momentos definitivos, estará en mejor posición de sacarles el máximo provecho. Recuerde que después de haber experimentado uno de estos momentos, nunca quedamos iguales. Pero el tipo de cambio que experimentemos dependerá de cómo respondamos a estos momentos. Muchos de ellos nos presentan oportunidades. Junto con las oportunidades hay riesgos, pero no tema correrlos. Con frecuencia es en los momentos de grandes riesgos que nacen los grandes líderes.

Sostengo que existe la tentación de creer que todos los momentos definitivos son sumamente dramáticos y que ocurren temprano en la vida de un líder. No creo que eso sea cierto. No se requiere de una gran cantidad de avances significativos para obtener resultados dramáticos. Tan solo uno de ellos puede hacer una diferencia enorme. Como solía decir Alberto Einstein, a él se le ocurrió la teoría de la relatividad tan solo una vez, pero lo mantuvo ocupado por años.

Opino que si continúo creciendo, continúo buscando oportunidades y continúo corriendo riesgos, continuaré experimentando momentos definitivos. Si continúo tomando buenas decisiones y siempre busco hacer las cosas que beneficien a mi gente en esos momentos, mi liderazgo continuará redefiniéndose, creciendo y mejorando. Cuando eso sucede, todos salimos ganando.

LOS MOMENTOS DEFINITIVOS DEFINEN SU LIDERAZGO

EJERCICIOS DE APLICACIÓN

1. ¿Cuál es su historial? Reflexione sobre su vida y las decisiones que ha tomado en momentos críticos. ¿Qué tipos de momentos definitivos ha experimentado en el pasado? Escriba tantos de ellos como recuerde. En cada uno de ellos, anote:

- La situación
- Su decisión o respuesta
- El resultado

En general, ¿han sido buenas o malas sus respuestas? ¿Existe algún denominador común en las malas decisiones? Si tiene el valor de hacerlo, pídales a las personas cercanas a usted su opinión sobre sus errores. Si puede discernir que existe un patrón de conducta, ¿cuál es y cómo puede tratar con él para que no tome malas decisiones similares en el futuro?

2. ¿Cómo está manejando sus decisiones? Utilice la lista dada a continuación como ejemplo para crear una lista de decisiones que tomará basándose en sus valores y prioridades.

Actitud: Escogeré y demostraré las actitudes correctas diariamente.
Prioridades: Determinaré mis prioridades importantes y actuaré sobre ellas diariamente.
Salud: Conoceré y seguiré pautas saludables diariamente.
Familia: Me comunicaré y me preocuparé por mi familia diariamente.
Pensamientos: Practicaré y desarrollaré buenos pensamientos diariamente.
Compromiso: Estableceré compromisos correctos y los guardaré diariamente.
Finanzas: Ganaré y administraré mis finanzas de modo correcto diariamente.

Fe: Profundizaré y viviré mi fe diariamente.

Relaciones personales: Iniciaré e invertiré en relaciones sólidas diariamente.

Generosidad: Planificaré y seré un modelo de generosidad diariamente.

Valores: Adoptaré y pondré en práctica buenos valores diariamente.

Crecimiento: Buscaré y experimentaré mejoras diariamente.

Coloque su lista en un lugar en donde pueda verla cada mañana. Repase la lista diariamente por un mes y maneje sus decisiones de momento a momento basándose en estas decisiones que ya ha tomado.

3. ¿Está preparado para los momentos definitivos del futuro? Al enfrentar cada día, trate de estar atento a los tipos de momentos definitivos que los líderes típicamente enfrentan:

- Los que abren caminos nuevos: oportunidades de hacer algo nuevo
- Los que quebrantan el corazón: oportunidades para revaluar las prioridades
- Los que dispersan las nubes: oportunidades para tener una visión clara
- Los que rompen las expectativas: oportunidades de ascender a un nuevo nivel

Piense sobre cómo sacará el máximo provecho de la mayoría de estas oportunidades.

MOMENTO PARA MENTORES

La manera en la cual los líderes en desarrollo manejan las oportunidades y crisis frecuentemente los define. Pregunte a las personas que le ven como mentor que describan cómo han manejado este tipo de momentos y que expliquen cómo y por qué tomaron las decisiones que tomaron en esos momentos. Pregúnteles cómo podrían definir los demás su liderazgo basándose en sus acciones. Si la percepción de cómo les ha definido usted difiere de la percepción que ellos ofrecen, explíqueselos. Si ha observado otros momentos definitivos en su liderazgo, pero que ellos no se han percatado de ellos, señálelos.

4

CUANDO SIENTA UNA PATADA EN EL TRASERO, ESO SIGNIFICA QUE USTED ESTÁ AL FRENTE

Uno de los precios del liderazgo es la crítica. Cuando los espectadores ven una carrera, ¿dónde enfocan su atención? ¡En los que van al frente! Pocas personas prestan atención a los corredores que están fuera de posibilidades de ganar. Los corredores que se estiman como fuera de los primeros puestos frecuentemente son pasados por alto o desestimados. Pero cuando uno está al frente y delante de la multitud, todo lo que uno hace atrae la atención.

Cuando era líder joven deseaba estar al frente y disfrutaba de los elogios de los demás. Sin embargo, no tenía paciencia para soportar las «críticas constructivas» de nadie. Muy rápidamente aprendí que mis expectativas eran poco realistas. No se puede tener lo uno sin lo otro. Si desea ser líder, más vale que se acostumbre a las críticas, porque si llega a tener éxito, *será* criticado. Ciertas personas siempre hallarán algo que les disguste y por la manera en la cual algunos critican, ¡pareciera que les pagaran por hacerlo!

Ser criticado puede ser sumamente desalentador. Un día que me sentía desanimado, compartí mi desánimo por las críticas con un amigo, y su respuesta me iluminó.

—Cuando te sientas desanimado como líder —me dijo—, piensa en Moisés. Él guió a un millón de quejumbrosos por cuarenta años y nunca llegó donde se suponía que fuera. Moisés enfrentó muchas quejas, críticas y hasta lloriqueos. Hay días que como líder me siento identificado con Moisés. Apuesto a que si él tuviera que volver a hacerlo todo, se escribiría una nota que dijera: la próxima vez no le digas a Faraón que deje ir a *todo* mi pueblo.

¿CÓMO MANEJA LA CRÍTICA?

Me encanta relatar la historia del vendedor que estaba recibiendo un corte de cabello y mencionó que estaba a punto de irse de viaje a Roma, Italia.

—Roma es una ciudad sumamente sobreestimada —comentó su barbero, nacido en el norte de Italia. —¿En qué aerolínea viajará?

El vendedor le dijo el nombre de la línea aérea y el barbero respondió: —¡Qué aerolínea más terrible! Los asientos son estrechos, la comida es mala y sus aviones siempre llegan tarde. ¿En qué hotel se alojará?

El vendedor mencionó el hotel y el barbero exclamó: —¿Por qué va a alojarse allí? Ese hotel está en la parte mala de la ciudad y el servicio allí es horrible. ¡Mejor quédese en su casa!

—Espero cerrar un trato importante mientras estoy de visita —repuso el vendedor—, y después espero poder ver al Papa.

—Quedará desilusionado de los negocios en Italia —dijo el barbero—. Y ni sueñe con ver al Papa. Él solo concede audiencias a personas muy importantes.

Tres semanas después el vendedor regresó a la barbería. —¿Y qué tal el viaje? —preguntó el barbero.

—Maravilloso —repuso el vendedor—. El vuelo fue perfecto; el servicio en el hotel, excelente; y cerré una venta grande. Y —el vendedor hizo una pausa para resaltar el efecto—, ¡logré verme con el Papa!

—¿Pudo ver al Papa? —Por fin el barbero pareció estar impresionado—. ¡Cuénteme qué sucedió!

—Bueno, cuando me acerqué, me incliné y besé su anillo.

—¿De veras? ¿Y qué dijo?

—Me miró a la cabeza y dijo: Hijo, ¿dónde te cortaron el cabello tan mal?

No todos manejan la crítica de la misma manera. Algunos tratan de pasarla por alto. Otros intentan defenderse ante ella. Otros, como este vendedor, usan palabras agudas para poner al crítico en su lugar. No importa, si usted es líder, *tendrá* que enfrentar la crítica.

CÓMO PERSEVERAR ANTE LA CRÍTICA

Puesto que todos los líderes tenemos que enfrentar el negativismo y la crítica, independientemente de nuestra posición o profesión, es importante que aprendamos a manejarlos de modo constructivo. El filósofo griego Aristóteles dijo: «La crítica es algo que puede evitarse fácilmente: si uno no dice nada, no hace nada y no es nada». Sin embargo, esa alternativa no es válida para uno que aspira ser un líder con éxito. ¿Qué hacer, entonces? El proceso de cuatro pasos que menciono a continuación me ha ayudado a tratar con la crítica, así que se lo comparto.

1. Conózcase a sí mismo — Este es un asunto de realidad

Siendo líder joven aprendí pronto que tener una posición al frente con certeza atraía las críticas, sin importar quién era el líder ni lo que había hecho. Los líderes sumamente visibles frecuentemente tienen que trabajar en entornos difíciles, tales como aquella oficina en la cual se cuenta que alguien había colocado el cartel siguiente:

Aviso:
Este departamento no requiere de programa de fisicultura: todos hacen ejercicio suficiente por medio de precipitarse a sacar conclusiones, montar en cólera, atropellar al jefe con críticas, acuchillar a los amigos por la espalda, evadir responsabilidades y tentar a la suerte.

—Anónimo

De modo que si a uno lo van a criticar automáticamente por ser líder, ¿qué hacer? Primero, tenga una imagen realista de sí mismo. Eso pone un fundamento sólido que le permite manejar las críticas con éxito. Esta es la razón de ello: muchas veces cuando un líder recibe críticas, es la posición de liderazgo la que genera los comentarios negativos, y no la persona del líder. Es necesario poder separar una cosa de la otra, y eso solo puede hacerse si uno se conoce a sí mismo. Si una crítica va dirigida a la posición, no la tome como ofensa personal y déjela resbalar. Para conocerse a sí mismo bien se podría requerir de tiempo y esfuerzo. Como observó uno de los padres de la nación, Benjamin Franklin: «Hay tres cosas que son extremadamente duras: el acero, el diamante y conocerse a uno mismo». No obstante, por la recompensa bien vale la pena hacer el esfuerzo.

Tengo que reconocer que la mayoría de las críticas que he recibido durante los años han sido más dirigidas a mí que a la posición que ocupaba. Con frecuencia, las personas han tratado de ayudarme a que me conozca a mí mismo, y tal conversación generalmente empezaba con la frase: «Quiero decirte algo por tu propio bien». Descubrí que cuando me dicen algo por mi propio bien, ¡pareciera que nunca tienen nada bueno que decirme! Sin embargo, también me he dado cuenta de que lo que más necesito escuchar es lo último que deseo oír. He aprendido mucho acerca de mí mismo de esas conversaciones, incluyendo cosas como las siguientes:

> *«La crítica es algo que puede evitarse fácilmente: si uno no dice nada, no hace nada y no es nada».*
> —*Aristóteles*

- Soy impaciente.
- Soy poco realista en cuanto al tiempo que toman las tareas y lo difíciles que son la mayoría de los procesos de llevarlas a cabo.
- No me gusta invertir mucho tiempo o esfuerzo en las inquietudes emocionales de otras personas.
- Sobrestimo las capacidades de los demás.
- Doy demasiado por sentado.
- Quiero delegar responsabilidades con rapidez excesiva.
- Quiero alternativas, tantas que vuelvo locos a los demás.
- No quiero saber de reglas ni de restricciones.
- Determino mis prioridades con rapidez y espero que los demás tengan actitudes similares.
- Analizo los problemas rápidamente y pronto quiero seguir adelante, aun cuando los demás no están listos para hacerlo.

Evidentemente, las cosas que he descubierto de mí mismo no son favorecedoras, pero esas flaquezas son una realidad. De modo que la pregunta es: ¿Qué voy a hacer al respecto?

2. Cámbiese a sí mismo — *Este es un asunto de responsabilidad*

Cuando las críticas dichas acerca de mí son acertadas, entonces tengo la responsabilidad de hacer algo al respecto. Eso es parte de ser buen líder. Si respondo correctamente ante los que me critican por medio de examinarme y reconocer mis faltas, entonces me habré colocado en buena posición para empezar a hacer cambios positivos en mi vida.

El autor Aldous Huxley observó: «Y conoceréis la verdad, y la verdad os hará enojar». Mi primera reacción natural ante la crítica generalmente no es buena, algunas veces me siento herido, pero con más frecuencia siento enojo. Después de haberse amainado la ira, trato de determinar si la crítica es constructiva o destructiva. (Algunos dicen que la crítica constructiva es cuando yo te critico a ti, y la destructiva es cuando tú me criticas a mí.) Estas son las preguntas que me hago para determinar de qué tipo de crítica se trata:

- *¿Quién me ha criticado?* Una crítica adversa que provenga de una persona sabia es más deseable que la aprobación entusiasta de un necio. La fuente, con frecuencia, hace la diferencia.
- *¿Cómo se ofreció la crítica?* Trato de discernir si la persona estaba siendo sentenciosa, o si me dio el beneficio de la duda y habló con gentileza.
- *¿Por qué fue dada?* ¿Fue dada como resultado de una ofensa personal o para beneficiarme? Las personas heridas hieren a otros; descargan sus palabras o critican para buscar sentirse mejor, no para ayudar a la otra persona.

Sea legítima la crítica o no, lo que determina si crezco o si refunfuño en respuesta a palabras que no deseaba escuchar es mi actitud. Ken Blanchard, un amigo mío y experto en administración, tiene razón cuando dice: «Algunos líderes son como gaviotas. Cuando algo sale mal, vienen volando, hacen mucho ruido y defecan sobre todas las cosas». Los individuos con este tipo de actitud no solo se niegan a hacerse responsables de sus contribuciones al problema, sino que también hacen que las condiciones sean terribles para los que trabajan con ellos.

Las personas son capaces de cambiar positivamente solo cuando están abiertas a la posibilidad de mejorar. Por ese motivo, cuando alguien me critica, trato de mantener la actitud correcta por medio de:

- no ponerme a la defensiva,
- buscar el grano de verdad en lo dicho,
- hacer los cambios necesarios, y
- seguir el camino éticamente superior.

Si hago estas cosas, tengo buenas posibilidades de que aprenderé algo de mí mismo, mejoraré como líder y conservaré las relaciones que tengo con los demás.

3. Acéptese a sí mismo — *Este es un asunto de madurez*

Jonas Salk, quien desarrollara la vacuna contra la polio, recibió muchas críticas a pesar de su contribución increíble a la medicina.Refiriéndose a la crítica, observó: «Primero los demás le dirán que está equivocado. Luego le dirán que tiene razón, pero que lo que está haciendo realmente no es muy importante. Finalmente reconocerán que tenía la razón y que lo que está haciendo es sumamente importante, pero ellos ya lo sabían desde antes». ¿Cómo pueden los líderes que están al frente manejar este tipo de respuestas tan inconstantes de los demás? Aprenden a aceptarse. Si usted ya se ha propuesto conocerse, y se ha esforzado por cambiar, ¿qué más puede restar por hacer?

> «Y conoceréis la verdad, y la verdad os hará enojar».
> —Aldous Huxley

El profesor y autor Leo Buscaglia aconseja: «Lo más fácil de ser en el mundo es uno mismo. Lo más difícil es ser lo que los demás quieren que uno sea. No permita que le pongan en esa posición». Para ser la mejor persona que puede llegar a ser, y el mejor líder, es necesario que sea usted mismo. Eso no significa que no esté dispuesto a crecer y cambiar. solo significa que se esfuerza por ser el mejor *usted* que puede llegar a ser. Y, como observó el psicólogo Carl Rogers: «La paradoja curiosa es que cuando me acepto a mí mismo tal como soy, entonces puedo cambiar». El primer paso para tornarse en una persona mejor es ser quien usted es en realidad.

Debido a que ya he escrito en cuanto a trabajar dentro de su zona fuerte, lo cual solo puede hacerse si se conoce y se acepta tal cual es, no necesito decir mucho al respecto en esta ocasión, aparte de resaltar que aceptarse a uno mismo es señal de madurez. Si se preocupa por lo que otros piensan de usted, eso se debe a que le tiene más confianza a la opinión de ellos que a la suya propia. La entrenadora ejecutiva y consultora Judith Bardwick dice: «La verdadera confianza proviene de conocerse y aceptarse a sí mismo, con sus puntos fuertes y limitaciones, en contraste con depender del apoyo de los demás».

4. Olvídese de sí mismo — Este es un asunto de seguridad

El paso final del proceso del manejo eficaz de la crítica es dejar de enfocarse en uno mismo. Cuando crecíamos, muchos de nosotros dedicamos una buena cantidad de tiempo a preocuparnos de lo que el mundo pensaba de nosotros. Ahora que tengo sesenta años de edad, me doy cuenta de que el mundo en realidad no me estaba prestando mucha atención.

Los individuos seguros se olvidan de sí y se enfocan en los demás. Al hacer esto, pueden enfrentar casi cualquier tipo de crítica, y hasta servir a los que los critican. Por años, cuando pastoreaba iglesias, me esforcé por iniciar el contacto personal cada domingo con los que me criticaban. Les buscaba para saludarles. Quería que supieran que les valoraba como individuos, sin importar la actitud que tuvieran hacia mí. Sentirme seguro de mí mismo y enfocarme en los demás me permite adoptar un plano moral más elevado. Busco vivir una idea expresada por Parkenham Beatty, quien aconseja: «Aprende a vivir por tu propia alma. Y si los hombres te frustran, no te dé cuidado; si te aborrecen, no te afanes. Canta tu canción, sueña tu sueño, espera en tu esperanza y ora tu oración».

> *El primer paso para tornarse en una persona mejor es ser quien usted es en realidad.*

Un día Perry Noble, un líder joven a quien tuve el privilegio de servir como mentor, me compartió el dolor que sintió cuando otros le habían criticado. Pude identificarme con sus sentimientos. Cuando me pidió consejo sobre cómo responder a las críticas, le expliqué que un líder seguro de sí mismo jamás se ve precisado a defenderse.

Perry me dijo después: «Ese día me percaté de que estaba dedicando demasiado tiempo a defenderme ante los críticos y no estaba cumpliendo lo que debía». Nuevamente, me sentí identificado con él.

Los líderes siempre hemos de tomar nuestras responsabilidades en serio, pero no es saludable que nos tomemos a nosotros mismos muy en serio. Un proverbio chino dice: «Bienaventurados los que pueden reírse de sí mismos. Nunca dejarán de tener entretenimiento». Debo decir que durante los últimos cuarenta años me he provisto de bastante entretenimiento.

Mi amiga Joyce Meyers señala: «Dios te ayudará a ser todo lo que necesitas ser, pero nunca permitirá que tengas éxito si intentas ser otra persona». Lo menos que podemos hacer es tratar de ser todo lo que podemos. Si hacemos eso como líderes, les ofreceremos lo mejor de nosotros a los demás; algunas veces recibiremos golpes de ellos, pero eso está bien. Es el precio de estar al frente.

CUANDO SIENTA UNA PATADA EN EL TRASERO, ESO SIGNIFICA QUE USTED ESTÁ AL FRENTE

EJERCICIOS DE APLICACIÓN

1. ¿Cuáles son sus deficiencias? ¿Dónde tiene fallas como persona y como líder? Si no puede responder a esa pregunta, no se conoce a sí mismo en realidad. Y si no se conoce, ¿cómo podrá aceptar lo que no puede cambiar, o cambiar lo que es preciso para ser un mejor líder? Pídale a cinco personas dignas de su confianza, que le conozcan si es posible, que le digan en qué cosas usted tiene fallas. Entonces decida lo que necesita cambiar y lo que necesita aceptar.

2. ¿Qué tan seguro es su liderazgo? La inseguridad y una actitud defensiva son dos características que he visto que impiden que muchos líderes alcancen su potencial. Cuando otros le critican, ¿cuál es su primera reacción: descartar lo dicho, defenderse o atacar en respuesta? En tal caso, su respuesta podría estar estorbando su liderazgo. Practique guardar silencio la próxima vez que le critiquen. Reciba lo dicho y dígale a la persona que meditará sobre las críticas y luego dedique tiempo a procesarlas.

3. ¿Cómo puede usted procesar las críticas debidamente? Emplee las tres preguntas dadas en este capítulo para determinar si las críticas pueden serle útiles:

- ¿Quién me criticó?
- ¿Cómo se ofrecieron las críticas?
- ¿Por qué fueron dadas?

Al hacerse estas preguntas, empiece por darle a la persona que le criticó el beneficio de la duda para tratar de ser lo más objetivo posible. Si las críticas son bien fundadas, entonces considere cómo podrían hacerse cambios para mejorar.

MOMENTO PARA MENTORES

Observe cómo las personas a quienes sirve de mentor manejan las críticas, no solo las que provengan de usted o de otros que sean sus superiores en la jerarquía de liderazgo, sino de los que trabajan con ellos y para ellos. ¿Cómo responden? ¿Están abiertos a mejorar y cambiar cuando esto no es idea de ellos? ¿Tienen una actitud de gracia al recibir comentarios negativos? ¿Ponen al equipo por encima de su propio ego? Cuando saben que la visión es la correcta, ¿tratan a los que los critican con gentileza y adoptan un plano moral más elevado en su trato hacia ellos? Comparta sus observaciones con ellos y ofrézcales sugerencias concretas para mejorar.

5

No trabaje un solo día de su vida

Con frecuencia hay personas que me preguntan por la clave de mi éxito. Dejando a un lado por un momento todo ese asunto de lo que significa ser exitoso, mi respuesta usualmente es muy sencilla: ¡Me encanta lo que hago! Todos hemos escuchado el consejo: Encuentre algo que le guste tanto hacer que lo haría feliz sin que le pagaran; después aprenda a hacerlo tan bien que otros con gusto le paguen por hacerlo. Eso es lo que he hecho en mi carrera. Me siento como Thomas Edison, que dijo: «No he trabajado un solo día de mi vida. ¡Todo ha sido diversión!».

Seguir mi pasión

Seguir lo que nos apasiona es la clave para descubrir nuestro potencial. No se logra lo último sin buscar lo primero. Recuerdo bien el incidente que me hizo establecer la conexión entre la pasión y el potencial en mi propia vida. Sucedió en la ciudad de Hillham, Indiana, en donde obtuve mi primer empleo. Era pastor de una pequeña iglesia rural. No era muy impresionante. El edificio había sido construido hacía más de cien años. El techo estaba pandeado y las paredes curvas. Mi primer domingo allí tuve una asistencia de tres fieles, ¡dos de los cuales éramos mi esposa Margaret y yo! La mayoría de los líderes se hubieran desalentado con esa situación, pero eso no me pasó a mí.

Mi pasión por hacer crecer una congregación en esa comunidad agraria no tenía límite. Cuando venían amigos a visitarnos a Margaret y a mí, de inmediato los llevaba a una gira por la iglesia, ¡lo cual apenas tomaba unos treinta segundos! No me preocupaba la ubicación, lo antiguo del edificio, la poca asistencia, ni siquiera mi falta de experiencia. Estaba lleno de pasión. Quería ayudar a la gente.

Durante los meses siguientes, mi pasión se propagó al resto de la comunidad. La iglesia empezó a llenarse los domingos. El impulso empezó a aumentar y pude percibir que había llegado el momento de pedir un esfuerzo a la congregación. Así que les desafié a que nos fijáramos la meta de una asistencia de 300 personas para el primer domingo de octubre. Aunque todos los miembros estaban dispuestos a ayudar, la mayoría opinaba que esa meta era inalcanzable. Nuestro pequeño edificio tenía capacidad para tan solo 100 personas, el estacionamiento solo admitía treinta y tres automóviles y la asistencia máxima en la historia de la iglesia había sido de 135 personas.

Seguir lo que nos apasiona es la clave para descubrir nuestro potencial.

A pesar de las probabilidades, todos pusieron lo mejor de su parte. Invitamos a todos nuestros conocidos. Cuando llegó la fecha esperada, la emoción fue aumentando conforme fueron llegando las personas a nuestra propiedad. Muchos ni siquiera pudieron entrar al edificio. Justo antes de que me tocara predicar, el líder laico anunció la asistencia: «Hoy tenemos 299 personas».

Las personas vitorearon. Esto excedía sus expectativas más ambiciosas, rebasando todo lo que habían hecho antes. Pero no me sentí satisfecho. Quizá con más pasión que sabiduría, me levanté y pregunté: «¿Cuál era nuestra meta para hoy?».

—Trescientos —respondió la multitud.

—Pues si nuestra meta era de 300 —declaré—, entonces tendremos 300. Canten unos cuantos himnos más mientras yo busco a una persona más. *Entonces* concluiremos nuestro servicio.

Mientras caminé por el pasillo hacia la puerta, las personas vitoreaban enérgicamente y me daban palmadas en la espalda. Me sentí enardecido. Me sentía como un miembro del equipo que salía por el túnel hacia el estadio para jugar en el Super Bowl, hasta que llegué afuera. Mi entusiasmo me había llevado a un territorio nuevo.

—¿Y ahora qué hago? —me pregunté. Ahora tenía por delante la realidad de la tarea que me esperaba.

Miré y vi a dos hombres sentados delante de la estación de combustible, del otro lado de la calle: Sandy Burton, el propietario, y Glen Harris, su empleado. Caminé hacia ellos.

—¿Logró alcanzar su meta? —me preguntó Sandy antes de que terminara de cruzar la calle. Todos en el condado sabían lo que nos habíamos fijado.

—Todavía no —repliqué—. Tenemos a 299 personas allí —dije, señalando hacia la iglesia. —Necesito que una persona más asista a la iglesia para que cumplamos nuestra meta. ¿Quién de ustedes dos quiere ser el héroe del valle?

Ellos se miraron el uno al otro, y Sandy dijo: —¡Los dos queremos!

Sandy puso un letrero de «cerrado» en la puerta de su estación de combustible, y los tres caminamos hacia la iglesia. Cuando entramos al edificio, se desencadenó un alboroto. Lo que todos queríamos pero que nadie esperaba se había hecho realidad.

CREAR UN AVANCE MAYOR

Las personas de ese pequeño pueblo del sur de Indiana experimentaron un cambio ese día; y yo también. Habíamos logrado lo imposible. Esa noche, al reflexionar sobre los eventos del día, me di cuenta que la pasión fue lo que nos hizo ascender al nivel siguiente. El poder de la pasión había hecho la diferencia. Tomó un evento significativo y lo convirtió en inolvidable. Me hizo tomar acciones que ordinariamente no habría hecho. Motivó a dos personas que nunca asistían a la iglesia a ir. Creó una victoria para un grupo de

«No pongas huevos vivos bajo gallinas muertas».
—Howard Hendricks

gente que mejoró su imagen propia y reforzó su confianza. Fue un día en el cual nos percatamos de que nuestro potencial era mucho mayor de lo que habíamos imaginado.

Cuando una persona carece de pasión, la vida puede tornarse bastante monótona. Todo se convierte en algo que «tengo que» hacer, y nada es algo que «quiero hacer». Nos sentimos un tanto como Eduardito, cuya abuela era aficionada a la ópera y compraba pases de temporada todos los años. Cuando Eduardito cumplió los ocho años, la abuela decidió que era momento de llevarlo, así que lo hizo como un regalo de cumpleaños. Ella estaba feliz, pero el pobre Eduardito sufrió por toda la presentación de una sombría ópera alemana, ¡cantada en alemán!

Al día siguiente, la madre de Eduardito le mandó que escribiera una nota de agradecimiento a su abuela. Esto es lo que decía:

Querida abuelita:

Gracias por el regalo de cumpleaños que me diste. Es lo que siempre había querido, pero no tanto.

Con amor,

Eduardito

La pasión es un recurso increíble para cualquiera, pero en especial para los líderes. Nos permite seguir adelante cuando otros se dan por vencidos. Se torna contagiosa e influye en otros para que nos sigan. Nos empuja durante los tiempos más difíciles y nos da energía que no sabíamos que poseíamos. Nos alimenta en maneras que los recursos siguientes no pueden hacerlo:

El talento... nunca es suficiente para permitirnos alcanzar nuestro potencial. Hay muchos individuos en este mundo que poseen mucho talento natural pero que nunca logran éxito personal ni profesional. Tan fuerte es mi posición al respecto que escribí un libro completo sobre este tema, titulado *El talento nunca es suficiente*. Para ser un líder de éxito, una persona de éxito, se necesita más que tan solo talento.

La oportunidad... nunca nos lleva a la cima por sí sola. Las oportunidades podrán abrir la puerta, pero el viaje al éxito con frecuencia es largo y difícil. Sin una pasión que les sostenga cuando los tiempos se tornen difíciles, las personas no aprovechan sus oportunidades al máximo y nunca alcanzan su potencial. Como dice mi amigo, Howard Hendricks: «No pongas huevos vivos bajo gallinas muertas». Eso es lo que son las oportunidades que llegan a las personas sin pasión.

El conocimiento... puede ser un gran recurso, pero no nos lleva a ser «todo lo que pudiéramos llegar a ser». Ser inteligente no convierte a nadie en líder. Tampoco lo hace tener credenciales o títulos universitarios. Algunos de los peores presidentes de Estados Unidos supuestamente eran sumamente inteligentes. Algunos de los presidentes más grandes, tales como Abraham Lincoln, poseían muy poca educación formal. La educación formal no convierte a nadie en líder. Yo tengo tres títulos universitarios, incluyendo un doctorado, pero opino que han contribuido muy poco a mi éxito como líder.

Un gran equipo... puede fracasar. Es cierto que un líder no puede alcanzar el éxito sin tener un buen equipo que le apoye, pero tener uno no garantiza el éxito. Un equipo que carezca de corazón y cuyo liderazgo no sea claro, fracasará. Además, si un equipo empieza fuerte, pero su líder es débil y desapasionado, el equipo eventualmente se tornará débil y desapasionado. Como dice la Ley del Magnetismo en *Las 21 leyes irrefutables del liderazgo*: «Quien es usted es a quien atrae».

¿Qué necesita un líder para lograr el éxito? Pasión. La pasión establece una diferencia verdadera. Separa lo extraordinario de lo ordinario. Cuando reflexiono sobre mi carrera, reconozco que la pasión me ha permitido hacer lo siguiente:

- Creer cosas que de otro modo no habría creído
- Sentir cosas que de otro modo no habría sentido
- Intentar cosas que de otro modo no habría intentado
- Lograr cosas que de otro modo no habría logrado
- Conocer a personas que de otro modo no habría conocido
- Motivar a personas que de otro modo no habría motivado
- Dirigir a personas que de otro modo no habría dirigido

La pasión ha hecho una diferencia increíble en mi vida. Como lo dice Jack Welch, anterior presidente ejecutivo de General Electric: «El mundo pertenecerá a líderes apasionados y con impulso... que no solo tengan cantidades enormes de energía, sino que también puedan infundirles energía a los que son dirigidos por ellos». En todos mis años de observar a las personas, hasta el día de hoy no he conocido a un individuo que haya alcanzado su potencial sin poseer pasión.

OLVÍDESE DEL DINERO — SIGA SU PASIÓN

En su libro *Vivir y ganarse la vida*, Mark Albion escribe acerca de un estudio revelador de hombres y mujeres de negocios que tomaron dos caminos sumamente diferentes luego de haberse graduado de la universidad. Esto es lo que dice:

> Un estudio conducido sobre egresados de la facultad de comercio siguió las carreras de 1.500 personas desde 1960 hasta 1980. Desde el principio, los graduados fueron agrupados en dos categorías. La categoría A estaba compuesta por individuos que dijeron que querían ganar dinero primero para poder hacer lo que realmente querían hacer posteriormente, después de haber atendido sus necesidades financieras. Los de la categoría B

eran los que deseaban perseguir sus intereses verdaderos primero, con la confianza de que el dinero llegaría después.

¿Qué porcentaje quedó en cada una de las categorías?

De los 1500 graduados que formaron parte del estudio, los de la categoría A, del dinero primero, representaron un 83%, o 1.245 personas. Los arriesgados de la categoría B representaron un 17%, o 255 graduados.

Después de veinte años, 101 integrantes del total de este grupo eran millonarios. Uno provino de la categoría A; 100 de la B.

El autor del estudio, Srully Blotnick, concluyó que «la abrumadora mayoría de las personas que se hicieron ricas lo han hecho gracias a que se dedicaron a un trabajo que estimaban como profundamente absorbente... Su "suerte" provino de una dedicación accidental a una actividad que disfrutaban».[1]

Cuando las personas persiguen algo que realmente les apasiona, eso marca la diferencia. La pasión les llena de energía y de ambición. Les da la voluntad de ganar, y como dice el escritor David Ambrose: «Si tienes la voluntad de ganar, has logrado la mitad de tu éxito. Si no la tienes, has logrado la mitad de tu fracaso». Si desea alcanzar su potencial, halle lo que le apasiona.

> «El mundo pertenecerá a líderes apasionados y con impulso... que no solo tengan cantidades enormes de energía, sino que también puedan infundirles energía a los que son dirigidos por ellos».
> —Jack Welch

Opino que he sido afortunado porque mi pasión ha sido mi llamado y mi carrera. Hace mucho tiempo, en aquel pueblo de Hillham, descubrí la conexión entre la pasión y el potencial. Por casi cuarenta años he vivido con la energía que proviene de amar lo que hago y de hacer lo que amo.

Para la mayoría de las personas existe una diferencia marcada entre el trabajo y la diversión. El trabajo es algo que *tienen que hacer* para ganarse la vida, de modo que algún día puedan hacer lo que *quieren* hacer. ¡No viva así! Escoja dedicarse a lo que ama y haga los ajustes que sean necesarios para que pueda funcionar en su vida. Siga el consejo de Confucio, quien dijera: «Escoged un trabajo que améis, y no tendréis que trabajar ni un solo día de vuestras vidas». El mejor trabajo del mundo es aquel en el cual uno no está seguro de donde se encuentra la línea que separa el trabajo de la diversión.

No trabaje un solo día de su vida

EJERCICIOS DE APLICACIÓN

1. ¿Cuál es su pasión verdadera? ¿Qué es aquello que le encanta hacer, tanto que estaría dispuesto a hacerlo gratis? Si nunca ha pensado en ello antes, haga una lista de estas cosas.

2. ¿Cuánta pasión siente por su trabajo actual? ¿Su empleo se siente más como trabajo o más como diversión? Todo empleo tiene sus características negativas, y ningún empleo es divertido *todo* el tiempo; pero si tiene el empleo correcto, este no debe sentirse como una obligación todo el tiempo. ¿Qué porcentaje del tiempo diría usted que su empleo es algo que disfruta? Utilice la escala siguiente para evaluar su empleo actual:

90% o más: Usted se encuentra en el lugar correcto. ¡Celébrelo!
75%–89%: Haga unos ajustes menores para alinearlo con su pasión.
50%–74%: Usted necesita hacer ajustes grandes.
49% o menos: Usted necesita cambiar de empleo o de carrera.

3. ¿Cómo puede seguir su pasión? Si no se encuentra en la categoría de 90% o más, es necesario que evalúe los tipos de ajustes que necesita hacer. Algunas veces tomar una posición diferente dentro de una misma organización pone a un individuo en el camino correcto. Otras veces lo que ayuda es un cambio de organización. Si se encuentra en la categoría de 49% o menos, considere hacer una transición de su carrera actual a la actividad en la que pensó cuando respondió a la primera pregunta de este ejercicio de aplicación.

No importa la categoría en la que se encuentre, piense y escriba en detalle los pasos que se necesitarían para hacer una transición.

Momento para mentores

La mayoría de las personas que tienen empleo están acostumbradas a trabajar para jefes a quienes solo les importa que cumplan su trabajo, pero que no tienen interés en ellos como seres humanos. Muchos de ellos nunca han tenido un líder que haya deseado ayudarles a hallar su pasión y el propósito único que tienen en la vida. Usted puede ser el que cambie esto. Siéntese a conversar con las personas que le ven como mentor y pregúnteles sobre qué es lo que más les importa. Comparta sus observaciones personales con ellos. Esté abierto a la posibilidad de ayudarles a efectuar la transición a otra posición, departamento u organización en caso de no haber algo adecuado para ellos en donde se encuentran ahora.

6

LOS MEJORES LÍDERES SON LOS
QUE SABEN ESCUCHAR

Steven Sample, en su libro *The Contrarian's Guide to Leadership* [Guía contraria al liderazgo], escribe: «La persona promedio sufre de tres delirios: (1) que es buen conductor, (2) que tiene un buen sentido del humor, y (3) que sabe escuchar». ¡Me declaro culpable de los tres cargos!

Nunca olvidaré la vez que una dama con quien trabajaba me confrontó por mi falta de capacidad de escuchar. Me dijo: «John, cuando las personas te hablan, frecuentemente pareces distraerte y mirar por toda la sala. ¡No estamos seguros si nos estás escuchando o no!».

Esto me sorprendió porque, al igual que la mayoría de las personas, yo *realmente creía* que era bueno para escuchar a los demás. Lo primero que hice fue pedirle disculpas. Confié en la opinión de esta persona que me confrontó y sabía que había tomado valor para que ella me dijera esto (yo era su jefe). Lo segundo que hice fue empezar a tratar de cambiar. Por varios años adopté la práctica de escribir una «E» en la esquina de mi bloc de papel cada vez que asistía a una reunión para que me acordara de *escuchar*. Algunas veces escribía «EM» para que me acordara de *mirar* a la persona mientras le escuchaba. Esto hizo una diferencia marcada en mi liderazgo.

Steven Sample dice: «Muchos líderes son terribles para escuchar; realmente piensan que hablar es más importante que escuchar. Pero los líderes "contreras" saben que es mejor escuchar primero y hablar después; y cuando escuchan, lo hacen con arte».

Los beneficios positivos de un buen oidor son mucho más valiosos de lo que reconocemos. Recientemente leí una narración humorística que Jim Lange incluyó en su libro *Bleedership*:

Un par de campesinos estaban de cacería en el bosque cuando de repente uno de ellos cae al suelo. No parece tener respiración y sus ojos se han volteado hacia atrás.

El otro hombre saca su teléfono celular y llama al servicio de emergencia.

Con desesperación le dice a la telefonista: —¡Paco está muerto! ¿Qué hago?

La telefonista, con una voz calmada y tranquilizante responde: —Cálmese. Puedo ayudarle. Primero asegurémonos que está muerto.

Hay un silencio, y entonces se escucha un disparo.

La voz del hombre vuelve a escucharse en el teléfono, y dice: —Muy bien, ¿y ahora qué?

Como lo ilustra esta historia de los campesinos, podemos oír lo que se dice sin escuchar realmente lo que se está comunicando. El cazador del cuento oyó lo que la telefonista le dijo y técnicamente se aseguró de que su compañero de cacería estuviera muerto. Pero si realmente hubiera estado escuchando, no creo que le hubiera dado un tiro a su amigo.[1]

La narración podrá parecerle tonta, pero comunica una verdad importante. Cuando oímos sin escuchar, nuestro liderazgo sufrirá por ello, y nuestros seguidores también.

Una vez leí acerca de un estudio que afirmaba que oímos la mitad de lo que se dice, escuchamos la mitad de lo que oímos, comprendemos la mitad de ello, creemos la mitad de aquello y recordamos apenas la mitad de eso. Si trasladamos esas suposiciones a una jornada de ocho horas de trabajo, esto es lo que significaría:

- Usted dedica la mitad de su día, unas cuatro horas, a oír.
- Oye aproximadamente dos horas de lo que se dice.
- En realidad escucha aproximadamente una hora de ello.
- Comprende solamente treinta minutos de esa hora.
- Cree solamente lo que equivale a quince minutos.
- Y recuerda menos de ocho minutos de todo lo dicho.

Ese es un rendimiento bastante deficiente, y demuestra que todos necesitamos mejorar mucho más en lo que a escuchar de modo activo respecta.

POR QUÉ SABER ESCUCHAR LE CONVIERTE EN MEJOR LÍDER

Debido a que deseo ser más eficiente al escuchar, por años he observado de modo activo a los líderes, prestando atención cercana a cómo los que son eficientes escuchan a los demás; y he llegado a ciertas conclusiones en cuanto al impacto que tiene escuchar bien sobre el liderazgo:

1. Comprender a las personas precede a dirigirlas

El liderazgo halla su fuente en la comprensión. Para ser digno de la responsabilidad del liderazgo, un individuo deberá tener cierta perspectiva sobre el corazón del ser humano. Ser sensible a las expectativas y sueños de los miembros de su equipo es esencial para establecer un vínculo con ellos y motivarles. En mi libro *Las 21 leyes irrefutables del liderazgo*, escribí acerca de la Ley de la Conexión, la cual afirma: «Los líderes tocan el corazón antes de pedir la mano». No es posible establecer una conexión con alguien sin intentar escucharle y comprenderle. No solo es injusto pedir la ayuda de un individuo con el cual no se ha establecido conexión, sino que hacerlo carece de eficiencia. Si usted desea ser más efi-ciente para conectarse con otros individuos, propóngase la meta de comprenderles.

> *El liderazgo halla su fuente en la comprensión.*

2. Escuchar es la mejor forma de aprender

No es accidente que tengamos una boca pero dos oídos. Cuando no escuchamos, obstruimos una gran parte de nuestro potencial de aprendi-zaje. Probablemente ha oído la frase «Ver es creer». Bueno, lo mismo sucede con escuchar. Larry King, anfitrión de un programa de entrevistas, dijo: «Me recuerdo a mí mismo todas las mañanas que nada de lo que diré hoy servirá para enseñarme nada. Así que si algo he de aprender, será por medio de escuchar».

En 1997 nos trasladamos a Atlanta, Georgia. De inmediato reconocí la influencia que tiene la comunidad afroamericana en esa ciudad. Deseaba establecer una conexión con los individuos de esa comunidad y aprender de sus jornadas. Le pedí a mi amigo Sam Chand que organizara cuatro almuer-zos con algunos líderes afroamericanos. Para mí esto fue una de las experien-cias de aprendizaje más grandes de mi vida. El tiempo que pasamos juntos estuvo repleto con el hecho de conocernos, con mis preguntas y escuchando sus historias maravillosas. Salí de cada almuerzo con nuevos amigos y con un respeto mayor por las personas que conocí y por sus vivencias. Muchos individuos manifestaron su sorpresa de que, a pesar de mi experiencia en el liderazgo, no intenté enseñarles nada sobre él, sino que estaba como alumno y ellos eran los maestros. Si me hubiera propuesto enseñar, no habría aprendido nada. Hasta el día de hoy, sigo escuchando y aprendiendo de muchos de los líderes que se convirtieron en mis amigos en aquellos almuerzos.

3. Escuchar puede evitar que los problemas se agraven

Un proverbio cheroqui reza: «Escucha los susurros y no tendrás que escuchar los gritos». Los buenos líderes prestan atención a los asuntos pequeños. Prestan atención a su intuición, y también prestan atención a lo que *no* se dice. Eso requiere más que buena habilidad para escuchar; requiere comprender a la gente y también significa que uno se siente lo suficientemente seguro de sí mismo como para pedir comunicación honesta de los demás sin ponerse a la defensiva al recibirla. Para ser un líder eficiente, es necesario permitir que los demás nos digan lo que *necesitamos* oír, y no tan solo lo que *queremos* oír.

> *«Escucha los susurros y no tendrás que escuchar los gritos».*
> —*Proverbio cheroqui*

Gordon Bethune, quien fuera presidente de la junta ejecutiva de Continental Airlines, llevó esta idea un paso más allá cuando recomendó: «Asegúrese de contratar solamente a las personas que estén dispuestas a abrir la puerta a puntapiés si usted pierde la dirección y la cierra. Usted podría pasar por alto la opinión de otro individuo si no le agrada, pero si ese individuo tiene los datos para respaldarla, su intelecto debiera ser capaz de vencer a su vanidad».[2]

Una falla que frecuentemente se manifiesta en las personas a medida que aumenta su autoridad es impaciencia hacia los que trabajan para ellos. Los líderes quieren resultados. Desgraciadamente, esa orientación hacia la acción algunas veces los lleva a dejar de escuchar. Los oídos sordos son el primer síntoma de una mente cerrada, y una mente cerrada es una forma segura de lesionar su liderazgo.

Cuanto más asciende un individuo en su liderazgo, más autoridad posee, y menos *obligado* está a escuchar a los demás. Sin embargo, ¡su *necesidad* de escuchar es mayor que nunca! Cuanto más se alejan los líderes del frente de batalla, tanto más dependen de los demás para obtener información precisa.

Si no se han formado el hábito de escuchar de modo detenido e inteligente, no obtendrán los datos que necesitan. Y cuando un líder permanece a oscuras, los problemas que tenga la organización solamente empeorarán.

4. Escuchar establece una relación de confianza

Los líderes eficientes siempre son buenos comunicadores, pero eso significa mucho más que tan solo ser un buen orador. David Burns, doctor en medicina y profesor de psiquiatría de la Universidad de Pennsylvania señala: «El error más grande que puede cometer al intentar hablar de modo convincente es fijarse como primera prioridad el expresar sus propias ideas y sentimientos. Lo que los demás realmente desean es ser escuchados, respetados y comprendidos. Una vez que los individuos vean que están siendo comprendidos, se sentirán más motivados a comprender su punto de vista».

> *«Escuchar edifica la confianza, la cual es fundamento de todas las relaciones duraderas».*
> *—Brian Tracy*

El autor y conferencista Brian Tracy dice: «Escuchar edifica la confianza, la cual es fundamento de todas las relaciones duraderas». Cuando mi subalterna me confrontó en cuanto a mi falta de pericia en escuchar, lo que en realidad me estaba diciendo es que yo no era digno de confianza. Ella no sabía si sus ideas, opiniones y sentimientos estaban a salvo conmigo. Por medio de escuchar con mayor atención, pude ganarme su confianza.

Cuando los líderes escuchan a los que les siguen y usan lo que han escuchado para introducir mejoras que beneficien a los que alzaron la voz y a la organización, entonces los seguidores ponen su confianza en ellos. Cuando los líderes hacen lo contrario y no escuchan, dañan la relación con sus seguidores. Cuando estos ya no creen que sus líderes están escuchándoles, empiezan a buscar a alguien que sí lo hará.

5. Escuchar puede mejorar a la organización

El punto principal es que cuando el líder escucha, la organización mejora. El presidente anterior de la Chrysler, Lee Iacocca, afirmó: «Escuchar puede marcar la diferencia entre una empresa mediocre y una empresa grande». Eso significa escuchar a los individuos de principio a fin, en todos los niveles de la organización: a clientes, trabajadores y otros líderes.

La cadena de restaurantes Chili's, con sede en la ciudad de Dallas y reconocida como una de las principales cadenas en el país, se enorgullece por tener líderes que escuchan. Norman Brinker, el propietario anterior y presidente de Chili's, cree que las comunicaciones eficaces son la clave para las buenas relaciones tanto con los empleados como con los clientes. También ha aprendido que ese tipo de comunicaciones rinde dividendos jugosos. Casi el ochenta por ciento de las selecciones que aparecen en el menú de Chili's proviene de sugerencias hechas por los gerentes de sus mismas sucursales.

> *«Uno de los regalos más grandes que puede darle a una persona es el regalo de la atención».*
> —Jim Rohn

Escuchar siempre rinde dividendos. Cuanto más sabe uno, mejor le va, siempre y cuando mantenga su perspectiva y piense como líder. Nicolás Maquiavelo, autor de *El príncipe*, escribió: «Las mentes son de tres categorías. Una es capaz de pensar por sí misma, otra es capaz de comprender los pensamientos de los demás, y la tercera no puede ni pensar por sí misma ni comprender lo que los demás piensan. La primera tiene la excelencia suprema, la segunda es excelente y la tercera es inservible». Para ser un buen líder, es necesario que no solo piense por sí mismo, sino que también comprenda y aprenda de los pensamientos de los demás.

¿Es posible ser un líder sin saber escuchar? La respuesta es sí. Hable con empleados de empresas por todo el país y le dirán que trabajan para personas que no les escuchan. ¿Es posible ser un *buen* líder sin escuchar? La respuesta es no. Nadie puede ascender al nivel más alto y llevar a su organización allí sin saber escuchar bien. Sencillamente no sucede, porque uno nunca puede obtener lo mejor de los demás si desconoce quiénes son, dónde quieren ir, por qué les importa, cómo piensan y lo que tienen que contribuir. Esas cosas se aprenden únicamente si uno escucha.

El autor y orador Jim Rohn dice: «Uno de los regalos más grandes que puede darle a una persona es el regalo de la atención». Creo que eso es cierto. Pero escuchar a los seguidores no es solo un regalo para ellos, sino que el líder se beneficia de ello también. Cuando un líder escucha, recibe las perspectivas, conocimiento, sabiduría y respeto de los demás. Eso pone los recursos de una organización en marcha, listos para ser dirigidos para el cumplimiento de la visión y el cumplimiento de sus metas. ¡Qué regalo más maravilloso!

LOS MEJORES LÍDERES SON LOS QUE SABEN ESCUCHAR

EJERCICIOS DE APLICACIÓN

1. Evalúe su hábito de escuchar. Las próximas veces que asista a reuniones, pida a un asistente o colega que lleve cuenta de los minutos que usted dedica a hablar y de los que dedica a escuchar. Si no está dedicando por lo menos un ochenta por ciento del tiempo a escuchar, necesita mejorar. Trate de escribir una «E» en un lugar en sus notas, donde pueda verla.

2. ¿Quién siente que no está siendo escuchado? Si las personas con quienes trabaja o vive sienten que no les escucha, podrá verlo en sus rostros. Piense en las personas que son más importantes para usted. La próxima vez que converse con ellas, deje de hacer todo lo que esté haciendo y déles toda su atención, mirándoles a los ojos cuando hablen. Si percibe sorpresa, evasión u hostilidad en su expresión, posiblemente se debe a que ellos sienten que no les ha escuchado en realidad en el pasado. Empiece un diálogo sobre este tema. Pregunte si ha descuidado el escucharles en el pasado y luego permítales que hablen. No se defienda. Busque solo aclaraciones y pida disculpas, de ser necesario.

3. ¿A quiénes se ha olvidado de buscar? Los líderes eficaces escuchan *activamente*. Con esto quiero decir que hacen más que solo escuchar a quienes se les acerquen a decir algo. Buscan los pensamientos, opiniones y sentimientos de los demás, empezando con los líderes que son sus superiores y con sus subalternos. Si usted no ha oído nada de alguno de sus individuos clave recientemente, búsquelos y propóngase escucharles.

Momento para mentores

Déle a cada una de las personas a quienes sirve de mentor una tarea de escuchar. Pídales que desempeñen el papel de «oidor enfocado» en una reunión a la que ambos asistan. Dígales que su tarea es (1) tomar apuntes de lo discutido en la reunión; (2) buscar y anotar expresiones no verbales y comentarios de los participantes en la reunión; y (3) anotar cualquier cosa que perciban en la reunión y también lo que *no* se diga. Después de la reunión, pida sus opiniones y conclusiones. Después comparta con ellos la dinámica que usted observó.

7

ENTRE A LA ZONA Y PERMANEZCA ALLÍ

¿Recuerda usted la primera lección que aprendió acerca del liderazgo? Yo sí. Me la dio mi padre. Él acostumbraba decirnos a mi hermano, mi hermana y a mí: «Descubre lo que haces bien y sigue haciéndolo». Ese no era un consejo a la ligera. Él y mi madre se dieron a la misión de ayudarnos a descubrir nuestros puntos fuertes y a empezar a desarrollarlos antes de que tuviéremos edad suficiente para salir del hogar y aventurarnos al mundo exterior.

Papá también reforzó ese consejo con su vida. Uno de sus dichos favoritos era: «Esta sola cosa es lo que hago». Tenía la capacidad extraordinaria de mantenerse enfocado en sus áreas fuertes. Eso, aunado a su determinación de terminar lo que había comenzado, le sirvió bien a lo largo de su carrera y más allá. Él permanece en su zona fuerte. Es una de las razones por las cuales él siempre ha sido la inspiración más grande de mi vida.

LA BÚSQUEDA DE ÁREAS FUERTES

Cuando inicié mi carrera, me comprometí a hallar mi zona fuerte y a laborar por permanecer en ella. Sin embargo, durante mis primeros años laborales me sentí frustrado. Al igual que muchos líderes inexpertos, traté de hacer muchas cosas diferentes para descubrir lo que realmente podía hacer bien. Además, las expectativas que los demás tenían sobre lo que yo podía hacer y cómo serviría de líder no siempre correspondían con mis áreas fuertes. Mis responsabilidades y obligaciones algunas veces exigían que llevara a cabo tareas para las cuales yo carecía de talento y de pericia. Como resultado de ello, a menudo mis esfuerzos resultaron ineficaces. Tuvieron que pasar varios años para que yo pudiera aclarar esto, descubrir mi zona fuerte y reclutar y desarrollar a otros que compensaran mis debilidades.

Si usted es un líder joven y todavía tiene incertidumbre sobre dónde se encuentran sus puntos fuertes, no se desaliente. Sea paciente y siga laborando. Esto es lo que sé: no importa si apenas está empezando o si está en el apogeo de su carrera, cuanto más trabaje en su zona fuerte, tanto más éxito disfrutará.

Definiendo el éxito personal

He escuchado muchas definiciones del éxito de muchas personas a través de los años. De hecho, he adoptado definiciones diferentes en etapas diferentes de mi vida. Pero en los últimos quince años, me he enfocado en una definición que pienso que captura el éxito sin importar quiénes son los individuos, ni lo que desean hacer. Creo que el éxito es

Saber su propósito en la vida,
Crecer hasta su potencial máximo, y
Sembrar semillas que beneficien a otros.

Si es capaz de hacer esas tres cosas, ha alcanzado el éxito. Sin embargo, ninguna de ellas es posible a menos que uno encuentre su área fuerte y permanezca en ella.

Me encanta la historia de un grupo de muchachos de barrio que edificaron una casa en un árbol y fundaron su propio club. Cuando los adultos se enteraron de quién había sido elegido a cuál puesto, se sorprendieron de escuchar que un niño de cuatro años había sido elegido presidente.

—Ese muchacho debe ser un líder nato —observó un padre de familia—. ¿Y cómo es que todos ustedes que son mayores votaron por él?

—Bueno, verás papá —replicó su hijo—, él no puede ser secretario porque no sabe leer ni escribir; no puede ser tesorero porque no sabe contar; ni siquiera puede ser el oficial de orden porque es demasiado pequeño para echar fuera a otro. Si no lo escogíamos para ningún puesto, se habría sentido mal. Así que lo escogimos de presidente.

La vida real, por supuesto, no funciona así. Uno no llega a ser un líder eficiente por omisión. Hay que ser intencionado, y hay que laborar partiendo desde sus áreas fuertes.

Cuando sirvo de mentor a otros y les ayudo a descubrir el propósito de sus vidas, siempre les animo a que empiecen el proceso por medio de descubrir sus áreas fuertes, y no de explorar sus defectos. ¿Por qué? Porque el propósito que cumple una persona en su vida siempre está vinculado con los dones que posee. Siempre funciona así. Nadie ha sido llamado a hacer algo para lo cual carece de talento alguno. Uno descubre su propósito por medio de hallar su área fuerte y permanecer en ella.

De modo similar, no es posible crecer hasta su potencial máximo si uno continuamente labora fuera de su zona fuerte. El mejoramiento siempre está vinculado con la habilidad. Cuanto mayor sea su habilidad natural, tanto mayor será su potencial para mejorar. He conocido a

> *El propósito que cumple una persona en su vida siempre está vinculado con los dones que posee.*

personas que creían que llegarían a alcanzar su potencial si reforzaban sus debilidades. ¿Pero sabe qué sucede si uno pasa todo el tiempo tratando de mejorar sus debilidades? Si trabaja bien duro, ¡es posible que a duras penas logre ascender hasta la mediocridad! Sin embargo, nunca pasará más allá de ella. Nadie admira ni recompensa la mediocridad.

La pieza final del rompecabezas, vivir una vida que beneficie a los demás, siempre depende de que demos lo mejor de nosotros, no lo peor. No es posible cambiar al mundo ofreciendo solo lo que nos sobra o trabajando con mediocridad. Solo si damos lo mejor de nosotros podremos añadir valor a los demás y levantarlos.

Descubriendo su propia área fuerte

El poeta y lexicógrafo británico Samuel Johnson dijo: «Casi todos los hombres desperdician parte de sus vidas intentando hacer alarde de cualidades que no poseen». Si tiene una imagen mental de los talentos que se supone que deberían de tener las personas, y sin embargo usted mismo no los posee, entonces tendrá dificultades para hallar sus verdaderas áreas fuertes. Necesita descubrir y desarrollar la persona que *usted* es. A continuación hay unas sugerencias que podrían ayudarle.

1. Pregúntese: ¿Qué estoy haciendo bien?

Las personas que alcanzan su potencial dedican menos tiempo a preguntarse: ¿Qué estoy haciendo correcto?, y más tiempo a preguntarse: ¿Qué estoy haciendo bien? La primera es una pregunta moral, la segunda es una pregunta sobre talento. Uno siempre debe esforzarse por hacer lo correcto, pero hacerlo no le dice nada en cuanto a su talento.

2. Sea específico

Cuando reflexionamos sobre nuestras áreas fuertes, tendemos a pensar en términos demasiado amplios. Peter Drucker, padre de la administración moderna, afirma: «El gran misterio no es que las personas estén haciendo las cosas mal, sino que ocasionalmente hacen algunas cuantas bien. Lo único que es universal es la incompetencia. ¡La fuerza siempre es específica! Nadie ha hecho el comentario, por ejemplo, de que el gran violinista Jascha Heifetz probablemente no tocaba la trompeta muy bien». Cuanto más específico sea en sus áreas fuertes, mejor probabilidad tendrá de hallar su «punto ideal». ¿Por qué ha de vivir en los alrededores de su zona fuerte cuando tiene la oportunidad de hallarse en su centro mismo?

3. Escuche lo que los demás elogian

Muchas veces damos nuestros talentos por sentado. Pensamos que porque hacemos algo bien, cualquiera puede hacerlo. Con frecuencia, eso no resulta cierto. ¿Cómo puede percatarse si está pasando por alto alguna habilidad o talento? Escuche lo que dicen los demás. Sus áreas fuertes captarán la atención de los demás y les atraerán. Por otro lado, cuando labora en un área débil, pocas personas mostrarán interés en ello. Si los demás le prodigan elogios continuamente en un área particular, empiece a desarrollarla.

4. Examine la competencia

Usted no quiere pasar todo su tiempo comparándose con los demás, eso no es saludable; pero tampoco quiere desperdiciar su tiempo haciendo algo que otros pueden hacer mejor. El antiguo presidente de la junta ejecutiva de General Electric, Jack Welch, afirma: «Si no tiene una ventaja sobre la competencia, no compita». Las personas no pagan por cosas promedio. Si no tiene el talento necesario para hacer algo mejor que la competencia, enfóquese en otra cosa.

Para tener un mejor cuadro de su posición con relación a la competencia, pregúntese lo siguiente:

- ¿Están otras personas haciendo lo que estoy haciendo?
- ¿Lo hacen bien?

- ¿Lo hacen mejor que yo?
- ¿Puedo llegar a ser mejor que ellos?
- Si llego a ser mejor que ellos, ¿cuál será el resultado de ello?
- Si no llego a ser mejor, ¿cuál será el resultado de ello?

La respuesta a la última pregunta es: usted pierde. ¿Por qué? ¡Porque su competencia está laborando en su área fuerte y usted no!

El anterior receptor estrella del béisbol, Jim Sundberg, aconseja: «Descubra su singularidad y disciplínese a desarrollarla». Eso es lo que he intentado hacer. Hace muchos años atrás me percaté de que una de mis áreas fuertes es la comunicación. Las personas siempre se sienten motivadas cuando me escuchan hablar. Después de cierto tiempo, se me concedieron muchas oportunidades para hablar en eventos con otros oradores motivadores. Al principio me sentí muy intimidado porque los demás eran muy buenos; pero al escucharles, lo

> *«Descubra su singularidad y disciplínese a desarrollarla».*
> *—Jim Sundberg*

que me pregunté a mí mismo era: ¿Qué puedo hacer que me diferencie de ellos? Sentí que tal vez no sería posible ser mejor que ellos, pero que sí ser diferente. Con el tiempo descubrí y desarrollé esa diferencia. Me esforzaría por ser un *maestro* motivador, y no un *orador* motivador. Yo quería que los demás no solo disfrutaran lo que compartía sino que fueran capaces de aplicar lo que enseñaba a sus vidas. Por más de dos décadas he disciplinado mi vida para desarrollar esa singularidad. Es mi lugar, mi área fuerte.

PARA SER UN LÍDER DE ÉXITO, DESCUBRA Y DESARROLLE LAS ÁREAS FUERTES DE SU GENTE

Cada vez que vea personas que tienen éxito en su trabajo, puede estar seguro de que están trabajando en su área fuerte. Eso no basta si uno aspira a ser un líder exitoso. Los buenos líderes ayudan a los demás a descubrir sus áreas fuertes y les permiten trabajar en ellas. De hecho, los mejores líderes se caracterizan por la capacidad de reconocer las habilidades especiales y las limitaciones de los demás y la aptitud de colocar a su gente en los trabajos que mejor desempeñarán.

Tristemente, la mayoría de las personas no trabajan en su área fuerte y por lo tanto no alcanzan su potencial. La organización Gallup condujo unas investigaciones con 1,7 millones de individuos en el mercado laboral. Según sus hallazgos, apenas un 20% de los empleados opinaban que sus áreas fuertes entraban en juego en su situación laboral.[1] En mi opinión, eso en gran parte es culpa de sus líderes, que han fracasado en ayudar a su gente a hallar sus áreas fuertes y en colocarlos en un lugar dentro de la organización en donde sus áreas fuertes puedan ser una ventaja para la empresa.

> *«Las organizaciones existen para hacer que las áreas fuertes de los individuos sean eficientes y que sus debilidades sean irrelevantes. Esta es la labor de los líderes eficientes».*
> *—Frances Hesselbein*

En su libro *Hesselbein on Leadership* [Hesselbein opina sobre el liderazgo], Frances Hesselbein, la presidente del consejo de gobernadores del «Leader to Leader Institute» fundado por Peter F. Drucker, escribe: «Peter Drucker nos recuerda que las organizaciones existen para hacer que las áreas fuertes de los individuos sean eficientes y que sus debilidades sean irrelevantes. Esta es la labor de los líderes eficientes. Drucker también nos dice que podrá haber líderes natos, pero estos son demasiado escasos para depender de ellos».

Si desea ser un líder eficiente, deberá desarrollar la habilidad de desarrollar a las personas en sus áreas fuertes. ¿Cómo se hace esto?

Estudie y conozca a los miembros de su equipo.

¿Cuáles son las áreas fuertes y debilidades de su gente? ¿Con quién se relacionan en el equipo? ¿Están creciendo y tienen más potencial de crecimiento en el área en la cual están trabajando? ¿Representa su actitud una ventaja o un impedimento? ¿Les encanta lo que hacen y lo están haciendo bien? Estas son preguntas que deben ser respondidas por el líder.

Comunique a cada individuo cómo encaja en el equipo.

¿Cuáles son las áreas fuertes que ellos ofrecen? ¿Hay ocasiones en las cuales su contribución es particularmente valiosa? ¿Cómo complementan a los demás miembros del equipo? ¿Qué necesitan de otros miembros del equipo para complementar sus debilidades? Cuanto más sepan los individuos sobre cómo encajan en el equipo, tanto más desearán aprovechar al máximo su posición y elevar al máximo su contribución.

Comunique a todos los miembros del equipo cómo cada individuo encaja en el equipo.

Es evidente que no es posible tener un equipo ganador sin trabajo en equipo. Sin embargo, no todos los líderes toman los pasos necesarios para ayudar a que los miembros del equipo trabajen en conjunto. Si les comunica a todos los miembros cómo los individuos encajan entre sí y las áreas fuertes que traen para desempeñar su papel, los compañeros de equipo se valorarán y se respetarán unos a otros.

Haga énfasis sobre complementarse unos a otros por encima de competir unos contra otros.

Cierta competencia saludable entre miembros de un equipo es buena. Los empuja a dar lo mejor de sí mismos, pero al final de cuentas, los miembros del equipo necesitan trabajar en conjunto por el bien del equipo, y no solo para beneficiarse a sí mismos.

Para algunos líderes, la idea de enfocarse casi completamente en sus áreas fuertes parece contradecir a la intuición. Hace algunos años estaba pasando un día con líderes de varias empresas y uno de los temas que toqué fue la importancia de permanecer en su área fuerte. En repetidas ocasiones les animé a no trabajar en sus áreas débiles, en lo que a habilidad se refiere. Durante la sesión de preguntas, un presidente de una empresa se resistía a aceptar la idea. El ejemplo que utilizó fue el de Tiger Woods.

—Cuando Tiger Woods tiene una mala ronda de golf —observó—, se dirige al campo y practica por horas. Ves, John, está trabajando en su punto débil.

—No —repliqué—. Está trabajando en su área fuerte. Tiger es el mejor golfista del mundo; está practicando tiros de golf. No está practicando contabilidad, música ni baloncesto. Está esforzándose por mejorar un punto débil dentro de su área fuerte. Eso siempre produce resultados positivos.

El esfuerzo por mejorar una debilidad en su área fuerte siempre produce mayores resultados que esforzarse por mejorar un punto fuerte en un área débil. Me encanta el golf, pero si practico haciendo tiros, nunca tendré una mejoría notable. ¿Por qué? Porque soy un golfista mediocre. La práctica no me dará la perfección; ¡hará que mis defectos sean permanentes! Si quiero progresar, necesito seguir esforzándome en mis habilidades de liderazgo y comunicación; esas son mis áreas fuertes.

¿Cuáles son las suyas? Si está dedicando tiempo a ellas, estará haciendo una inversión en su éxito.

ENTRE A LA ZONA Y PERMANEZCA ALLÍ

EJERCICIOS DE APLICACIÓN

1. ¿Ha identificado su zona fuerte? Si usted y yo pudiéramos sentarnos a conversar, ¿podría decirme cuáles son sus áreas fuertes? ¿Qué tan específicas serían sus respuestas? Entre más edad y experiencia posea, más específica debiera ser su respuesta. Si no está seguro de cuáles son sus áreas fuertes, siga las sugerencias ofrecidas en este capítulo: piense en lo que está haciendo bien, escuche lo que sus colegas dicen en cuanto a sus talentos y analice en dónde tiene ventajas sobre la competencia.

2. ¿Su trabajo saca provecho de sus áreas fuertes? Mencione tres cosas que hace bien en su trabajo. Ahora pregúntese lo siguiente:

- ¿Las hace con mayor frecuencia o con menor?
- ¿Está desarrollándolas más o menos?
- ¿Está trayendo a otros a su alrededor que complementen sus áreas fuertes?

Si su respuesta a alguna de estas preguntas es «No», es necesario que se torne más intencionado en lo que a entrar a su zona fuerte respecta.

3. ¿Está dirigiendo a miembros de su equipo hacia sus zonas fuertes? Si es líder, su equipo depende de usted para que les ayude a descubrir y permanecer en sus zonas fuertes. ¿Qué ha hecho con cada persona para propiciar esto? Si no puede citar acciones específicas que ha tomado, es necesario que de inmediato siga las sugerencias dadas en este capítulo para ayudarles.

MOMENTO PARA MENTORES

Siéntese con cada persona que le ve como mentor para discutir sus áreas fuertes. Pídales que las describan. Ofrézcales comentarios basados en su desempeño en el pasado y en sus propias observaciones. Ayúdeles a disipar los conceptos equivocados que tengan de sí mismos y asígneles responsabilidades que saquen el provecho máximo a sus áreas fuertes. Si su gente ya ha identificado sus áreas fuertes y ya están trabajando en ellas, entonces ayúdeles a crear una estrategia que les permita identificar, estimular y desarrollar las áreas fuertes de las personas que tengan debajo de ellos y que les rindan cuentas al cumplir esta meta.

8

La primera responsabilidad de un líder es definir la realidad

La primera vez que escuché que es responsabilidad del líder definir la realidad fue de labios del autor y experto en liderazgo Max DePree. Capté su afirmación instantáneamente y estuve de acuerdo con ella, pero eso no significa que fuera algo que yo podía hacer bien por naturaleza.

De todas las lecciones que he aprendido acerca del liderazgo, esta ha sido una de las más difíciles. Yo podría ser un símbolo del pensamiento positivo; estoy hecho para darles esperanza y aliento a los demás. Lo que no puedo hacer es ayudarme a mí mismo. Como resultado de ello, mi filosofía ha sido un tanto similar a la del humorista Garrison Keillor, quien dijo: «Hay veces que hay que mirar a la realidad de frente y negar que existe». En verdad, mi aversión a ser realista y mi resistencia ocasional a aceptar el hecho de que es responsabilidad del líder definir la realidad me han resultado costosas. Pero a los cincuenta y cuatro años de edad, ¡finalmente aprendí la lección!

No se puede definir lo que no se ve

Con frecuencia he enseñado que las personas cambian solamente cuando experimentan tanto dolor que no les queda otra, cuando aprenden tanto que lo desean, o cuando reciben lo suficiente como para poder hacerlo. En mi caso, el dolor fue lo que me impulsó a aprender. En el año 2001, me enfrenté a una realidad dolorosa: una de mis empresas estaba perdiendo dinero de modo constante y sus esfuerzos parecían estar dirigidos en demasiadas direcciones diferentes. Este problema no se manifestó repentinamente. Por cinco años había habido indicadores de que era necesario hacer cambios, pero yo no estaba dispuesto a hacerlos. Tenía que cambiar mi equipo de líderes, pero yo no quería hacerlo. Me encantaba mi círculo íntimo de líderes, y año tras año, estaba dispuesto a absorber las pequeñas pérdidas que la empresa experimentaba. Pero luego de cinco años, las pérdidas empezaron a sumarse y a causar estragos.

Mi hermano Larry, que sobresale en los negocios y siempre tiene una percepción clara de la realidad, me exhortaba a encarar la verdad y tomar algunas decisiones difíciles. Como líder, sé que la primera regla para salir vencedor es: «No te derrotes a ti mismo». Al no enfrentar la realidad y hacer ciertos cambios sumamente incómodos, me estaba derrotando a mí mismo y estaba empezando a sentirme desanimado. Así que cuando Margaret y yo partimos para visitar Londres por un par de semanas, decidí enfrentar mis problemas y tomar ciertas decisiones. Para ayudarme a analizar las cosas y procesar mis decisiones, leí un libro que había sido publicado recientemente: *Hablando claro*, por Jack Welch. Allí leí las seis reglas siguientes para ser un líder de éxito:

1. Controla tu destino, de lo contrario otra persona lo controlará.
2. Enfrenta la realidad tal cual es, no la que quisieras que fuera.
3. Sé franco con todos.
4. No administres; dirige.
5. Haz cambios antes que estés obligado a hacerlos.
6. Si no tienes una ventaja sobre la competencia, no compitas.

Al leer estos consejos del presidente de los presidentes ejecutivos, me di cuenta de que cinco de sus seis reglas de liderazgo eficaz tenían que ver con enfrentar la realidad. Era como si alguien me hubiera lanzado un balde de agua fría al rostro. Cuando regresé a casa, reuní a mis líderes clave, les leí las seis reglas y anuncié los cambios que planeaba hacer en la empresa.

Durante los tres años siguientes guardé las seis reglas de Jack Welch en mi maletín. A menudo las sacaba para volverlas a leer, especialmente cuando me tocaba enfrentar otra decisión difícil.

VISIÓN NO ES IGUAL QUE FANTASÍA

Una de las trampas que pueden detener a líderes en potencia es el deseo de enfocarse en una visión al punto de sacrificar el enfrentarse a la realidad. Pero los líderes buenos son visionarios *y* son realistas. La Ley del Marcador que aparece en mi libro *Las 17 leyes incuestionables del trabajo en equipo* afirma: «El equipo puede hacer ajustes cuando sabe dónde está parado». En otras palabras, la realidad es el fundamento de todo cambio positivo. Si uno no enfrenta la realidad, entonces no será capaz de hacer los cambios que sean necesarios.

Bill Easum, presidente y socio administrativo de la firma Easum, Bandy & Associates, afirma: «Los líderes realistas son lo suficientemente objetivos como para reducir sus ilusiones al mínimo. Comprenden que el engañarse a sí mismos puede costarles su visión». Eso se hizo realidad en mi vida. Mi fe en la gente y mi deseo de proteger a las personas que amaba me fueron obstáculos para enfrentar la verdad y ser honesto con ellos cuando su rendimiento estaba perjudicando a la empresa.

> *«Los líderes realistas son lo suficientemente objetivos como para reducir sus ilusiones al mínimo. Comprenden que el engañarse a sí mismos puede costarles su visión».*
> —Bill Easum

Si usted es optimista como lo soy yo, y naturalmente busca animar a los demás, como sucede conmigo, entonces tendrá que tener cuidado especial de mirar a la realidad de frente y mantenerse con los pies sobre el suelo. Continuamente ponga la mirada realista sobre lo siguiente:

- *La situación*: con frecuencia es peor de lo que se imagina.
- *El proceso*: usualmente toma más tiempo de lo que se imagina.
- *El precio*: siempre cuesta más de lo que se imagina.

Si tiene falta de realismo hoy, entonces podría tener falta de credibilidad ante los demás mañana. Como dice mi amigo Andy Stanley: «Enfrentar la realidad actual a menudo es desagradable, pero necesario».

Retorno a la realidad

En su libro *Gerencia en tiempos difíciles*, Peter Drucker escribe: «Una época turbulenta es una época de peligro, pero el peligro más grande es la tentación de negar la realidad».[1] Para protegerme de ese peligro, hace algunos años escribí las preguntas siguientes. Me han ayudado a enfrentar las realidades desagradables pero necesarias de la vida. Tal vez le ayuden a usted.

Preguntas que hago para ayudarme a definir la realidad

1. *¿Cuál es la realidad de esta situación?* ¿Hay otros que estén de acuerdo con mi evaluación?
2. *¿Puedo identificar todos los problemas?* ¿Puedo dividir la realidad en partes para comprenderla mejor?
3. *¿Es posible resolver los problemas?* Separe los que pueden resolverse de los que no.
4. *¿Cuáles son las alternativas?* Establézcase un plan de acción.
5. *¿Estoy dispuesto a seguir mi plan de acción?* Mi compromiso como líder es esencial.
6. *¿Está dispuesto mi equipo de líderes a seguir el plan de acción?* Su compromiso como líderes también es esencial.

Estas preguntas me obligan a ver los problemas de modo realista, en lugar de mirarlos superficialmente o de intentar presentarlos con una imagen más positiva.

Por ser líderes, todo lo que hacemos, o no hacemos, tiene consecuencias. Podemos tratar de mantener una perspectiva o estilo de vida poco realista, pero el día llegará en el que tendremos que pagar un precio realista por ello. No hay forma de evitarlo. Eso fue lo que me sucedió a mí. Después de años de sufrir pérdidas en mi empresa, tuve que vender una parte significativa de una inversión para poder compensarlas. Hasta el último céntimo salió de mis bolsillos. Alguien dijo una vez: «Puedes engañar a parte del pueblo todo el tiempo, y a todo el pueblo parte del tiempo, y con eso debería bastar». Como líder, yo fui el que salió engañado. ¡Y lo peor fue que me lo hice a mí mismo! El necio más grande es aquel que se engaña a sí mismo.

La capacidad de definir la realidad para el líder significa adoptar formas realistas de pensar, de modo que podamos ver las consecuencias de nuestras acciones con mayor previsión y claridad que los demás. ¿Por qué es importante esto? Cuando somos líderes, otros dependen de nosotros. Mi incapacidad de definir la realidad correctamente en mi organización a la larga no solo me hiere a mí, sino a otros también. Algunos perdieron sus empleos, hubo equipos que fueron desechos, sueños que quedaron sin cumplirse y, lo más triste fue que algunas amistades llegaron a su fin.

> «Una época turbulenta es una época de peligro, pero el peligro más grande es la tentación de negar la realidad».
> —Peter Drucker

PROTEGIÉNDOSE CONTRA PENSAMIENTOS POCO REALISTAS

Aunque finalmente aprendí esta lección, no confío en mí mismo en esta área. Mi composición mental y emocional siempre me lleva a pensar en lo bueno y a pasar por alto lo negativo. Así que tengo que protegerme contra esta inclinación natural. Hacerme preguntas para ayudarme a definir la realidad no basta. Tengo que hacer más. Estas son cuatro prácticas que continuamente intento seguir:

1. Reconocer mis debilidades

Tal como una persona que tiene problemas con la bebida recibe ayuda si acude a una organización de apoyo y dice: «Soy un alcohólico», es necesario que yo confiese ante los demás: «Soy poco realista». Reconocer mi debilidad es el primer paso hacia la recuperación. No es posible definir la *realidad* si uno no puede *enfrentar* la realidad.

2. Rodearme de personas realistas

El viejo refrán: «Dios los cría y ellos se juntan» realmente es cierto. Me gusta estar alrededor de personas que son como yo. Eso puede ser cosa buena cuando busco divertirme, pero puede ser mala cuando quiero ser un buen líder. Necesito personas que me complementen, que sean fuertes cuando soy débil. Un equipo eficaz de líderes tiene miembros que se complementan entre sí.

3. Pedir honestidad a los demás

Todo líder necesita estar rodeado de personas que le digan lo que realmente piensan. No necesita un montón de aduladores a su alrededor. La única forma en la cual el líder puede recibir comentarios honestos es si los pide, y si trata bien a las personas que se los den. Sin embargo, muchos líderes carecen de la seguridad necesaria para pedir comentarios honestos o responder a ellos sin ponerse a la defensiva. Algunas veces no queremos escuchar la verdad, aunque necesitemos hacerlo. La realidad es que muchos no quieren enfrentarla. Por eso es buena idea pedir a otros que nos ayuden a encararla.

4. Invitar a que «ojos frescos» me revisen

Es sorprendente la cantidad de cosas que pasan desapercibidas cuando el entorno es familiar. Cuanto más tiempo paso como líder, tanto más me doy cuenta de que necesito que personas que no forman parte de mi organización me examinen a mí y a esta. Muy seguido les he pagado a consultores que vengan, observen y me digan lo que ven. Valoro sus opiniones.

Tal vez esté pensando: *Eso es mucho trabajo: ver las reglas de Jack Welch, hacerme preguntas para definir la realidad, aplicar cuatro prácticas para protegerme de pensamientos no realistas. ¿No es complicar las cosas?* Tal vez para usted eso sí sea complicarlas innecesariamente, pero para mí no lo es. Debido a que pensar de modo realista es mi área débil, necesito enfocarme en hacerlo desde varios ángulos y tener más de un sistema en funcionamiento para ayudarme a corregir la forma en la cual hago las cosas.

Definir la realidad es el punto de partida del buen liderazgo. Es como hallar el «Usted está aquí» en un mapa antes de partir hacia su destino. Como señala Jim Collins en su libro *Empresas que sobresalen*, los buenos líderes que guían a grandes empresas enfrentan la realidad y hacen cambios conforme a ella. «No es posible tomar una serie de decisiones buenas sin primero confrontar los hechos brutales».[2] Nunca olvide que la forma en la cual defina la realidad determinará el rumbo y la manera en la cual dirigirá a los que le sigan, y el rumbo y la manera en que guíe determinarán a dónde llegarán los que le sigan. En otras palabras, mucho depende de ello.

> *Los buenos líderes que guían a grandes empresas enfrentan la realidad y hacen cambios conforme a ella.*

La primera responsabilidad de un líder es definir la realidad

EJERCICIOS DE APLICACIÓN

1. ¿Hacia qué tipo de pensamientos se inclina? En una escala de 1 (realismo) a 10 (optimismo), ¿dónde se encuentra? ¿Piensa y habla naturalmente en términos de «en el mejor de los casos» (eso hago yo), o «en el peor de los casos»? Ahora pida a sus amigos, colegas y a su cónyuge que le evalúen. Si usted es sumamente optimista (otros podrían describirle como poco realista), será necesario que incorpore sistemas a su vida que le ayuden a evitar dirigir a sus seguidores en la dirección equivocada.

2. ¿Quién le habla con la verdad? Todo líder necesita rodearse de personas que estén dispuestas a decirle verdades difíciles. ¿Quién le dirá lo que usted *necesita* oír? Si ya tiene personas que hacen eso, anímelos por ello y pídales que continúen haciéndolo. Si no las tiene, busque algunas. No necesita a personas que le estén derribando al suelo, sino a personas que le ayuden a mantener los pies sobre la tierra.

3. ¿En qué áreas necesita retornar a la realidad? Si no está teniendo resultados positivos en un área de su liderazgo, utilice la lista de preguntas dadas en este capítulo para evaluar si está considerando la situación de modo realista. Pregúntese:

- ¿Cuál es la realidad de esta situación? ¿Hay otros que estén de acuerdo con mi evaluación?
- ¿Puedo identificar todos los problemas? ¿Puedo dividir la realidad en partes para comprenderla mejor?
- ¿Es posible resolver los problemas? Separe los que pueden resolverse de los que no.
- ¿Cuáles son las alternativas? Establézcase un plan de acción.
- ¿Estoy dispuesto a seguir mi plan de acción? Mi compromiso como líder es esencial.
- ¿Está dispuesto mi equipo de líderes a seguir el plan de acción? Su compromiso como líderes también es esencial.

Momento para mentores

Invite a las personas a quienes sirve de mentor a que le hagan preguntas difíciles en cuanto a las realidades de su liderazgo. Sea directo y genuino en sus respuestas. Ahora voltee la situación y pregúnteles en cuanto a las realidades de la situación de liderazgo que ellos viven en la actualidad. Haga preguntas de seguimiento y ofrezca las perspectivas obtenidas por su propia experiencia para ayudarles a discernir entre las cosas que no pueden cambiarse y las que pueden redefinirse a través de un liderazgo eficaz. Ayúdeles a discutir un plan que lleve a cambiar lo que se pueda cambiar por el bien de los demás y de la organización.

9

PARA SABER CÓMO LE VA AL LÍDER,
MIRE A SU GENTE

A mediados de la década de 1970 asistí a una conferencia en la cual Lee
Roberson era uno de los oradores. Él dijo algo durante una de las
sesiones que me inspiró y cambió mi vida. Roberson dijo: «Todo surge o se
desploma por el liderazgo». Con eso quería decir que los líderes inevitable-
mente mejoran o empeoran las cosas para los que les siguen. Cuando hay
un buen líder, el equipo mejora, la organización mejora, el departamento o
división mejora. Cuando hay uno malo, para todos los que son impactados
por él las cosas se ponen más difíciles. El liderazgo hace que toda empresa
mejore o empeore.

En el instante que escuché esa afirmación, comprendí intuitivamente
que era cierta. Esa afirmación pronto se convirtió en mi tema. Ha sido una
gran inspiración y motivación para mí por más de treinta años. Fue el fundamento de *Las 21 leyes irrefutables del liderazgo*, incluyendo la Ley del
Tope, que dice: «La capacidad de liderazgo determina el nivel de eficacia de
una persona». Y ha influido sobre mi forma de ver todo lo que sucede a mi
alrededor.

EL LÍDER ES EL RESPONSABLE

Cuánto más comprende uno el liderazgo, tanto más ve cómo los líderes
tienen impacto sobre las cosas a su alrededor. Unos cuantos años después
de haber escuchado la conferencia de Roberson, junto con millones de
compatriotas estadounidenses, observé el debate entre Jimmy Carter y

Ronald Reagan previo a las elecciones presidenciales de 1980. La mayoría de los espectadores concordaron en que el debate cambió luego que Reagan le hiciera una pregunta al pueblo estadounidense. Él dijo:

El próximo martes son las elecciones. El próximo martes irán a las urnas y allí tomarán una decisión. Pienso que cuando tome esa decisión bien le valdría hacerse la pregunta: «¿Le va mejor ahora que hace cuatro años atrás? ¿Le es más fácil ir a la tienda a comprar sus cosas? ¿Hay más desempleo ahora o menos que hace cuatro años?». Si usted responde que sí a esas preguntas, bueno, entonces creo que es bien evidente por quién votará. Si no está de acuerdo, si no opina que el rumbo en el cual hemos viajado por los últimos cuatro años sea en el que le gustaría que siguiéramos en los próximos cuatro, entonces le sugiero la otra alternativa que tiene.[1]

¿Por qué esa pregunta: «¿Le va mejor ahora que hace cuatro años atrás?», tuvo tanto impacto? Porque el pueblo comprendió que *su* condición actual era el resultado de *quién* era el líder. No les agradaba su condición, así que cambiaron de líder. Eso fue lo que hizo que Reagan fuera electo. Por eso digo que para saber cómo le va al líder, todo lo que hay que hacer es mirar a su gente. Como dice Max Depree, experto en liderazgo: «Las señales de un liderazgo sobresaliente se manifiestan primeramente entre sus seguidores».

Las personas frecuentemente atribuyen el éxito de las organizaciones y equipos a muchas cosas: las oportunidades, la economía, el personal, el trabajo en equipo, los recursos, los momentos oportunos, la «química» o la suerte. Si bien es cierto que todas esas cosas son factores que intervienen, lo que todas las buenas organizaciones tienen en común es un buen liderazgo.

¿Ha observado que cuando acude a un médico nuevo, le piden que llene formularios y que responda a un montón de preguntas? Aunque pudieran parecerles triviales o irrelevantes, las preguntas más importantes tienen que ver con el historial de su familia. ¿Por qué? Porque su salud física se determina en gran parte por la salud física de sus padres. Si uno de sus padres sufre de mal del corazón, diabetes o cáncer, existe una probabilidad elevada de que un día usted padecerá de lo mismo. Su salud le fue heredada.

> *«Las señales de un liderazgo sobresaliente se manifiestan primeramente entre sus seguidores».*
> —Max Depree

El liderazgo funciona de modo similar. Cuando los líderes están saludables, las personas a quienes guían tienden a estar saludables. Cuando los líderes no están saludables, sus seguidores tampoco lo están. Un individuo puede enseñar lo que sabe, pero se reproduce según lo que es.

Recientemente dicté una charla en una conferencia con Larry Bossidy, el presidente anterior de la junta ejecutiva de Allied Signal, y autor del libro *Execution* [Ejecución]. Él hizo referencia a esta dinámica que se produce entre los líderes y sus seguidores, y habló sobre el papel importante que los líderes desempeñan para su gente. Dijo:

> El desarrollo de líderes nuevos no solo es la clave para las ganancias, sino que también es sumamente satisfactorio en términos de sentir que ha dejado un legado, y no tan solo una hoja de ingresos. Con frecuencia se escucha la pregunta: «¿Qué tan bueno es mi trabajo como líder?». La respuesta está en cómo le va a los que le siguen. ¿Están aprendiendo? ¿Saben enfrentar los conflictos? ¿Tienen iniciativa para hacer cambios? Cuando se jubile, no recordará lo que hizo durante el primer trimestre de 1994, pero sí recordará a cuánta gente desarrolló.

Los mejores líderes son sumamente intencionados cuando del desarrollo de su gente se trata. Para bien o para mal, los líderes siempre impactan a su gente. Si desea saber si un líder es exitoso y eficaz, no mire ni escuche al líder. Sencillamente mire a su gente.

PREGUNTAS REVELADORAS ACERCA DE LOS SEGUIDORES

Earl Weaver, antiguo mánager de los Orioles de Baltimore, era conocido por provocar y discutir continuamente con los árbitros. Una de las preguntas que normalmente les hacía durante las primeras entradas de un partido era: «¿Vas a mejorar, o esto es lo mejor que vamos a ver de ti?». Esa es una pregunta que todo líder debe hacerse. ¿Por qué? Porque el desempeño del líder afectará significativamente el desempeño de todo el equipo.

Si desea evaluar su labor de líder (o si desea analizar el liderazgo de otra persona en su organización), hágalo al realizar las cuatro preguntas siguientes:

Pregunta N° 1: ¿Hay seguidores?

Todos los líderes tienen dos características en común: primero, se dirigen hacia algún lugar; segundo, son capaces de persuadir a otros a que vayan con ellos. En un sentido muy práctico, la segunda característica es la que distingue a los líderes genuinos de los fingidos. Si un individuo ocupa una posición de liderazgo, pero nadie le sigue, el tal tiene una posición pero no es un líder verdadero. ¡No existe cosa tal como un líder sin seguidores!

Es importante observar que el tener seguidores no necesariamente convierte a un individuo en un *buen* líder; sencillamente lo convierte en líder. El pastor Stuart Briscoe cuenta la historia de un joven colega que estaba oficiando el funeral de un veterano de guerra. Los amigos militares del occiso deseaban tener participación en el servicio fúnebre, así que le pidieron al pastor que les guiara hacia el féretro, que permaneciera con ellos durante un momento solemne de recuerdo, y que luego les guiara para salir por la puerta lateral.

El joven pastor hizo precisamente eso. solo hubo un problema: escogió la puerta equivocada. Con precisión militar, condujo a los hombres a una bodega de escobas. Todo el grupo tuvo que efectuar una retirada precipitada y confusa, a plena vista de los dolientes.[2]

> *Todos los líderes tienen dos características en común: primero, se dirigen hacia algún lugar; segundo, son capaces de persuadir a otros a que vayan con ellos.*

Cuando un líder sabe hacia dónde va y la gente *sabe* que el líder sabe hacia dónde va, empiezan a desarrollar una confianza saludable. Esta relación de confianza crece a medida que el líder demuestra ser competente continuamente. Cada vez que un líder toma decisiones acertadas por los motivos correctos, la relación se fortalece y el equipo mejora.

Clarence Francis, quien condujo a la General Foods Corporation en las décadas de los 30 y los 40, declaró: «Se puede comprar el tiempo de un hombre; se puede comprar su presencia física en un lugar dado; hasta se puede comprar un número determinado de sus movimientos musculares habilidosos por hora. Pero no es posible comprar el entusiasmo... no es posible comprar la lealtad... no es posible comprar la devoción de los corazones, las mentes y las almas. Estas cosas hay que ganárselas».

Como líder, nunca debe esperar tener la lealtad de los demás antes de haber edificado una relación personal con ellos y de haberse ganado su confianza. Exigirla desde un principio rara vez da buen resultado. La lealtad de los seguidores es recompensa del líder que se la ha ganado, no del que la anhela. El deseo de seguirle que pudieran tener los demás se basa no en la posición que tenga sino en su rendimiento y motivos. Los líderes ponen el bien de su gente en primer lugar. Cuando hacen esto, se ganan el respeto de los demás y el número de seguidores crece. Cuando el líder se desenvuelve primero de este modo, la lealtad que sigue a ello frecuentemente carece de límite.

Pregunta Nº 2: ¿Hay cambios en las personas?

La segunda pregunta que hay que hacerse en cuanto a las personas para saber cómo le va al líder es si las personas están dispuestas a hacer cambios en aras del progreso. El progreso no sucede sin cambios. El presidente Harry S. Truman observó: «Los hombres hacen historia, y no lo contrario. En los períodos en los cuales no hay líderes la sociedad se detiene. El progreso ocurre cuando los líderes valerosos y hábiles aprovechan la oportunidad de cambiar las cosas para mejorarlas».

Los líderes son capaces de aprovechar las oportunidades únicamente cuando su gente está dispuesta a cambiar. Una gran parte del liderazgo consiste en cultivar en los demás la disposición de seguir al líder hacia lo desconocido con la promesa de algo grande. Esto no puede suceder sin cambios. Irónicamente, no

Todos los buenos líderes inspiran a sus seguidores a confiar en ellos, pero los grandes líderes inspiran a sus seguidores a confiar en sí mismos.

son los líderes los que cambian a la gente, sino que son agentes de cambio. Ayudan a crear un entorno propicio para que los demás tomen la decisión de cambiar.

¿Cómo hacen esto? Primero inspiran a los demás. Todos los buenos líderes inspiran a sus seguidores a confiar en *ellos*, pero los grandes líderes inspiran a sus seguidores a confiar *en sí mismos*. Este tipo de autoconfianza levanta la moral y les da la energía para hacer los tipos de cambios que los hacen avanzar y mejoran sus vidas.

Lo otro que hacen los líderes eficaces es promover cambios para crear un entorno de expectativas. Jimmy Johnson, quien como entrenador llevó a la Universidad de Miami a un campeonato nacional y luego a los Cowboys de Dallas a dos victorias en el Super Bowl, explicó la importancia de crear el entorno correcto:

Mi papel como entrenador principal era hacer tres cosas: Primero, traer a las personas que estuvieran comprometidas a dar lo mejor; segundo, eliminar a las personas que no estuvieran comprometidas a dar lo mejor; tercero, y lo más importante, crear una atmósfera en la cual pudieran lograr sus metas y las metas que habíamos fijado para el equipo. Deseaba ponerlos en el entorno correcto y delegarles la responsabilidad para que pudieran dar lo mejor de sí.

Las personas llegan a lo mejor únicamente si están cambiando, y es poco probable que cambien a menos que haya un líder eficiente presente que ayude a facilitar el proceso.

Pregunta Nº 3: ¿Están creciendo los demás?

La disposición que tenga la gente de cambiar puede ayudar a que una organización mejore, pero para que una organización alcance su potencial máximo, las personas tienen que estar dispuestas a hacer más que cambiar. Necesitan continuar creciendo.

El autor Dale Galloway dice: «El crecimiento y desarrollo de las personas es el llamado más sublime de todo líder». No podría estar más de acuerdo. Se habla mucho en el mundo de los negocios acerca de hallar y reclutar a buenas personas, y reconozco que eso es importante, pero aun si halla a las mejo-

> *«El crecimiento y desarrollo de las personas es el llamado más sublime de todo líder».*
> *—Dale Galloway*

res personas que pueda, si no las desarrolla, su competidor, que sí lo está haciendo, pronto le dejará atrás.

La responsabilidad de desarrollar a la gente recae sobre el líder, y eso significa algo más que solo ayudar a las personas a obtener pericia en su trabajo. Los mejores líderes ayudan a los demás con más que sus trabajos; les ayudan con sus vidas. Les ayudan a convertirse en mejores *personas*, y no tan solo en mejores trabajadores. Los engrandecen, y eso tiene mucho poder porque las personas que crecen crean organizaciones que crecen.

Walter Bruckart, quien fuera vicepresidente de la cadena de almacenes Circuit City, observó que los cinco factores principales de la excelencia en una organización son: gente, gente, gente, gente y gente. Creo que eso es cierto, pero solamente si uno está ayudando a esa gente a crecer y a alcanzar su potencial, lo cual no siempre es fácil para un líder. Puede demandar un precio muy elevado. Como líder, mi éxito en el desarrollo de los demás siempre depende de lo siguiente:

- Mi estima alta de los demás: este es un asunto de actitud.
- Mi compromiso elevado con los demás: este es un asunto de tiempo.
- Mi integridad alta con los demás: este es un asunto del carácter.
- Mi norma elevada para los demás: este es un asunto de fijar metas.
- Mi influencia elevada sobre los demás: este es un asunto de liderazgo.

Estos principios fundamentales para el desarrollo de las personas se ven subrayados por la fe que el líder tenga en ellas. Si un líder no tiene fe en su gente, entonces su gente no tendrá fe en sí misma. Y si no tiene fe en sí misma, no crecerá. Eso podrá sonar como una carga pesada de responsabilidad para el líder, pero así sencillamente es. Si la gente no está creciendo, eso es reflejo de la labor del líder.

Pregunta Nº 4: ¿Están las personas obteniendo éxito?

Pat Riley, el entrenador de baloncesto que guió a dos equipos diferentes al campeonato de la NBA, observa: «Creo que las maneras en las cuales un líder puede evaluar si está haciendo un buen trabajo o no son: (1) por medio de victorias y derrotas, (2) por medio del resultado final, (3) por el análisis visual subjetivo y objetivo de cómo los individuos están mejorando y creciendo. Si los individuos están obteniendo mejores resultados, entonces pienso que todo el producto está mejorando». A final de cuentas, lo que vale en el liderazgo siempre son los resultados. Los líderes podrán impresionar a otros cuando tienen éxito, pero impactan a los demás cuando sus seguidores tienen éxito. Si un equipo, departamento u organización no goza del éxito, la responsabilidad de ello en última instancia recae sobre el líder.

En mi experiencia, las personas de éxito que no son líderes natos algunas veces tienen dificultades para hacer la transición de triunfador a líder.

> *Los líderes podrán impresionar a otros cuando tienen éxito, pero impactan a los demás cuando sus seguidores tienen éxito.*

Están acostumbrados a desempeñarse a un nivel elevado: hacer tareas con excelencia, alcanzar sus metas, tener éxito financiero, y evalúan su progreso según esas cosas. Cuando se convierten en líderes, con frecuencia esperan que los demás hagan lo mismo, que tengan motivación propia. Cuando los que les siguen no se desempeñan como se esperaba, entonces preguntan: «¿Qué sucede con ellos?».

Los líderes piensan de modo diferente. Comprenden que desempeñan un papel en los triunfos de sus seguidores y que su éxito personal como líderes se mide según el desempeño de su gente. Si miran a la gente y ven que no les están siguiendo, ni están cambiando, creciendo ni teniendo éxito, preguntan: «¿Qué me sucede a mí?» y «¿Qué puedo hacer diferente para ayudar a que el equipo triunfe?».

Me encanta servir de mentor a otros para guiarlos al éxito, porque para mí eso es sumamente satisfactorio. Recientemente recibí una nota de Dale Bronner, un líder talentoso para quien fui mentor. En ella, él escribió:

> John, me has añadido valor al exponerme a cosas que no había experimentado, al capacitarme con recursos para expandir mi mente, al enseñarme principios que sirven como barreras protectoras para mi vida y proveerme de una vía por la cual puedo ser responsable a través de una relación con un mentor. John, has provisto algo para mi cabeza, para mi corazón y para mis manos que me convierten en una persona más valiosa para servir a los demás.

Esa es la razón por la cual guío y sirvo de mentor a otros.

El liderazgo está destinado a elevar a los demás. Peter Drucker comenta: «El liderazgo consiste en levantar la visión de un hombre hacia metas más sublimes, elevar el desempeño de un hombre a una norma más alta, edificar la personalidad de un hombre más allá de sus limitaciones normales». En otras palabras, lo que está diciendo es: «Para saber cómo le va al líder, mire a su gente». Esa es la forma en la cual otros le evalúan. ¿Cómo se evalúa usted a sí mismo?

PARA SABER CÓMO LE VA AL LÍDER, MIRE A SU GENTE

EJERCICIOS DE APLICACIÓN

1. ¿Está siguiéndole alguien? Empecemos por el principio. Las respuestas a las demás preguntas sobre el liderazgo carecen de importancia si su respuesta a esta pregunta es no. Cuando guía, ¿le sigue alguien? Cuando tiene una idea, ¿hay otros que la adopten? Si quiere que su equipo corra riesgos o suba a un nivel más elevado de rendimiento, ¿responden los miembros del equipo de modo positivo? Si no está seguro, haga esto: Solicite a su equipo que haga algo (apropiado) que caiga fuera de la autoridad de su posición de liderazgo. Si su gente no lo hace, entonces usted realmente no les está dirigiendo. Es necesario que establezca relaciones personales con ellos y desarrolle la confianza a través de una demostración extendida de su carácter y competencia. Empiece ya.

2. ¿Cómo se llevan las anotaciones? Cuando evalúa sus éxitos, ¿piensa en términos de su eficacia personal o de la de su equipo u organización? Si no está seguro, déles un vistazo a sus metas anuales, sus objetivos semanales o mensuales, y su lista de tareas diarias. ¿Qué porcentaje de estas cosas está enfocado en sus logros personales? ¿Qué porcentaje en los logros de la corporación o del equipo? Si sus metas son mayormente individuales, entonces no ha hecho la transición de triunfador a líder. Vuelva a formular sus metas y objetivos en todos los niveles, de modo que reflejen metas más amplias en las cuales su gente cambiará, crecerá y logrará el éxito.

3. ¿Cree en su gente? Usted no desarrollará a su gente si no cree en ellos. Observe los principios para el desarrollo de personas y evalúese a sí mismo en cada uno de ellos, usando una escala de 1 (bajo) a 10 (alto).

- Mi estima alta de los demás: este es un asunto de actitud
- Mi compromiso elevado con los demás: este es un asunto de tiempo
- Mi integridad alta con los demás: este es un asunto del carácter

- Mi norma elevada para los demás: este es un asunto de fijar metas
- Mi influencia alta sobre los demás: este es un asunto de liderazgo

Si en algún principio su evaluación es menos que 8, escriba un plan para corregir ese punto (actitud, tiempo, carácter, metas o liderazgo).

MOMENTO PARA MENTORES

A final de cuentas, el liderazgo tiene que ver con el éxito de las personas que están siendo dirigidas. Hable con los líderes a quienes sirve de mentor acerca del éxito y la moral de las personas a quienes guían. Compare lo que respondan con sus propias observaciones. Déles una evaluación en cuanto a su liderazgo que esté basada en el éxito de las personas. (Si no ha observado a sus seguidores, vaya y vea por sí mismo cómo les va.) Si su gente no va tan bien como debiera, guíela empleando los cinco principios para el desarrollo de personas que se mencionaron arriba.

10

NO ENVÍE SUS PATOS A LA ESCUELA DE LAS ÁGUILAS

A mi esposa Margaret y a mí nos encantan las donas de Krispy Kreme. Cuando pasamos por una tienda de Krispy Kreme, siempre nos fijamos si está iluminado el letrero rojo de neón «Hot Doughnuts Now» [Donas calientes ahora], el cual avisa a los clientes potenciales que las donas están recién hechas y que están saliendo calientes, frescas y deliciosas. Aunque no nos permitimos este gusto muy a menudo, ocasionalmente no podemos evitar ceder a la tentación. Si vemos el letrero rojo iluminado, uno de nosotros dice: «¡Es una señal de Dios para que paremos y compremos unas donas!».

Una tarde que nos acercábamos a una tienda de Krispy Kreme, pudimos ver con claridad que el letrero no estaba iluminado, pero decidimos detenernos de todas maneras. Para nuestro agrado y sorpresa, las donas justo estaban saliendo de la banda transportadora, calientitas y empalagosas.

—Se les olvidó encender el aviso para decirles a los clientes que las donas están calientes y frescas —le dije a la joven que nos atendió.

—Oh, muchas veces no enciendo el aviso —me respondió—. Cuando lo enciendo, mucha gente entra a la tienda y se congestiona el lugar. Si dejo el aviso apagado, es menos ajetreo.

Quedé atónito. Me pregunté a mí mismo: *¿Por qué piensa de esa manera?* Al principio eso parecía carecer de sentido, pero al reflexionar en ello, me percaté que se trataba de un caso en el cual la posición de ella afectó su percepción. Era una empleada que no deseaba ser incomodada. Ciertamente, si los propietarios del establecimiento hubieran estado allí, ¡habrían

EL MANUAL DE LIDERAZGO

encendido el aviso! No estarían buscando comodidad, estarían pensando en el éxito del negocio y de todos sus empleados.

POR QUÉ ALGUNOS NO REMONTAN VUELO

Por más de tres décadas he sido anfitrión de conferencias y he escrito libros con el propósito de añadirles valor a las personas. La experiencia me ha enseñado una lección valiosa: no importa lo que yo haga ni lo mucho que intente ayudar a los demás, no todos responden de la misma manera. Algunos asisten a una conferencia y sus vidas empiezan a transformarse. Otros asisten y prestan oídos sordos a todo lo que digo. Algunos cambian; otros no. Eso siempre ha sido motivo de frustración para mí, ¡porque deseo que todos aprendan, cambien, crezcan y mejoren!

No hace mucho experimenté un momento de esos que le hacen a uno decir: «¡Eureka!» cuando leí algo escrito por el conferencista y consultor Jim Robin. El artículo me dio mucha claridad sobre este tema. Él me otorgó permiso para compartir sus palabras con ustedes:

> La primera regla de la administración es ésta: No envíe sus patos a la escuela de las águilas. ¿Por qué? Porque eso no funciona. La gente buena se descubre, no se forja. Un individuo puede cambiar por sí mismo, pero usted no puede cambiarlo. Si desea tener personas buenas, tendrá que encontrarlas. Si desea tener personas motivadas, tendrá que hallarlas, no motivarlas.
>
> Hace poco compré una revista en Nueva York que tenía un anuncio publicitario de una página completa de una cadena de hoteles. La primera línea del anuncio decía: «No enseñamos a nuestra gente a ser agradable». Eso me llamó la atención. La segunda línea decía: «Contratamos a gente agradable». Pensé: *¡Qué atajo más ingenioso!*
>
> La motivación es un misterio. ¿Por qué es que algunos la tienen y otros no? ¿Por qué es que un vendedor recibe a su primer cliente potencial a las siete de la mañana, mientras que el otro lo recibe a las once de la mañana? ¿Por qué uno empieza su día a las siete mientras que el otro a las once? No sé. Atribuyámoslo a los «misterios de la mente».
>
> Doy conferencias a mil personas a la vez. Una persona sale de una de ellas y dice: «Voy a cambiar mi vida». Otra sale bostezando y dice: «Esto lo he escuchado antes». ¿Por qué sucede esto?

Un hombre rico les dice a mil personas: «Leí este libro, y ello me puso en el camino a la riqueza». Adivine cuántas de esas mil personas salen a comprar el libro. La respuesta: muy pocas. ¿No le parece increíble? ¿Por qué es que no todos van a buscar el libro? Son los misterios de la mente...

A una persona hay que decirle: «Mejor baja la velocidad. No es posible trabajar tantas horas, hacer tantas cosas, siempre estar en marcha. Vas a tener un ataque al corazón y morirte si sigues así». Pero a otra persona hay que decirle: «¿Cuándo te vas a levantar del sofá?». ¿En dónde está la diferencia? ¿Por qué no todos se esfuerzan por ser ricos y felices?

Atribúyalo a los misterios de la mente y no desperdicie su tiempo tratando de convertir a los patos en águilas. Contrate a personas que ya tienen la motivación y el empuje para ser águilas y entonces solo tendrá que permitirles remontar vuelo.

La perspectiva de Jim explica por qué esa empleada de Krispy Kreme no encendía el letrero, y por qué eso me sorprendió tanto. Mientras que yo pensaba en términos de generar ingresos y elevar al máximo las ganancias, ella pensaba en evitar el exceso de trabajo.

TRES RAZONES POR LAS CUALES NO DEBE ENVIAR SUS PATOS A LA ESCUELA DE LAS ÁGUILAS

El problema que tuve por muchos años fue que creía que si trabaja duro y enseñaba las cosas debidas, podría convertir a los patos en águilas. Eso sencillamente no funciona. Tengo que reconocer que esa ha sido una lección difícil para mí. Le doy un valor elevado a las personas. Creo sinceramente que toda persona es importante, y por años creía que cualquiera era capaz de aprender casi cualquier cosa. Como resultado de ello, en repetidas ocasiones intenté enviar mis patos a la escuela de las águilas. Estas son las razones por las cuales ya no hago eso.

1. Si envía sus patos a la escuela de las águilas, frustrará a los patos

Reconozcámoslo. No se supone que los patos sean águilas, y los patos tampoco quieren serlo. Lo que son es lo que debieran ser. Los patos tienen sus ventajas y hay que apreciarlos por ellas. Son nadadores excelentes. Son capaces de trabajar juntos en un despliegue asombroso de trabajo en equipo y pueden viajar juntos por largas distancias. Pídale a un águila que nade o que emigre miles de kilómetros y verá a un águila en problemas.

El liderazgo tiene que ver con colocar a las personas en el lugar correcto para que puedan tener éxito. El líder necesita conocer y valorar a su gente por lo que es y dejarla trabajar según sus puntos fuertes. No hay nada de malo con los patos, pero no le pida a uno que se remonte a enormes altitudes ni que salga a cazar desde grandes alturas. Eso no es lo que hacen.

> *El liderazgo tiene que ver con colocar a las personas en el lugar correcto para que puedan tener éxito.*

Charles Swindoll, autor, pastor y rector del Dallas Theological Seminary, ilustra este principio en su libro *Growing Strong in the Seasons of Life* [Fortaleciéndose en las temporadas de la vida], cuando escribe:

Una vez los animales decidieron que harían algo significativo para satisfacer los problemas del nuevo mundo, así que organizaron una escuela.

Adoptaron un plan de estudios con materias que incluían correr, trepar, nadar y volar. Para facilitar la administración, todos los animales estudiaron todos los cursos.

El pato sobresalía en la natación. De hecho, ¡nadaba mejor que el instructor! Sin embargo, apenas lograba pasar el curso de vuelo y era sumamente deficiente al correr. Como corría tan lentamente, tuvo que retirarse del curso de natación y quedarse en la escuela después de clases para practicar. Esto hizo que sus patas palmeadas se lastimaran al grado de que nadaba mediocremente. Sin embargo, un nivel «mediocre» era bastante aceptable, por lo cual nadie se preocupó por ello, excepto el pato.

El conejo empezó en el primer lugar en la clase de correr, pero se le desarrolló un tic nervioso en los músculos de sus patas porque tenía que esforzarse demasiado para la clase de natación.

La ardilla era excelente al momento de trepar, pero se sentía constantemente frustrada en la clase de vuelo porque el instructor le obligaba a empezar desde el suelo, en lugar de lanzarse desde la copa de un árbol. Le daban calambres como resultado de los esfuerzos excesivos, así que apenas tenía calificaciones regulares en la clase de trepar y deficientes en la de correr.

El águila era un estudiante problemático y recibió disciplina severa por no conformarse a las reglas. En las clases de trepar, llegaba a la cima antes que todos, ¡pero insistía en emplear sus propios métodos para llegar allí!

Todas las personas tienen puntos fuertes que pueden usar para contribuir. En *Las 17 leyes incuestionables del trabajo en equipo*, enseño la Ley de la Especialización, que dice: «Cada jugador tiene un lugar dónde dar lo mejor de sí». Las personas de éxito han hallado ese lugar. Los líderes de éxito ayudan a que su gente descubra el suyo. El líder siempre debe desafiar a las personas a salirse de su zona de comodidad, pero nunca de su zona fuerte. Si una persona se sale de su zona fuerte, pronto no estará en ninguna zona: ni de comodidad, ni de fuerza, ni de eficiencia.

> *El líder siempre debe desafiar a las personas a salirse de su zona de comodidad, pero nunca de su zona fuerte.*

2. Si envía a los patos a la escuela de las águilas, frustrará a las águilas

Mi madre solía decir: «Dios los cría y ellos se juntan». Eso es cierto. Las águilas no quieren estar alrededor de los patos. No quieren vivir cerca de un granero ni nadar en un estanque. Su potencial hace que sean impacientes con los que no pueden surcar las alturas.

Los individuos que están acostumbrados a moverse rápido y a volar alto se frustran fácilmente con las personas que les obstaculizan. Escuché una historia acerca de Christian Herter, quien fuera gobernador del estado de Massachusetts, cuando estaba en su campaña de reelección. Un día luego de una mañana ajetreada en la campaña y de haber pasado por alto el almuerzo, llegó hambriento a una barbacoa en una iglesia. Mientras avanzaba por la hilera en donde se servía la comida, sostuvo su plato hacia la mujer que estaba sirviendo el pollo. Ella colocó una pieza en su plato y miró hacia la siguiente persona en la hilera.

—Disculpe —dijo el gobernador Herter—, ¿le molestaría darme otra pieza de pollo?

—Lo siento —respondió la mujer—, se supone que solo le dé una pieza de pollo a cada persona.

—Pero me estoy muriendo del hambre —dijo el gobernador.

—Lo siento, solo una por cliente —dijo la mujer. El gobernador era un hombre modesto, pero tenía hambre, así que decidió sacar sus credenciales a relucir.

—Señora, ¿sabe quién soy? —dijo—. Soy el gobernador del estado.

—¿Y sabe quién soy yo? —replicó la mujer—. Soy la dama encargada del pollo. ¡Así que siga adelante, señor! Sin duda Herter se sintió como un águila a la que le habían pedido que se sometiera a un pato.

Bill Hybels, un maravilloso amigo, viajó a la ciudad de Atlanta a pasar un par de días conmigo. La primera mañana me dijo: «John, vayamos a correr al campo de golf».

Bill es un corredor. Es delgado y está en buena forma, y con frecuencia corre una distancia de cinco a siete millas por jornada. Por otro lado, yo camino. (Es posible estar gordo y caminar.) Llegamos a un acuerdo. Recorreríamos nuestro trayecto caminando cuesta arriba y corriendo cuesta abajo.

Partimos. Avanzamos lentamente alrededor del campo. Cuando estábamos llegando al final, lo único que podía pensar era en lo feliz que me sentiría cuando finalmente regresara a mi casa para descansar. *solo un poco más*, pensé. *Casi llegamos*. Estaba cansado, pero no quería que mi amigo Bill se percatara de ello.

Cuando finalmente llegamos a casa, me dijo: «Eso fue divertido. ¡Hagámoslo de nuevo!». Así que lo hicimos, y casi me muero. No creo que volveré a hacer ejercicio con Bill; y estoy seguro que él tampoco querrá hacerlo conmigo. Él es un águila y yo un pato.

3. Si envía patos a la escuela de las águilas, se frustrará usted mismo

¿Alguna vez ha dirigido a personas que nunca lograron elevarse para llenar sus expectativas? No importa lo mucho que los motivara, los capacitara, les proveyera recursos o les diera oportunidades, ellos sencillamente nunca se desempeñaron según lo que usted esperaba. Eso me ha sucedido a mí muchas veces.

Tal vez el problema no eran ellos. ¡Tal vez era usted! Un poema de niños muy conocido dice:

Gatito, gatito, ¿dónde has estado?
He estado en Londres, viendo a la reina.
Gatito, gatito, ¿y qué hiciste allá?
Asusté a un ratoncito escondido bajo la silla.

¿Por qué el gato empezó a perseguir a un ratón en Londres, cuando había viajado allí para ver a la reina, algo que solo ocurre una vez en la vida? ¡Porque era un gato! ¿Qué más podría esperarse que hiciera?

Los gatos hacen lo propio de los gatos; los patos, lo de los patos; y las águilas lo de las águilas. Si toma a un pato y le pide que haga el trabajo de un águila, vergüenza debiera darle. Como líder, su responsabilidad es ayudar a que sus patos se conviertan en mejores patos y sus águilas en mejores águilas, es colocar a los individuos en los lugares correctos y ayudarles a alcanzar su potencial.

Como ya lo he dicho, a través de los años he cometido el error de tratar de convertir a los patos en águilas. Lo único que logré con ello fue frustrarlos a ellos y a mí mismo. No le debería de pedir a un individuo que crezca en áreas en las cuales carece de talento. ¿Por qué?

Porque nuestra capacidad de crecer y de cambiar es muy diferente, y depende de si tenemos la habilidad de escoger o no. Permítame explicarme. En las áreas en las cuales podemos escoger, nuestro potencial de crecimiento es ilimitado. Nuestra actitud es algo que escogemos; el carácter es algo que escogemos; la responsabilidad también lo es. Entonces, por ejemplo, si tengo una actitud terrible, con un valor de 1, puedo mejorarla hasta un 10 si escojo las cosas correctas. Puedo escoger adoptar una actitud magnífica.

En contraste con ello, las habilidades naturales no son algo que escogemos; son un don. Uno tiene lo que tiene. Lo único que puede escogerse es si se intentará desarrollarlas o no. Y si uno lo hace, el crecimiento en esa área no será muy dramático que digamos. Después de haber capacitado a individuos y ser mentor por cuarenta años, he descubierto que las personas pueden mejorar un talento en particular unos dos puntos en una escala de diez. Por lo tanto, si una persona nace con un nivel de 3 en un área particular, podrá convertirse en un 5, pero nunca irá de 3 a 10. Así que si tiene a un individuo que es un excelente nadador y le encanta volar en formación en V, envíelo a la escuela de patos. No importa lo motivado o inteligente que sea, nunca se convertirá en un águila. Usted no puede añadir algo que Dios ha excluido.

SEPA LO QUE ESTÁ BUSCANDO

Hace unos cuantos años estaba dictando una charla en una conferencia nacional de los restaurantes Chick-fil-A y el administrador de uno me preguntó: «¿Cómo se desarrollan buenos líderes?».

—Halle a personas que sean buenos líderes en potencia —fue mi respuesta.

—¿Y cómo se hallan los buenos líderes en potencia? —preguntó.

—Sepa cómo se ven los buenos líderes en potencia —respondí. No estaba tratando de ser evasivo ni sarcástico. El líder tiene la responsabilidad de saber lo que está buscando. Hay que saber las cualidades y características que están presentes en los líderes que gozan del éxito en su industria. Estudie a los líderes de éxito. Entreviste a las personas que admira. Pregúnteles en cuanto a su proceso de desarrollo. Averigüe cómo eran cuando estaban empezando. Cuánto más sepa acerca del liderazgo, tanto más fácil será reconocer a un líder cuando lo vea.

Es sumamente importante que el líder incluya a las personas debidas en su organización y que las coloque en las posiciones debidas. Pocas de las cosas que hace un líder son más importantes que esta. Si necesita águilas en su organización, fíjese la misión de buscar a las personas que posean algunas de las cualidades que ha observado en otras águilas. Busque por todas partes. Si no encuentra a las águilas dentro de su organización, búsquelas fuera de ella. En otras palabras, si necesita a un águila grande, busque a un águila en potencia. solo entonces tendrá la posibilidad de desarrollar a esa persona en un águila grande. No consiga a un pato. No importa el entrenamiento que le dé, lo único que le sacará será un «cuac».

EJERCICIOS DE APLICACIÓN

1. ¿A quién ha colocado en el lugar incorrecto? Si es líder de una organización, un departamento o un equipo, entonces es su responsabilidad velar que las personas estén trabajando conforme a sus áreas fuertes. ¿Ha estado tratando de convertir a los patos en águilas, frustrando a todos en el proceso? Aparte un tiempo para hacer un inventario de los talentos naturales de su gente. Hable con ellos también en cuanto a sus pasiones, esperanzas y sueños. No es posible dirigir a otros bien si no se sabe quiénes son.

2. ¿Necesita liberar a algunas águilas para que vuelen y a algunos patos para que naden? Si en el pasado ha obstaculizado a las águilas en su organización, o si ha intentado convertir a los patos en águilas, es necesario que haga dos cosas. Primero, ajuste sus posiciones de manera que puedan trabajar según sus áreas fuertes. Segundo, es necesario que se vuelva a ganar su confianza. Reconozca sus talentos naturales, ayúdeles a desarrollar sus áreas fuertes y muéstreles cómo pueden contribuir a la organización.

3. ¿Sabe cómo se ven los líderes en potencia? Hasta el día de hoy nunca me he encontrado con una organización que tuviera todos los líderes que necesitaba. Por ese motivo, los buenos líderes siempre andan en busca de líderes en potencia. Si usted ha investigado por sí mismo las características de liderazgo, utilice lo que ha hallado para crear una descripción de lo que está buscando en los líderes en potencia. Si no lo ha hecho, tal vez querrá utilizar algunas de mis listas. Esta es tomada de mi libro, *Líder de 360°*. He hallado que los buenos líderes y los líderes en potencia presentan las características siguientes:

- **Adaptabilidad**: Se ajustan rápidamente a los cambios
- **Discernimiento**: Comprenden los asuntos verdaderamente importantes
- **Perspectiva**: Ven más allá de su posición estratégica

- **Comunicación**: Se relacionan a todos los niveles de la organización
- **Seguridad**: Encuentran su identidad en sí mismos y no en la posición
- **Servidumbre**: Hacen lo que se necesita
- **Inventiva**: Encuentran formas creativas de hacer que las cosas sucedan
- **Madurez**: Ponen al equipo primero
- **Resistencia**: Se mantienen coherentes con el carácter y la capacidad durante todo el trayecto
- **Confiabilidad**: Pueden contar unos con otros

Si ve a alguna persona que muestra la mayoría de estas características, probablemente está viendo a una persona con mucho potencial de liderazgo.

MOMENTO PARA MENTORES

Una de las transiciones más difíciles de todo líder es pasar de ser líder de seguidores a líder de líderes. Ayude a sus aconsejados a efectuar esta transición al ayudarles a identificar, reclutar y desarrollar a líderes en potencia. Pídales que describan el potencial de cada persona a la que estén dirigiendo, empleando la lista de características previamente dada. Entonces anímeles a empezar a invertir en aquellos que tengan el mayor potencial.

11

MANTENGA LA MENTE
EN LO PRINCIPAL

Todas las lecciones de este libro me han permitido crecer, pero de todas ellas, las de cómo mantener la mente en lo principal es la que más ha cambiado mi vida. Recuerdo bien la frustración de trabajar duramente en mi primera posición de liderazgo como pastor, pero sabiendo que era ineficiente. Pasaba la mayor parte de mi tiempo aconsejando a personas y efectuando tareas administrativas secundarias. Trabajaba largas horas, pero veía muy pocos resultados positivos. Fue una época muy insatisfactoria.

Mi momento de decir «¡Eureka!» vino en un aula de clases donde estaba recibiendo un curso sobre administración. El profesor estaba enseñando el principio de Pareto, también conocido como el principio del 80/20. Cuando explicó el impacto de este principio, se me abrieron los ojos. Explicó que:

- 80% de los embotellamientos de tránsito ocurren en 20% de las carreteras.
- 80% de la cerveza es consumida por 20% de los bebedores.
- 80% de la participación en un aula proviene de 20% de los estudiantes.
- 80% del tiempo, usted usa 20% de sus vestimentas.
- 80% de las ganancias provienen de apenas 20% de los clientes.
- 80% de los problemas son generados por 20% de los empleados.
- 80% de las ventas son generadas por 20% de los vendedores.
- 80% de todas las decisiones pueden tomarse con solo tener 20% de la información.

¡Cómo me abrió los ojos esto! Esto significaba que el mejor 20% de todas mis actividades eran *dieciséis veces* más productivas que el 80% restante. Si yo quería reducir la complejidad de mi vida y aumentar mi productividad, entonces era necesario que me enfocara en 20% más importante. Ese día en el aula reconocí dos cosas: (1) Estaba haciendo demasiadas cosas, y (2) las cosas que estaba haciendo frecuentemente no eran lo que debería estar haciendo. Esa es una receta para una vida ineficaz.

DESCUBRIENDO LO PRINCIPAL

De inmediato empecé a evaluar la forma en la que pasaba mi tiempo. Sabía que debía priorizar mi calendario, así que empecé a hacerme tres preguntas: ¿Qué me da el beneficio mayor? ¿Qué es lo más satisfactorio? ¿Qué se requiere de mí? No siempre podía responder a esas preguntas fácilmente. Al inicio de una carrera profesional, la más fácil de responder es la que tiene que ver con lo que se requiere. Uno puede utilizar la descripción de su trabajo para responderla. Por otro lado, la mayoría de las personas no empiezan a percibir un sentido real de lo que rinde mayores beneficios a sus esfuerzos hasta que llegan a la tercera década de vida, y a veces hasta más tarde en la vida. Y lo que una persona estima como más satisfactorio frecuentemente cambia durante diferentes etapas de la vida.

Mientras trabajaba, reflexionaba y crecía, lentamente empecé a descubrir las respuestas a esas tres preguntas. Mi principio guía era que el propósito de todo trabajo es obtener resultados. Si quería lograr objetivos y ser productivo, tenía que proporcionar previsión, estructura, sistemas, planificación, inteligencia y un propósito sincero en todo lo que hiciera; pero también sabía que era necesario mantener las cosas sencillas. Había leído un estudio de treinta y nueve empresas de tamaño mediano que indicaba que las características que distinguían a las empresas exitosas de las que carecían de éxito era la sencillez. Las empresas que vendían menos productos a un número más reducido de clientes, y que trabajaban con un número más pequeño de proveedores que otras empresas en la misma industria eran más rentables. Las operaciones sencillas y bien enfocadas eran las que rindieron los mayores resultados. Como señala Warren Buffett, «Las escuelas de comercio recompensan el comportamiento difícil y complejo más que el comportamiento sencillo, pero el comportamiento sencillo es más eficaz».

Al esforzarme por guardar la sencillez, pude ayudar a mantener mi mente enfocada en lo principal.

Durante esta etapa de mi vida, pasé de ser un hacedor de muchas cosas a un líder de unas cuantas. La clave de esta transición fueron cinco decisiones que tomé y que me ayudaron a estar más enfocado y ser más productivo.

1. Me propuse no saberlo todo

Algunos piensan que los grandes líderes tienen todas las respuestas. No es cierto. Los líderes de éxito no lo saben todo, pero conocen a personas que sí lo saben. Si usted me pregunta algo relacionado con una de mis organizaciones, y no sé la respuesta, sé quién en la organización sí la sabe. Si me pregunta algo en cuanto a mi profesión, tal vez no sepa la respuesta, pero con una o dos llamadas telefónicas puedo hablar con alguien que puede dar una respuesta. Y si me pregunta en cuanto a los detalles de mi vida y mi calendario, y no sé la respuesta, puedo garantizarle que hay alguien que sí la sabe: mi asistente.

> «Las escuelas de comercio recompensan el comportamiento difícil y complejo más que el comportamiento sencillo, pero el comportamiento sencillo es más eficaz».
> —Warren Buffett

La decisión más importante que jamás tomé para mantenerme enfocado y simplificar mi vida fue la de contratar a una asistente de primera. Por veinticuatro de los últimos veintisiete años de mi vida, he recibido los servicios de dos asistentes maravillosas: Linda Eggers y Barbara Brumagin. Su valor para mí ha sido enorme.

Mis asistentes son el centro principal de información para mi vida. Todo fluye hacia y a través de ellas. Confío en que lo sabrán todo para que yo no tenga que saberlo. Más importante aun, han aprendido a filtrar la información y captar los detalles más importantes. Recuerde, tan solo 20% de toda la información le dará 80% de todo lo que necesita para tomar buenas decisiones. Cuando nos comunicamos, Linda Eggers me da lo importante, lo cual me permite ver qué hacer a continuación, me ayuda a saber por qué es importante y me permite traer los recursos apropiados a colación para satisfacer la necesidad que exista. Para el líder, es más importante saber las cosas más importantes que saberlo todo.

Si usted es un líder y no tiene un buen asistente, está en problemas. Esa es la primera y más importante decisión de contratación que todo ejecutivo necesita tomar. Si tiene a la persona correcta en su lugar, podrá mantener la mente enfocada en lo principal mientras su asistente piensa acerca de todo lo demás.

Al no estar en medio de todas las cosas, se reduce mi importancia personal para mucha gente en mis organizaciones, pero esto me permite hacer lo que es personalmente importante para mí. También significa que las tareas no siempre se cumplen «a mi manera», pero he descubierto que la mayoría de las cosas pueden lograrse eficazmente en muchas maneras diferentes.

2. Me propuse no ser el primero en enterarme de todo

La mayoría de las personas tienen un deseo fuerte de estar «entre los que saben». Por eso es que las revistas de chismes y los tabloides se venden tan bien. Los líderes también tienen un deseo fuerte de estar «entre los que saben» cuando de sus organizaciones se trata. A ningún líder le gusta que lo tomen desprevenido. Sin embargo, los buenos líderes no pueden darse el lujo de inmiscuirse en todos y cada uno de los detalles minúsculos de la organización. Si lo hacen, pierden su perspectiva y su capacidad de dirigir. ¿Cuál es la solución? Decidir que está bien no ser el primero en enterarse de todo.

> *Para el líder, es más importante saber las cosas más importantes que saberlo todo.*

En toda organización los problemas deben resolverse al nivel más bajo posible. Si es necesario compartir todos los problemas con los líderes primero, entonces las soluciones tardan una eternidad en llegar. Además, las personas que están en el frente de batalla usualmente son las que proporcionan las mejores soluciones, ya sea en la línea de producción, la línea de batalla o la línea de alimentación.

Mi asistente se entera de casi todo lo que sucede en mis organizaciones antes que yo. Debido a que es el centro de información de mi vida, sabe lo bueno, lo malo y lo feo y usualmente es quien me comunica esas cosas. Esto funciona porque confío en ella plenamente, y cuando me da malas noticias, procuro no «fusilar al mensajero». Descargar las frustraciones sobre las personas que nos traen malas noticias interrumpe con rapidez el flujo de las comunicaciones.

3. Me propuse permitir que alguien me representara

Todo líder ha aprendido a dejar de meramente tomar acción para cumplir la visión y empieza a reclutar y facultar a otros para que la tomen. (Las personas que no aprenden esta lección nunca llegan a ser líderes eficientes.) Sin embargo, no todos los líderes toman el siguiente paso difícil, el cual es permitir que otras personas ocupen su lugar y los representen ante los demás. ¿Por qué? Porque esto requiere un nivel aun más profundo de confianza en ellos. Si alguien le representa mal, no cumple con su responsabilidad o hace algo poco ético en su nombre, esto se refleja personalmente sobre usted y podría manchar su reputación.

Recientemente una persona que conozco, que es propietario de varias empresas, descubrió que un líder al que había contratado para administrar una división de su organización estaba involucrado en prácticas dudosas. Para cuando se enteró de ello, este hombre le representó pérdidas de $2 millones. Despidió a este líder, quien negó haber hecho mal alguno, pero para entonces la reputación de la empresa había sufrido daños irreparables y no se pudo recuperar financieramente. En papel, las credenciales de este individuo se veían bien, pero su carácter era otra cosa.

La mitad de ser inteligente consiste en saber en qué cosas uno es torpe.

La decisión de permitir que otros le representen requiere de mucho tiempo y confianza. No debe tomarse a la ligera. Es necesario conocer a las personas en quienes se deposita esa confianza y estas deberán ganársela a través de varias temporadas de desempeño demostrado. Cuanto más invierta en esas personas, tanto menor será el riesgo y tanto mayor el potencial de beneficios. Una vez que llega a este nivel de confianza con las personas con quienes trabaja, uno queda más libre para permanecer enfocado en las cosas principales que realmente importan.

He sido bendecido en tener varias personas en mi vida que hacen esto. Linda Eggers, mi asistente, me representa en juntas, programa mi calendario y atiende mis finanzas y mi correspondencia. Cuando ella habla con otros en mi nombre, habla con mi autoridad. Charlie Wetzel, mi escritor, comunica mi voz y mis ideas a través de los libros en los que hemos trabajado juntos. John Hull, el presidente y director ejecutivo principal de EQUIP y de INJOY Stewardship Services, habla en mi nombre con líderes y organizaciones en todo el mundo. Y Doug Carter, vicepresidente principal de desarrollo de EQUIP, quien comparte su visión y cuenta su historia mejor que yo.

¿Cómo decidir si alguien puede ser su representante, aun si la presión es fuerte y los riesgos son grandes? Primero, es necesario que conozca su corazón lo suficiente como para poder confiar en su carácter. Segundo, deberá tener un historial compartido suficientemente largo como para que esa persona conozca su corazón y su mente. Tercero, deberá tener fe en que es competente. Si esa persona puede hacer el trabajo 80% tan bien como lo haría usted, entonces está lista.

4. *Me propuse permanecer en mis áreas fuertes y no trabajar en mis áreas débiles*

La mitad de ser inteligente consiste en saber en qué cosas uno es torpe. Puesto que ya desarrollé este tema en detalle en el capítulo «Entre a la zona y permanezca allí», no es necesario que lo explique aquí. Pero permítame decir esto: para ser un buen líder, es necesario que se conozca a sí mismo; sus áreas fuertes y sus áreas débiles. En el *Gallup Management Journal* leí lo siguiente:

> El descubrimiento más revelador [acerca de los líderes que fueron objeto de un estudio] es que los líderes eficientes tienen un sentido agudo de sus propias áreas fuertes y débiles. *Saben quiénes son*, y quiénes no son. No tratan de ser todo para todos. Sus personalidades y comportamiento son indistintos entre el trabajo y el hogar. Son genuinos. Esta ausencia de falsedad es lo que les ayuda a conectarse tan bien con los demás.[1]

Siempre lucho por permanecer en mis áreas fuertes. Tal vez aprendí esta lección bien porque mi tendencia natural es enfocarme. No me gusta juguetear. Me gusta hacer las cosas con excelencia, empleando mi concentración plena, de lo contrario quiero delegarlas. Tengo que reconocer que no soy una persona muy completa y solo hago unas cuantas cosas bien, pero a final de cuentas, lo que importa es que en esas áreas fuertes usualmente obtengo buenos resultados porque permanezco enfocado.

5. *Me propuse resolver las cosas que me robaban tiempo y atención*

El último paso importante que di para ayudarme a mantener mi mente en lo principal fue tomar control de mi calendario. Esto no fue fácil para mí. Me encanta ayudar a la gente, y durante los primeros años de mi carrera, con frecuencia eran los demás los que fijaban mi agenda y llenaban mi calendario. Entonces un día me di cuenta de que no era posible cumplir mi propósito si me la pasaba cumpliendo eternamente los propósitos de los demás.

Todo líder está ocupado. La pregunta para todo líder no es: ¿estará lleno mi calendario? La pregunta es: ¿quién llenará mi calendario? Si no se hace cargo de su calendario, los demás siempre estarán a cargo de usted.

Si funciona de la forma que solía hacerlo yo, tendrá que cambiar la manera en la que escoge lo que hace. Empecé mi carrera haciendo las cosas que me enseñaron en la universidad, tuvieran valor o no. Entonces empecé a hacer las cosas que los demás querían que hiciera. A medida que me fui tornando más tendente a la acción y busqué tener éxito, empecé a hacer las cosas que veía a otros líderes hacer. Finalmente, empecé a hacer las cosas que *yo* debía hacer, las cosas que rendían los mayores beneficios y recompensas.

> *«La genialidad es la capacidad de reducir lo complicado a lo simple».*
> —C. W. Ceran

C. W. Ceran observó: «La genialidad es la capacidad de reducir lo complicado a lo simple». Mantener la mente en lo principal requiere simplificación. Si usted simplifica su vida, se enfocará más, poseerá más energía, y experimentará menos estrés. Al igual que toda decisión de la vida, la simplificación requiere de sacrificios. No es posible hacerlo todo, y elegir hacer una cosa significa que no podrá hacer otras. Significa decir que no, aun a cosas que desea hacer; pero piense en la alternativa. Si no escoge lo que sacrificará, otra persona lo hará por usted.

Una vez en una convención de entrenadores, a Vince Lombardi, quien fuera entrenador de los Green Bay Packers, le preguntaron acerca de sus estrategias ofensivas y defensivas para ganar en los juegos de fútbol americano. Otros entrenadores habían descrito sus esquemas complejos. Lombardi, que era famoso por inaugurar los campamentos de entrenamiento de cada año sosteniendo una bola y diciendo: «Esto es una bola de fútbol», respondió: «Solo tengo dos estrategias. Mi estrategia ofensiva es sencilla: Cuando tenemos la bola, ¡buscamos derribar al equipo contrario! Mi estrategia defensiva es similar: Cuando el otro equipo tiene la bola, ¡buscamos derribarlos a todos!».[2] Eso podrá sonarle demasiado sencillo, pero en realidad es el meollo del asunto para ganar juegos en la NFL.

La estrategia de simplificación funcionó para Vince Lombardi y los Packers. Ha funcionado para mí. Se la comunico porque pienso que también funcionará para usted.

Mantenga la mente en lo principal

Ejercicios de aplicación

1. ¿Qué tipo de cosas ocupan su tiempo? Déle un vistazo a su calendario y su lista de actividades del mes pasado. Saque cuenta de cómo está usando su tiempo. En cada bloque de tiempo, determine cómo se catalogan sus actividades según la lista siguiente:

- Algo que me dijeron en la escuela que debía hacer
- Algo que los demás quieren que haga
- Algo que he visto que otras personas de éxito hacen
- Algo que sé que debería estar haciendo

Recuerde que su tiempo debe invertirse en cosas que le son requeridas, que rinden mucho beneficio o que dan mucha recompensa.

2. ¿Está enfocado en sus áreas fuertes? Dedique tiempo a reflexionar sobre sus áreas fuertes. Si necesita ayuda para determinar cuáles son sus áreas fuertes, hable con personas que le conozcan bien. Una vez que sepa cuáles son las actividades que se prestan para aprovechar sus áreas fuertes, pregúntese lo siguiente:

- ¿Estoy haciendo más, o menos de ellas?
- ¿Estoy desarrollándolas más, o menos?
- ¿Estoy rodeándome de otros que complementan esas áreas fuertes?
- ¿Estoy reclutando a personas que compensen mis debilidades?

Las personas de éxito se enfocan en sus áreas fuertes, no en sus áreas débiles.

3. ¿Está atorado el medio? ¿Se ha propuesto saber todo lo que sucede en su organización o departamento? ¿Se entusiasma por ser el primero en enterarse? ¿Vive según lo que dice el refrán: «Si quieres que algo se haga bien, hazlo tú mismo»? Si es así, usted se está limitando como líder. Empiece a depender de otros y a cultivar su confianza. Si aún no tiene a un asistente con quien pueda contar, halle o desarrolle a uno.

Momento para mentores

Dedique cierto tiempo a ver objetivamente a las personas que le ven como mentor. ¿En qué áreas cada una de ellas tiene el mayor potencial para contribuir, no solo en su empresa o departamento, sino en la vida? Comparta sus perspectivas con ellos y pregúnteles qué están haciendo para mantener lo principal como lo primordial en su trabajo. Pídales que describan pasos específicos que hayan tomado para delegar las responsabilidades menos productivas en otros. Si todavía no han hecho esto, guíelos durante el proceso.

12

EL ERROR MÁS GRANDE ES NO PREGUNTAR CUÁL ES EL ERROR QUE ESTÁ COMETIENDO

Recientemente, después de haber enseñado una sesión sobre los conflictos, un joven se me acercó durante el descanso y me dijo: —Voy a fundar mi propia organización.

—Me alegro por usted —respondí.

—Sí —continuó—, quiero edificar un negocio de la forma correcta. De ese modo no tendré que lidiar con problemas.

—¿Sabe una cosa? —le dije cuando él empezaba a voltearse para irse—. Está cometiendo el error de pensar que no cometerá errores.

LA IGNORANCIA NO ES LA FELICIDAD

Cuando es joven e idealista, uno piensa que puede dirigir mejor que muchas de las personas que han dirigido a otros antes. Sé que eso fue lo que me sucedió a mí. Cuando inicié mi carrera era positivo, agresivo, optimista, y totalmente ingenuo. Dirigía a menudo por suposiciones. Con eso quiero decir que en mi celo juvenil, usualmente daba por sentado que todo iba bien. No buscaba problemas porque no esperaba tener ninguno. ¿El resultado? Fui tomado por sorpresa. Cuando eso me sucedió, me sentí desconcertado. *¿Cómo es posible que eso sucediera?*, me preguntaba.

Después de haber sido tomado por sorpresa por cuarta o quinta vez, desesperado, empecé a solicitar la ayuda de líderes con experiencia. Uno de ellos me dijo algo que cambió mi liderazgo. Me dijo: «John, el error más grande que puedes cometer es no preguntar cuáles errores estás cometiendo».

Ese consejo dio un nuevo rumbo a mi viaje de liderazgo. Fue mi introducción a una forma realista de pensar, algo a lo cual yo no he estado acostumbrado. Al examinarme a mí mismo, aprendí algunas cosas:

- Pensaba muy poco en lo que pudiera ir mal.
- Daba por sentado que la «forma correcta» de hacer las cosas estaría libre de errores.
- No reconocía los errores que cometía ante mí mismo ni ante los demás.
- No estaba aprendiendo de mis errores.
- No estaba ayudando a otros al enseñarles las lecciones aprendidas de mis errores.

Si deseaba convertirme en un mejor líder, necesitaría cambiar. Tendría que dejar de cometer el error de no preguntar cuál error estaba cometiendo.

RECETA PARA UN FRACASO EXITOSO

Nadie ha comprendido a la gente con más precisión que el inventor de la goma de borrar. Todos cometemos errores, grandes y pequeños. Para obtener la atención máxima, cometa un error. Para causar el daño máximo, ¡niéguese a reconocerlo! Eso le impedirá crecer como líder. Cuando del éxito se trata, no es el número de errores que uno cometa, sino el número de veces que cometa el mismo error. Si desea aprender a fracasar exitosamente y manejar los errores que cometa de modo que les saque el máximo provecho, es necesario que haga las cinco cosas que menciono a continuación:

> *Para obtener la atención máxima, cometa un error. Para causar el daño máximo, ¡niéguese a reconocerlo!*

1. Reconozca sus propios errores y debilidades

Recientemente estaba dictando una charla a varios presidentes de juntas directivas en una conferencia, y les estaba animando a ser abiertos en cuanto a sus errores y debilidades con la gente a la que guían. La sala se tornó sumamente tensa, y pude percibir que ellos se resistían a aceptar mi consejo.

Durante el descanso siguiente, mientras estaba autografiando algunos libros, el líder de una empresa pidió verme en privado. Apenas pude hacerlo, nos apartamos de los demás y me dijo: —Estoy en desacuerdo con la sugerencia de que debiéramos ser abiertos ante los demás acerca de nuestros fracasos. —Entonces empezó a hablarme de la importancia de dar una apariencia fuerte y de actuar con confianza total delante de los demás.

Le permití hablar, pero cuando terminó, le dije: —Está dirigiendo a los demás basándose en una suposición falsa.

—¿Cuál? —me preguntó ansioso.

—Está suponiendo que su gente no sabe cuáles son sus puntos débiles —le respondí—. Le aseguro que los saben. Cuando usted reconoce sus errores, para ellos no es sorpresa, es un consuelo. Pueden mirarse el uno al otro y decir: «¡Vaya! Él sabe. ¡Ya no tendremos que seguir fingiendo!».

Cuando del éxito se trata, no es el número de errores que uno cometa, sino el número de veces que cometa el mismo error.

El primer paso para anticipar los errores y aprender de los que está cometiendo es darse un vistazo realista a sí mismo y reconocer sus debilidades. Su liderazgo no podrá mejorar si se la pasa ocupado tratando de aparentar que es perfecto.

El excapitán de la marina de Estados Unidos, Michael Abrashoff, escribió en su libro *It's Your Ship* [Es su barco]: «Cuando no me era posible obtener los resultados que deseaba, me tragaba mi temperamento y me examinaba para ver si yo era parte del problema. Me hacía tres preguntas: ¿Comuniqué con claridad las metas? ¿Les di tiempo y recursos suficientes a las personas para cumplir la tarea? ¿Les di capacitación suficiente? Descubrí que 90% de las veces, yo era por lo menos tan parte del problema como lo era mi gente».[1] Reconocer nuestras fallas y responsabilizarnos por ellas nos permite avanzar al paso siguiente.

2. Acepte los errores como el precio del progreso

La psicóloga Joyce Brothers afirma: «La persona interesada en el éxito tiene que aprender a ver el fracaso como una parte saludable e inevitable del proceso de ascender a la cumbre». Nada es perfecto en esta vida, ¡y eso le incluye a usted! Más le vale que se acostumbre a ello. Si desea avanzar, cometerá errores.

El mariscal de campo, miembro del Salón de la Fama de fútbol americano profesional, Joe Montana señaló: «Como si meter la pata en el campo delante de millones de televidentes no fuera suficiente, el lunes después de cada partido me toca revivir mis errores, ¡una y otra vez, en cámara lenta y con comentarios de los entrenadores! Aun cuando ganábamos, siempre tomábamos el tiempo de examinar nuestros errores. Cuando está obligado a confrontar sus errores con esa frecuencia, uno aprende a no tomar los fracasos de modo tan personal. Aprendí rápido a fracasar, aprender de mis errores y seguir adelante. ¿Por qué matarse por ello? solo mejore para la próxima vez».

> *«La persona interesada en el éxito tiene que aprender a ver el fracaso como una parte saludable e inevitable del proceso de ascender a la cumbre».*
> —Joyce Brothers

No todos están dispuestos a enfrentar sus errores sin tomarlos como ofensa personal. Debido a que Montana sí estuvo dispuesto a hacerlo, se convirtió en uno de los mejores jugadores en la historia de la NFL. Su liderazgo y capacidad de manejar la adversidad le ganó el sobrenombre «Joe Cool» [«Joe, el tranquilo»]. Esas cualidades también le ayudaron a ganar cuatro veces el Super Bowl y a ser nombrado el jugador más valioso del mismo tres veces. Si usted quiere alcanzar su potencial como líder, anticipe que fracasará y cometerá errores.

3. Insista en aprender de sus errores

Tom Peters, autor y experto en liderazgo, escribe: «Desde la sucursal más pequeña hasta el nivel corporativo, no hay nada más inútil que la persona que dice al final de cada jornada, como si fuera su boletín de calificaciones: "Bueno, logré llegar al final del día sin meter la pata"».

La gente tiene dos respuestas comunes al fracaso. Mientras una persona duda porque se siente inferior, la otra está ocupada cometiendo errores, aprendiendo de ellos y mejorando. Las personas pueden huir de los errores y lastimarse a sí mismas, o pueden aprender de ellos y ayudarse. Los que tratan de evitar el fracaso a toda costa nunca aprenden, y terminan repitiendo los mismos errores una y otra vez, pero los que están dispuestos a aprender de sus fracasos nunca tienen que repetirlos. Como observó el autor William Saroyan: «La gente buena lo es porque ha obtenido sabiduría a través del fracaso. Obtenemos muy poca sabiduría del éxito». Los líderes necesitan aprender de los científicos. En la ciencia, los errores siempre preceden al descubrimiento de la verdad.

4. Pregúntese a sí mismo y a los demás: «¿Qué estamos olvidando?».

Algunas personas no esperan nada más que problemas. Son pesimistas, así que no se preocupan por hallar nada bueno. Otros, como yo, tienen la tendencia natural de suponer que todo va bien. Pero estas dos formas de pensar pueden hacerle daño a un líder. Elisabeth Elliot, autora de *All That Was Ever Ours* [Todo lo que nos perteneció], señala: «Todas las generalizaciones son falsas, incluso ésta, pero las seguimos haciendo. Creamos imágenes, ídolos que no pueden ser cambiados, rechazamos o aceptamos a las personas, productos, programas y propaganda según los rótulos bajo los cuales los colocamos; sabemos un poco sobre algo y lo tratamos como si lo supiéramos todo». Los líderes necesitan tener más discernimiento que eso.

> «La gente buena lo es porque ha obtenido sabiduría a través del fracaso. Obtenemos muy poca sabiduría del éxito».
> —William Saroyan

Es fácil tomar decisiones basándonos sobre lo que sabemos, pero siempre hay cosas que no sabemos. Es fácil escoger una dirección basándonos en lo que vemos, ¿pero qué es lo que escapa a nuestra vista? Leer entre líneas es esencial para un buen liderazgo. Es más probable que lo hagamos cuando hacemos la pregunta: ¿Qué estamos olvidando?

En la década de 1990, durante el auge repentino de las empresas «punto com», parecía que todos querían meterse en lo que aparentaba ser una gran cosa. En aquel momento, el equipo de líderes de una de mis compañías consideró la idea de crear una empresa punto com para líderes. Cada vez que alguien sacaba el tema, la sala se llenaba de mucha energía. Todos se sentían entusiasmados por el potencial de semejante iniciativa. Sin embargo, cada vez que se discutía este tema, mi hermano Larry hacía una pregunta sencilla que volvía a colocarles a todos los pies sobre la tierra: «¿Cómo generan ingresos estas empresas más allá de las inversiones iniciales?». Nadie tenía una respuesta satisfactoria.

¿Es Larry un aguafiestas, alguien que se deleita en derribar las ideas de los demás y en aplastar oportunidades? No; es un realista. Su pregunta era solo otra versión de: ¿Qué estamos olvidando? Cuando la realidad golpeó a las compañías punto com, nos alegramos de que él hubiera continuado haciendo esa pregunta.

El valor de preguntar «¿Qué estamos olvidando?» radica en que hace que todos se detengan y piensen. Muchos pueden ver lo que es evidente. Pocos pueden ver lo que *no está* allí. Hacer las preguntas difíciles lleva a las personas a pensar de manera diferente. No hacer preguntas equivale a suponer que el proyecto es potencialmente perfecto y que si se maneja con cuidado, no habrá problemas. Esa sencillamente no es la realidad.

5. Conceda permiso de ofrecer resistencia a las personas que están a su alrededor

Recientemente vi un anuncio en una oficina de ventas donde la presión era elevada que decía: «¿Le gusta viajar? ¿Desea conocer a nuevos amigos? ¿Desea liberar su futuro? ¡Todo esto puede ser suyo si comete un error más!». El temor de cometer errores impide a muchos individuos alcanzar su potencial. El temor de ser honestos con otros líderes en cuanto a problemas potenciales que pudieran surgir al seguir un rumbo particular ha dañado a muchos equipos. Los mejores líderes invitan a los miembros de su equipo a dar sus opiniones.

> *El valor de preguntar «¿Qué estamos olvidando?» radica en que hace que todos se detengan y piensen.*

Cuando los líderes no reciben opiniones de los demás miembros de su equipo, ello puede conducir al desastre. Michael Abrashoff menciona este problema en *It's Your Ship* [Es su barco]. Él escribe:

Cuando me enteré de ello [el trágico hundimiento de un barco pesquero japonés cerca de Honolulu por parte del submarino USS *Greenville*], me recordó que, como sucede frecuentemente con los accidentes, alguien percibe un posible peligro, pero no necesariamente levanta la voz para advertirlo. Durante el desarrollo de la investigación del Greenville, leí un artículo en el *New York Times* que decía que la tripulación del submarino «respetaba al oficial de mando demasiado como para cuestionar sus decisiones». Si eso es respeto, entonces no quiero tener nada que ver con ello. Hay que tener personas en la organización que puedan darle un toque en el hombro y decirle: «¿Es esta la mejor manera?» o «Baja la velocidad», o «Piénsalo bien», o «¿Lo que estamos haciendo vale lo suficiente como para matar o lastimar a alguien por ello?».

La historia registra un sinnúmero de incidentes en los cuales capitanes de navíos o gerentes de organizaciones inundaron el sitio de trabajo con un clima de intimidación, silenciando a subordinados cuyas advertencias podrían haber evitado un desastre. Aun cuando la renuencia a hablar se origina de un sentimiento de admiración por la pericia y experiencia del oficial de mando, hay que crear un clima que permita cuestionar las decisiones para propiciar las verificaciones dobles.[2]

Tener muchas mentes buenas trabajando juntas siempre es mejor que tener una mente trabajando sola. Debido a que aprendí esa lección he cambiado, de ser alguien que evita las noticias potencialmente malas, ahora soy el que las solicita. Por muchos años he concedido permiso a los miembros de mi círculo íntimo para que me hagan preguntas difíciles y me den sus opiniones cuando están en desacuerdo conmigo. Nunca quiero cometer un error y luego escuchar a un miembro de mi equipo decir después

> *«Si una persona empieza con certezas, terminará con dudas; pero si acepta empezar con dudas, terminará con certezas».*
> —*Sir Francis Bacon*

del suceso: «Yo pensaba que esa era una mala decisión». Quiero que las personas me lo digan antes de los eventos, no después de que su consejo llegue demasiado tarde como para ayudar. El ofrecer resistencia antes de tomar una decisión nunca es deslealtad. Sin embargo, cuestionar una decisión después de que ha sido tomada no es lo que considero un buen trabajo en equipo.

Si está dirigiendo a otros, es necesario que les conceda permiso de hacerle preguntas difíciles y de ofrecer resistencia a sus ideas. Ese permiso debe ser otorgado a los demás por el líder. Con mucha frecuencia los líderes prefieren tener seguidores que se hagan los ciegos, en lugar de que hablen con una lengua muy franca. Pero aunque todo esté callado cuando se están considerando las decisiones, probablemente las cosas no permanecerán calladas después de desarrollarse los eventos. El filósofo y estadista inglés, Sir Francis Bacon, observó: «Si una persona empieza con certezas, terminará con dudas; pero si acepta empezar con dudas, terminará con certezas». Yo diría que esas son las palabras de un líder dispuesto a preguntar: «¿Cuál error estoy cometiendo?».

EL ERROR MÁS GRANDE ES NO PREGUNTAR CUÁL ES EL ERROR QUE ESTÁ COMETIENDO

EJERCICIOS DE APLICACIÓN

1. ¿Cuál es su actitud hacia los errores? ¿Es usted un optimista, un pesimista o un realista? Un optimista teme buscar los posibles problemas. Un pesimista está convencido de que no hay nada *sino* problemas. Ninguna de estas actitudes es beneficiosa. Hay que esforzarse por ser realista. Durante su trabajo esta semana, pregúntese a sí mismo y a sus colegas y subordinados: (1) «¿Qué podría salir mal?» y (2) «¿De qué nos estamos olvidando?».

2. ¿Está reconociendo sus errores? ¿Sus errores son amigos o enemigos? La prueba de que un líder ha aceptado sus errores y los ha convertido en amigos puede determinarse por la frecuencia con la cual los comete y los reconoce. Pídale a unos de sus compañeros de trabajo que le evalúen con una escala de 1 (renuente) a 10 (dedicado), en cuanto a su disposición de reconocer sus errores. Si su calificación es menor que 8, es necesario que ponga más esfuerzo en reconocer sus debilidades ante los demás, reconocer sus errores, aprender de ellos y aceptar el fracaso como una parte necesaria del éxito.

3. ¿Está recibiendo las mejores ideas de sus subordinados? ¿Con qué frecuencia pide a las personas que guía que le den sus opiniones sobre algún asunto? ¿Con qué frecuencia les incluye en los procesos de recopilación de información y de toma de decisiones? Como líder, usted tiene la responsabilidad de tomar las decisiones finales. La responsabilidad es toda suya. No obstante, si no está sacándole el máximo provecho a las ideas y experiencias de su gente, está limitando la eficacia de su liderazgo. Empiece hoy a pedir las opiniones de los demás.

MOMENTO PARA MENTORES

Si es supervisor inmediato de sus aconsejados, y ellos no están corriendo riesgos ni cometiendo errores, entonces es posible que usted sea parte del problema. Como líder mentor, es necesario que forje un entorno en el cual no solo se permite cometer errores, sino que se estimula a que se cometan y se les acepta como precio del progreso. Dé «espacio» a que sus aconsejados cometan errores. Identifique las áreas en las cuales desea que experimenten o tomen riesgos y permítales equivocarse. Concierte una cita futura para reunirse con ellos y evaluar cómo ha cambiado el liderazgo de ellos.

13

NO ADMINISTRE SU TIEMPO, ADMINISTRE SU VIDA

Temprano en mis años como líder, me di cuenta de que mi capacidad de aprovechar al máximo mi tiempo sería esencial para mi productividad y eficiencia como líder. Como dijo Peter Drucker: «Nada distingue a los ejecutivos eficientes como el cuidado tierno y amoroso que dan a su tiempo».

Como sabía que me era necesario mejorar en esta área, asistí a un seminario de administración del tiempo. Aprendí muchas lecciones valiosas ese día. Una de las cosas que hizo eco en mí y que ha permanecido conmigo por más de treinta años fue la analogía que el conferencista utilizó para describir el tiempo. Él dijo que nuestros días son como maletas idénticas. Aunque todas son del mismo tamaño, algunas personas son capaces de empacar más en ellas que otras. ¿La razón? Saben qué cosas empacar. Pasamos la mayor parte de ese día aprendiendo qué cosas empacar en el tiempo que se nos ha otorgado.

CAMBIO DE PERSPECTIVA

Salí de ese seminario con dos impresiones. Primero, el tiempo es un jefe que da oportunidades iguales a todos; todos recibimos veinticuatro horas al día, ni más, ni menos, pero no todos le sacamos el mismo provecho a las veinticuatro horas. Segundo, la «administración del tiempo» realmente no existe. El término es un oxímoron. No es posible administrar el tiempo. No es posible controlarlo en modo alguno. Sigue su marcha sin importar lo que uno haga, tal como el medidor de un taxi continúa en marcha, ya sea que el vehículo esté avanzando o detenido. Todos recibimos el mismo número de horas y minutos por día. Nadie, no importa lo listo que sea, puede ahorrar los minutos de un día para usarlos en otro. Ningún científico, no importa lo inteligente que sea, es capaz de crear minutos nuevos. Aun con toda su fortuna, alguien como Bill Gates no puede comprar horas adicionales para su día. Y aunque la gente habla de «buscar tiempo», eso es inútil. No hay tiempo adicional por allí esperando a ser hallado. Veinticuatro horas al día es lo máximo que recibiremos.

> «*Nada distingue a los ejecutivos eficientes como el cuidado tierno y amoroso que dan a su tiempo*».
> —*Peter Drucker*

No es posible administrar su tiempo. ¿Entonces, qué *puede* hacer? Adminístrese a sí mismo. Nada distingue más a las personas que logran el éxito de las que no que su empleo del tiempo. Las personas de éxito comprenden que el tiempo es la posesión más valiosa de la tierra. Como resultado de ello, saben cómo se usa su tiempo. Continuamente analizan cómo emplean su tiempo y se preguntan: «¿Estoy sacándole el mejor provecho a mi tiempo?».

Aunque la mayoría de las personas reconoce que el tiempo es finito, creo que la mayoría realmente no comprende su valor. En su libro *What to Do Between Birth and Death: The Art of Growing Up* [Qué hacer entre el nacimiento y la muerte: El arte de crecer], Charles Spezzano escribe: «En realidad uno no paga las cosas con dinero, las paga con tiempo. En cinco años, habré ahorrado lo suficiente como para comprar esa casa de vacaciones que queremos. Entonces bajaré el ritmo. Eso significa que la casa le costará cinco años, una doceava parte de su vida de adulto. Convierta el valor monetario de la casa, automóvil o cualquier otra cosa en tiempo y entonces decida si todavía vale la pena».

LOS BUENOS LÍDERES NO PUEDEN SER MALOS ADMINISTRADORES DE SÍ MISMOS

Las personas desperdician su tiempo cuando hacen cosas que les dan poco o ningún beneficio. Es suficientemente malo cuando los seguidores lo hacen porque desperdician sus vidas y despilfarran su potencial. Pero cuando lo hace un líder, no solo se lastima a sí mismo, ¡sino que despilfarra el potencial de su gente!

He observado que las personas que se administran a sí mismas deficientemente, con frecuencia son culpables de las tres cosas siguientes:

1. Menosprecian el valor de su singularidad al hacer lo que otros desean que hagan

«El tiempo es la moneda más valiosa de su vida. Usted y solo usted determinará cómo se usará esa moneda. Tenga cuidado de evitar que otros la gasten por usted».
—Carl Sandburg

El poeta Carl Sandburg aconseja: «El tiempo es la moneda más valiosa de su vida. Usted y solo usted determinará cómo se usará esa moneda. Tenga cuidado de evitar que otros la gasten por usted». Como mencioné en el capítulo 7, temprano en mi carrera permití que otros influyeran en el cómo gastaba esa «moneda». Como resultado de ello, estaba ocupado pero era horriblemente ineficiente. Estaba llenando las expectativas de los demás en lugar de hacer aquello para lo cual yo estaba dotado.

Como líder, quiero hacer una diferencia. Quiero tener impacto. ¿Usted no? Mi liderazgo ascendió a un nivel nuevo cuando me enfoqué más en cumplir mi visión que en cumplir las expectativas de los demás. Creo que he sido puesto en la tierra para hacer algunas cosas específicas. No puedo hacerlas si estoy tratando de ser lo que otros quieren que sea, y haciendo un mal trabajo. Es necesario que haga mi propia contribución singular. Nadie más puede hacer eso en mi lugar.

Algunas veces las personas no comprenden porqué protejo mi calendario de modo tan feroz y por qué no acepto algunas peticiones. No estoy meramente llevando la contraria. Estoy sumamente enfocado en mi misión. Sé lo que hago bien y lo que no. Mi tiempo es limitado y quiero aprovecharlo al máximo. No permitiré que otros me encierren en la caja de *sus* expectativas. Si aspira a ser un líder eficaz, es necesario que impida que los demás le hagan eso a usted.

2. Arruinan su eficiencia al hacer las cosas poco importantes

El ensayista Henry David Thoreau escribió: «No basta con estar ocupados. La pregunta es: "¿En qué estamos ocupados?"». ¿Cómo evalúa si algo es merecedor de su tiempo y atención? Por años he utilizado esta fórmula para ayudarme a determinar la importancia de una tarea particular y así poder administrarme a mí mismo con mayor eficiencia. Es un proceso de tres pasos:

Paso uno: Clasifique la tarea en términos de su importancia:
Crítica = 5 puntos
Necesaria = 4 puntos
Importante = 3 puntos
Útil = 2 puntos
Marginal = 1 punto

Paso dos: Decida la urgencia de la tarea en cuanto a cuándo debe llevarse a cabo:
Este mes = 5 puntos
El próximo mes = 4 puntos
Este trimestre = 3 puntos
El próximo trimestre = 2 puntos
Al final del año = 1 punto

Paso tres: Multiplique el puntaje de importancia por el puntaje de urgencia. Por ejemplo: 5 (crítica) X 4 (el próximo mes) = 20.

Entonces evalúo cuándo debo llevar a cabo la tarea empleando la escala siguiente:

A = 16–25   Tarea crítica que debe terminarse para fin de mes
B = 9–15   Tarea importante que debe terminarse para el fin del trimestre
C = 1–8   Tarea de baja prioridad que debe terminarse para fin de año

Una de las cosas que observará acerca de este sistema es que carece de tareas que deben llevarse a cabo para el final del día o de la semana. ¿Por qué? Porque siempre estoy tratando de planificar mi tiempo con un mes de anticipación. Los líderes debieran estar mirando más allá que los demás miembros de la organización. Si los líderes siempre están reaccionando a las crisis del momento, las personas y la organización sufrirán.

3. Reducen su potencial al hacer las cosas sin entrenamiento o capacitación

Todo lo que vale la pena hacerse, vale la pena hacerse mejor. Siempre me sorprende cuando hay personas que tratan de lograr algo sin beneficiarse de la sabiduría de alguien que les aventaja en la travesía. La capacitación, el entrenamiento o la asesoría pueden hacer una diferencia enorme en lo productivo que un individuo puede ser con el tiempo del que dispone.

> «Lo único peor a entrenar a un empleado para luego perderlo es no entrenarlo y conservarlo».
> —Zig Ziglar

Robert Zemsky y Susan Shaman de la Universidad de Pennsylvania llevaron a cabo un estudio de 3.200 empresas en Estados Unidos. Lo que hallaron es que un aumento del 10% en las inversiones de capital conducía a un aumento de apenas 3,8% en la productividad. Sin embargo, un aumento de 10% de los gastos en materia de capacitación conducía a un aumento del 8,5% en la productividad.1 Si usted busca sacarle el máximo provecho a su tiempo, sáquese el máximo provecho a sí mismo. Halle a alguien que le ayude a mejorar sus habilidades y las de su gente. Como dice un comunicador y amigo, Zig Ziglar: «Lo único peor a entrenar a un empleado para luego perderlo es no entrenarlo y conservarlo».

Administrar su vida y sacarle máximo provecho a su tiempo en realidad es un arte. Es algo en lo que uno crece. No he conocido a muchas personas que empiezan su vida haciéndolo bien. La mayoría de las personas nunca lo aprende. Los que lo aprenden, lo hacen con el paso del tiempo. La administración de la vida empieza con la conciencia del tiempo y de las decisiones que debiéramos tomar para ser buenos mayordomos del mismo. Los que lo hagan bien harán cosas que

- Adelantan su propósito general en la vida: esto les ayuda a crecer.
- Resaltan sus valores: esto les da satisfacción.
- Sacan el máximo provecho a sus áreas fuertes: esto les hace eficientes.
- Aumentan su felicidad: esto les da más salud.
- Capacitan y entrenan a otros: esto multiplica su productividad.
- Añaden valor a los demás: esto aumenta su influencia.

Ellos comprenden que no existe tal cosa como la administración del tiempo, solo la administración de la vida.

Dwight Bain, un amigo mío de hace muchos años, me envió recientemente una historia que me impresionó en cuanto al tema de la administración de la vida. Es una parábola escrita por Jeffrey Davis. Esto es lo que dice:

Cuanto más envejezco, tanto más disfruto los sábados por la mañana. Tal vez es la quieta soledad que acompaña a ser el primero en levantarse, o tal vez es el gozo desatado de no tener que estar en el trabajo. De cualquier modo, las primeras horas del sábado por la mañana son las más placenteras.

Hace unas semanas atrás, estaba caminando hacia el sótano... con una taza de café caliente en una mano y el periódico matutino en la otra. Lo que empezó como un sábado por la mañana típico se convirtió en una de esas lecciones que la vida parece darnos de tiempo en tiempo. Permítame contársela.

Sintonicé el teléfono de mi equipo de radioaficionado para escuchar a una red de trueque. Mientras lo hacía, me topé con un tipo que sonaba un tanto mayor, con una señal fuerte y una voz de oro. Usted sabe, sonaba como una persona que debiera trabajar en radiodifusión. Estaba diciéndole a otra persona algo acerca de «mil canicas».

Eso me intrigó y me detuve a escuchar lo que tuviera que decir:
—Bueno, Tom, suena como que tu trabajo te tiene muy ocupado. Estoy seguro de que te pagan bien, pero es una lástima que tengas que estar lejos de tu casa y de tu familia tanto. Es difícil creer que un joven tenga que trabajar sesenta o setenta horas por semana para cubrir sus necesidades. Es una lástima que te hayas perdido el recital de danza de tu hija.

Él continuó: —Déjame decirte algo, Tom, algo que me ayudó a mantener una buena perspectiva sobre mis propias prioridades.

Y fue allí que empezó a explicar su teoría de las «mil canicas».

—Verás, un día me senté e hice algo de aritmética. La persona promedio vive unos setenta y cinco años. Yo sé, algunos viven más y otros menos, pero en promedio, la gente vive unos setenta y cinco años.

—Luego multipliqué 75 por 52 y eso me dio 3.900, el cual es el número de sábados que la persona promedio tiene en toda su vida. Ahora, no te me distraigas, Tom, porque estoy llegando a la parte importante.

—Me tomó hasta que llegué a los cincuenta y cinco años de edad para que pensara sobre esto en detalle —continuó—, y para ese entonces ya había vivido más de dos mil ochocientos sábados. Me puse a pensar que si llegaba a vivir setenta y cinco años de edad, solo me quedaban como mil sábados por disfrutar.

—Así que fui a una juguetería y compré todas las canicas que tuvieran. Tuve que visitar tres jugueterías para poder conseguir mil canicas. Las llevé a casa y las coloqué en un frasco de plástico transparente grande aquí... junto a mi equipo. Desde ese entonces, cada sábado por la mañana, saco una canica y la boto.

—Descubrí que al observar cómo disminuía el número de canicas, me enfocaba más en las cosas que realmente importan en la vida. No hay nada como estar pendiente del tiempo que tenemos sobre la tierra para ayudarnos a poner nuestras prioridades en orden.

—Ahora, déjame decirte lo último antes de despedirme y de llevar a mi bella esposa a desayunar. Esta mañana saqué la última canica del frasco. Calculo que si vivo hasta el próximo sábado, entonces me han dado un poquito más de tiempo. Y si hay algo que a todos nos cae bien es un poco más de tiempo.

—Me agradó conocerte, Tom. Espero que pases más tiempo con tu familia y espero que nos encontremos aquí nuevamente en esta banda.

Se podría haber escuchado un alfiler caer al suelo en la banda radial cuando este hombre se despidió. Supongo que nos dio bastante en qué pensar. Yo había planeado reparar la antena esa mañana y luego iba a encontrarme con otros radioaficionados para trabajar en el próximo boletín noticioso del club. En lugar de ello, subí al segundo piso y desperté a mi esposa con un beso.

—Ven, mi amor, vámonos a desayunar con los niños.

—¿Y esto a qué se debe? —preguntó ella con una sonrisa—. Oh, nada especial, es solo que hace mucho tiempo que no pasamos un sábado juntos con los niños. Oye, ¿podríamos detenernos en una juguetería mientras estamos fuera? Necesito comprar unas canicas.[2]

Al escribir estas líneas, cuento con sesenta años de edad. Si llego a vivir hasta los setenta y cinco, me quedarían 780 canicas. El estar consciente de este hecho me motiva más aun a administrar mi vida correctamente y aprovechar el tiempo que me resta al máximo. Como recordatorio de la naturaleza finita del tiempo, llevo una tarjeta conmigo en todo momento que tiene las palabras del escritor y naturalista John Burroughs. Dice:

Todavía encuentro que cada día es demasiado corto...
Para todos los pensamientos que quiero pensar,
Para todas las caminatas que quiero tomar,
Para todos los libros que quiero leer,
Para todos los amigos que quiero ver.

Cuando uno tiene un sentido fuerte del propósito, disfruta de la vida y tiene conciencia de lo breve que es la vida en realidad, los días siempre parecen demasiado cortos. Esa es la razón por la cual tenemos que administrarnos a nosotros mismos eficientemente. Todo lo que haga, en su carrera, en su vida personal y en su liderazgo, depende de ello. Esa es una lección que espero que aprenda antes en lugar de después.

No administre su tiempo, administre su vida

EJERCICIOS DE APLICACIÓN

1. ¿Está despilfarrando su tiempo? Repase las cosas que hace regularmente ahora. ¿Alguna de ellas está impulsada por expectativas indebidas que otros tienen de usted? ¿Alguna de ellas es poco importante? ¿O todo lo que está haciendo ahora va impulsado por sus prioridades y áreas fuertes? Si no es así, necesita cambiar lo que está haciendo. Si su posición o profesión actual le impiden cambiar sus actividades, considere cambiar las primeras.

2. ¿Está recibiendo ayuda donde la necesita? Si está llevando a cabo tareas importantes, pero no está recibiendo ayuda o entrenamiento para mejorar su desempeño, entonces no está administrando su tiempo de la mejor manera. Dedique cierto tiempo a calcular lo que necesita: entrenamiento, asesoría o capacitación. Stephen Covey denomina a este proceso «afilar el hacha». Si su jefe está dispuesto a ayudarle a conseguir esas cosas, fabuloso. Si no, pague por ellas usted mismo. Mejorar sus habilidades en áreas prioritarias siempre es una buena inversión en sí mismo que rinde dividendos a la larga.

3. ¿Cómo decide en qué invertirá su tiempo? ¿Cuáles criterios usa? ¿Hace lo que se le ocurra en el momento? ¿Crea una lista diaria de tareas que realizar? Le desafío a que planifique su tiempo de modo más eficaz y a hacerlo con mayor anticipación.

Considere las cosas que desea hacer en el mes venidero y en el año venidero. Entonces utilice la fórmula siguiente para determinar cuándo hacerlas. Para cada tarea, multiplique su importancia (Crítica = 5 puntos, Necesaria = 4 puntos, Importante = 3 puntos, Útil = 2 puntos y Marginal = 1 punto) por su urgencia (Este mes = 5 puntos, El próximo mes = 4 puntos, Este trimestre = 3 puntos, El próximo trimestre = 2 puntos y Fin del año = 1 punto). Entonces determine cuándo programar la tarea en su calendario.

A = 16–25   Tarea crítica que debe llevarse a cabo para fin de mes

B = 9–15   Tarea importante que debe llevarse a cabo para el fin del trimestre

C = 1–8   Tarea de baja prioridad que debe llevarse a cabo para fin de año o eliminarse

MOMENTO PARA MENTORES

¿Cuánta capacitación o entrenamiento enfocado está proveyendo a su gente? Identifique un área relacionada con una habilidad específica para cada persona a quien sirve de mentor en la cual proporcionará entrenamiento o capacitación profunda. Formule un plan para esta área y programe sesiones regulares en las cuales transmitirá lo que ha aprendido. Su meta deberá ser que logre que esta persona pueda reemplazarle a usted en esa área particular.

14

SIGA APRENDIENDO PARA SEGUIR DIRIGIENDO

K urt, un vendedor que recientemente había conocido, y yo estábamos desayunando en el Holiday Inn de Lancaster, Ohio. Él se inclinó hacia delante y me preguntó algo que cambiaría mi manera de vivir y de dirigir.

—John, ¿cuál es tu plan de crecimiento personal?

Me sentí perplejo. No tenía un plan de crecimiento personal. Al mismo tiempo, ¡tampoco sabía que necesitaba uno!

No queriendo verme mal, empecé a contarle a Kurt en cuanto a mi calendario de trabajo. Por quince minutos traté de convencerle (y a mí mismo) de que el trabajo duro me estaba ayudando a crecer y a alcanzar mi potencial. ¿No es eso lo que se supone que suceda? Uno trabaja duro, asciende por la escalera de la organización hasta que llega a la cumbre.

> *Para crecer hay que ser intencionado.*

Mi vano intento de impresionar a Kurt era como un avión volando en círculo alrededor del aeropuerto, esperando la autorización para aterrizar. Di vueltas y vueltas hasta que finalmente se me acabó el combustible.

—No tienes un plan de crecimiento personal, ¿verdad?

—No —reconocí finalmente—, supongo que no.

Lo que dijo a continuación transformó mi vida.

—Verás, John, la gente no crece automáticamente —explicó Kurt—. Para crecer hay que ser intencionado.

Esa conversación sucedió en 1973, aunque la recuerdo tan claramente como si hubiera sucedido la semana pasada. Me inició a la acción. De inmediato adopté un plan de crecimiento para mi vida, y cada año desde entonces, me he vuelto a comprometer a tener un crecimiento estratégico e intencionado.

Por décadas he hablado con la gente en las conferencias en cuanto al crecimiento personal. Algunas veces me han criticado por ello. Recuerdo una en la que un individuo se me acercó y me dijo: —No me gusta su plan de crecimiento personal.

—Eso está bien —repliqué—. ¿Cuál es su plan?

—No tengo uno —dijo.

—Bueno, entonces el mío es mejor.

Sospecho que pensaba que la única razón por la cual yo hablaba de mi plan de crecimiento era para vender más libros. Lo que él no sabía es que empecé a hablar acerca de tener un plan de crecimiento personal mucho antes de tener un libro o cintas que vender. Sé que las personas no alcanzan su potencial por accidente. El secreto del éxito puede verse en la agenda diaria de las personas. Si hacen algo intencionado para crecer cada día, se acercarán más a alcanzar su potencial. Si no lo hacen, su potencial lentamente se alejará durante el transcurso de sus vidas.

Si desea ser un buen líder, hay que ser un buen aprendiz. Escribí mi libro *Hoy es importante* para tratar de ayudar a las personas con esta idea. En el capítulo «Los momentos definitivos definen su liderazgo» compartí la «Docena diaria» que empleo para mi crecimiento personal. Podría servirle a usted también como pista de crecimiento en la cual correr. Si no, busque otra. El punto principal es que si no tiene un plan de crecimiento personal, ¡entonces no espere crecer!

¿CÓMO CRECERÁ?

Si busca aprender y crecer como líder, permítame darle un consejo en cuanto a cómo abordar el proceso. Después de más de tres décadas de esfuerzos continuos y dedicados para aprender y crecer, le ofrezco las sugerencias siguientes:

1. Invierta en sí mismo primero

La mayoría de los líderes desea que su negocio u organización crezca. ¿Cuál es el factor, más importante que todos los demás, que minará el crecimiento de la organización? El crecimiento de las personas en la organización. ¿Y qué determina el crecimiento de las personas? ¡El crecimiento del líder! Mientras haya personas siguiéndole, estas solo podrán avanzar hasta donde avance usted. Si no está creciendo, ellos tampoco crecerán, o se irán a otro lugar en donde *sí puedan* crecer.

Cuando era un líder joven, gasté lo que estimé que fue mucho dinero en libros y conferencias. Para mi esposa Margaret, y yo, esto fue muy difícil porque nuestros ingresos eran muy limitados. Con frecuencia postergamos otros gastos importantes para poder invertir en nuestras personas. Aunque fue difícil, esas inversiones iniciales han rendido dividendos, y a través de los años me han dado muchos beneficios al mejorar mi liderazgo.

Invertir en sí mismo podría parecer como algo egoísta para algunas de las personas a su alrededor. Podrían hasta criticarle por ello, pero si lo hacen, realmente es porque no comprenden cómo funciona el crecimiento. Cuando la tripulación de una aeronave explica los

> *Si desea dirigir, tiene que aprender. Si desea continuar dirigiendo, debe continuar aprendiendo.*

procedimientos de emergencia, ellos dicen a los pasajeros que se coloquen su máscara de oxígeno antes de ponerles las máscaras a sus niños, ¿es esa instrucción egoísta? ¡Por supuesto que no! La seguridad y bienestar de los niños depende de que sus padres puedan ayudarles. Como líder, es responsable por su gente. ¡Ellos dependen de usted! Si no está en condiciones de ayudarles, ¿dónde los deja esto?

Si mira a su alrededor, podrá ver que hay un patrón en acción en todas las áreas de la vida. Los empleados mejoran si su supervisor lo hace. Los niños mejoran si sus padres lo hacen. Los estudiantes mejoran si sus maestros lo hacen. Los clientes mejoran si sus vendedores lo hacen. De igual modo, los seguidores mejoran si sus líderes lo hacen. Es un principio universal. El presidente Harry Truman dijo: «No es posible dirigir a otros si primero no te diriges a ti mismo». Eso es posible solo si invierte en sí mismo primero.

2. Sea un líder continuo

Cuando un líder alcanza una posición o nivel de liderazgo deseado, existe la tentación de aflojar el paso. Ese es un lugar peligroso. Rick Warren, autor de *Una vida con propósito*, dice: «El momento en el que dejas de crecer es el momento en el que dejas de ser líder». Si desea dirigir, tiene que aprender. Si desea *continuar* dirigiendo, debe *continuar* aprendiendo. Esto le garantizará sentir hambre por logros aun mayores, y esto le ayudará a mantener la credibilidad ante sus seguidores.

Una de las personas más influyentes en el mundo del golf por muchos años fue Harvey Penick. Escribió el éxito de ventas *El pequeño libro rojo del golf: lecciones y experiencias de toda una vida dedicada al golf*, y enseñó a jugadores profesionales tales como Ben Crenshaw, Tom Kite, Kathy Wentworth, Sandra Palmer y Mickey Wright sobre cómo mejorar su juego.

> *El obstáculo más grande al descubrimiento no es la ignorancia ni la falta de inteligencia. Es la ilusión de poseer conocimiento.*

Cuando Crenshaw ganó el torneo *Masters* en 1995, se quebrantó y lloró después porque Penick, su mentor de toda la vida, había fallecido recientemente.

Tal vez le sorprenderá enterarse de que Penick fue mayormente un autodidacta. Por décadas llevaba consigo un pequeño libro rojo en el cual escribía anotaciones y observaciones que le ayudaban a mejorar su juego. Aprendía continuamente. Cada vez que mejoraba, también lo hacían los que aprendían de él. Irónicamente, Penick nunca se propuso publicar sus notas. Sencillamente planeaba pasarle el libro a su hijo, pero otras personas le convencieron de que publicara todas las lecciones que había aprendido a través de los años. Como resultado de ello, todavía hay personas aprendiendo de él y beneficiándose de su sabiduría.

En mi libro *Cómo ganarse a la gente*, escribí acerca del Principio del Aprendizaje, que dice: «Cada persona que conocemos tiene el potencial de enseñarnos algo». Mantener una actitud educable es esencial para aprender continuamente. Contrario a las creencias populares, el obstáculo más grande al descubrimiento no es ni la ignorancia ni la falta de inteligencia. Es la ilusión de poseer conocimiento. Uno de los grandes peligros de la vida es creer que ya ha arribado. Si eso le sucede, usted ha dejado de crecer.

Las personas de éxito no ven el aprendizaje o los logros como un destino fijo hacia el cual establecen el rumbo, y una vez que llegan al mismo, se asientan en él, completos y plenos. Ni una sola vez he escuchado a alguien que aprende continuamente decir que está anticipando llegar al final de los desafíos de la vida, sino que continúan mostrando un entusiasmo, curiosidad y sentido de maravilla. Una de sus características más atractivas es su deseo contagioso de continuar avanzando hacia el futuro, generando nuevos desafíos y viviendo con el sentido de que hay más que aprender y lograr. Comprenden que no es posible conquistar el mundo si uno permanece en un puerto seguro.

¿Qué tipo de actitud tiene cuando se trata del aprendizaje? He observado que las personas caen en una de estas categorías. Viven en una de tres zonas:

- **La zona de desafíos:** «Intento hacer lo que no he hecho antes».
- **La zona de comodidad:** «Hago lo que ya sé hacer».
- **La zona de inercia:** «Ni siquiera hago lo que he hecho antes».

Todos empezamos en la zona de desafíos. Cuando éramos bebés, tuvimos que aprender a comer, hablar y caminar. Después fuimos a la escuela y continuamos aprendiendo. Pero llega el momento en la vida de toda persona cuando ya no *tiene* que seguir probando cosas nuevas. Este es un momento crucial. En algunos sucede bastante temprano en la vida; en otros, después de que han logrado cierto grado de éxito. Ahí es cuando deciden en cuál zona vivirán: la zona de desafío, en donde continuarán probando cosas nuevas, explorando y a veces fracasando; la zona de comodidad, en donde ya no se arriesgan; o la zona de la inercia, en donde ya ni siquiera lo intentan. Es triste el día en el que una persona decide abandonar la zona de desafío y dejar de crecer. Como afirmó Philips Brooks, el ministro que habló en el funeral de Abraham Lincoln: «Es triste el día en el que un hombre llega a sentirse absolutamente satisfecho con la vida que está viviendo, los pensamientos que está pensando y las obras que está haciendo; cuando en las puertas de su alma cesa el constante tocar del deseo de hacer algo mayor, lo cual él busca y sabe que está destinado a hacer».

No existe sustituto para el aprendizaje continuo. A través de los años he desarrollado un régimen de crecimiento sumamente disciplinado:

Leo diariamente para crecer en mi vida personal.
Escucho diariamente para ampliar mis perspectivas.
Pienso diariamente para aplicar lo que aprendo.
Archivo diariamente para preservar lo que aprendo.

EL MANUAL DE LIDERAZGO

Trato de adoptar el consejo del filósofo alemán Goethe, que dijo: «Nunca dejes pasar un día sin observar una obra de arte perfecta, escuchar una magnífica pieza musical y leer, en parte, un gran libro».

Para adoptar este tipo de régimen me fue necesario cambiar mi perspectiva. Durante mis primeros años de liderazgo, deseaba ser el «Sr. Respuesta», el experto al cual los demás acudirían para hallar respuestas. Después de aquella conversación con Kurt en 1973, quise convertirme en el «Sr. Abierto», alguien con una actitud educable que deseaba crecer cada día. Mi deseo es continuar creciendo y aprendiendo hasta el día en que muera, no solo por mi propio beneficio, sino por el beneficio de otros. No puedo darme el lujo de olvidar lo que dijo el presidente John F. Kennedy: «El liderazgo y el aprendizaje son indispensables el uno para el otro».

> «El liderazgo y el aprendizaje son indispensables el uno para el otro».
> —John F. Kennedy

3. Cree un entorno de crecimiento para las personas que guía

Poco después de dedicarme a ser una persona dispuesta a crecer continuamente, me di cuenta de que la mayoría de los entornos de trabajo no propician el crecimiento. Muchos de mis amigos no deseaban seguir creciendo. En sus mentes, ya habían pagado el precio al asistir y graduarse de la universidad. En sus opiniones, ya sabían suficiente, ya habían arribado. En muchas maneras, eran como la niña que creía que había agotado las matemáticas cuando se aprendió las doce tablas de multiplicación. Cuando su abuelo le dijo, con un brillo en su mirada: «¿Y cuánto es trece por trece?». Ella respondió, mofándose: «No seas tonto, abuelo, no existe tal cosa».

El individuo promedio trata de derribar a cualquiera a su alrededor que esté intentando elevarse por encima del promedio. El camino al éxito es todo cuesta arriba, y la mayoría de las personas no están dispuestas a pagar el precio. Muchos prefieren lidiar con problemas viejos en lugar de enfrentar soluciones nuevas. Para aprender continuamente, tuve que salir de un entorno estancado y distanciarme de las personas que carecían del deseo de crecer. Busqué lugares en donde el crecimiento era valorado y la gente estaba creciendo. Eso me ayudó a cambiar y crecer, especialmente al principio de mi travesía.

Si está invirtiendo en sí mismo y ha adoptado la actitud de aprender continuamente, podría pensar que ha hecho todo lo que necesita hacer en el área de crecimiento personal. Pero como líder, tiene una responsabilidad adicional. Necesita crear un entorno de crecimiento positivo para las personas a las que guía. Si no lo hace, los miembros de su organización que deseen crecer tendrán dificultades para hacerlo y eventualmente buscarán otras oportunidades.

¿Cómo se ve un entorno de crecimiento? Creo que tiene diez características. Es un lugar en el cual suceden las cosas siguientes.

- Hay otros que están más adelantados que usted
- Se siente desafiado continuamente
- Su enfoque es hacia adelante
- La atmósfera es alentadora
- A menudo se encuentra fuera de su zona de comodidad
- Despierta entusiasmado
- El fracaso no es su enemigo
- Hay otros creciendo
- Las personas desean cambio
- El crecimiento es algo que se demuestra con el ejemplo y se espera de todos

Si puede crear un entorno de crecimiento, los miembros de su organización no solo crecerán y mejorarán, sino que las personas con mucho potencial estarán tocando a sus puertas para pedirle ser parte de su equipo. Esto transformará su organización.

La diferencia que hace la gente

Walt Disney observó: «Soy parte de todos a los que he conocido». Ya sea que esté intentando unirse a las filas de los que aprenden continuamente, o que esté tratando de edificar una organización que posea un entorno de crecimiento, el secreto del éxito puede hallarse en las personas que le rodean. Las actitudes y acciones se transmiten de una persona a otra.

A mi padre le encanta contar la historia del hombre que quiso inscribir a su mula en el Derby de Kentucky. De inmediato le rechazaron y le reprendieron.

—Su mula no tiene posibilidad alguna de ganar una carrera contra purasangres —rezongaron los organizadores de la carrera.

—Lo sé —replicó el hombre—, pero pensé que le caería bien estar en esa sociedad.

Estar alrededor de personas que son mejores que nosotros tiene la tendencia de llevarnos a extendernos y mejorar. Eso no siempre es algo cómodo, pero siempre es beneficioso. Se cuenta que toda vez que el gran poeta Emerson se encontraba con el gran ensayista Thoreau, se preguntaban el uno al otro: «¿Qué te ha quedado más claro desde la última vez que nos vimos?». Cada uno de ellos deseaba saber lo que el otro había aprendido. Las grandes personas desean sacar a relucir la grandeza de los demás. Las personas pequeñas tratan de imponerle a usted los mismos límites que se han impuesto sobre sí mismos.

Tengo que agradecerle a Kurt que me ayudara a comprender el valor del crecimiento tempranamente en mi carrera. Menos de un año después de mi conversación con él, pude percibir que estaba aprendiendo, creciendo y cambiando. Se dice que las tribus de los tártaros de Asia Central solían tener una maldición que proferían contra sus enemigos. No les deseaban que se perdieran ni que cayeran muertos; en lugar de eso, decían: «Que permanezcas en un mismo lugar para siempre». ¡Qué pensamiento más horrible! ¿Puede imaginárselo? Yo no.

SIGA APRENDIENDO PARA SEGUIR DIRIGIENDO

EJERCICIOS DE APLICACIÓN

1. ¿Sufre usted de la enfermedad del arribo a su destino? Si usted piensa que ha arribado (o que algún día arribará) por haber obtenido cierta posición, un título o credencial particular, o por lograr cierto nivel de ingresos, entonces corre el peligro de hallarse en la zona de comodidad o la zona de la inercia. ¿Qué está haciendo para protegerse en contra de ello? Compruebe que sus metas personales a largo plazo estén orientadas hacia el crecimiento, en lugar de orientadas hacia un destino.

2. ¿Cuál es su plan? Permítame ser el Kurt de su vida al hacerle la pregunta: «¿Cuál es su plan de crecimiento personal?». El trabajo duro y las largas horas en la oficina no aseguran el crecimiento. Tampoco lo hacen las promociones. ¿Qué hará esta semana, este mes y este año para crecer de modo activo? Le recomiendo que lea como *mínimo* un libro sobre el crecimiento por mes y que escuche como *mínimo* un CD o cinta sobre el crecimiento por mes. Además, planifique asistir a una conferencia o retiro sobre el crecimiento por año.

3. ¿Está creando un entorno de crecimiento? Si ocupa algún tipo de posición de liderazgo, es responsable de crear un entorno de crecimiento para las personas que trabajan para usted. Utilice los lineamientos dados en el capítulo para empezar a crear uno. Recuerde que un entorno de crecimiento es aquel en el cual:

- Hay otros que están más adelantados que ellos (esto significa que *usted* está creciendo).
- Todos se sienten desafiados continuamente.
- El enfoque es hacia adelante (en el futuro, no en los errores del pasado).
- La atmósfera es alentadora.
- A menudo se encuentran fuera de su zona de comodidad.
- Se despiertan entusiasmados.

- El fracaso no es su enemigo (se les permite correr riesgos).
- Hay otros creciendo (es necesario darle un valor elevado al crecimiento para todos).
- Las personas desean cambio.
- El crecimiento es algo que se demuestra con el ejemplo y se espera (de usted y los demás).

Momento para mentores

Al llevar a las personas a través de este libro para servirles de mentor, usted ya está invirtiendo en ellos y ayudando a forjar un entorno que propicie el crecimiento. Lleve su inversión al nivel siguiente por medio de ayudar a sus aconsejados a crear un plan de crecimiento personal diseñado específicamente para ellos. Ayúdeles a seleccionar los libros y lecciones que utilizarán durante el año siguiente. Envíelos a la conferencia que cree que les será de mayor ayuda. Déles un día de retiro personal para reflexionar sobre lo que han aprendido y cómo desean seguir creciendo.

15

LOS LÍDERES SE DISTINGUEN EN LOS TIEMPOS DIFÍCILES

¿Cuál es su meta actual como líder? Durante el primer año de mi carrera de líder, mi meta era sencilla: al final del año, deseaba recibir una votación unánime de apoyo en la reunión de negocios anual de mi pequeña congregación.

Soy un ministro de tercera generación. Crecí en una denominación en la cual las personas creían que la tarea de pastor era hacer que todos se sintieran felices. Los líderes más respetados en la denominación eran aquellos que nunca causaban problemas y que lograban mantener todo en calma en su organización. Cuánto más permanecieran iguales las cosas, tanto más feliz se sentía la gente; y confirmaban su felicidad en la reunión de negocios anual, en donde uno de los puntos sometidos a votación era si se le permitiría al pastor conservar su empleo. Para mí durante ese primer año, la posible señal más grande de mi éxito sería recibir un voto unánime de aprobación de mi liderazgo. Por eso era mi meta.

Cuando se acercaba esa primera reunión de la congregación, me sentí bastante confiado en que recibiría un voto unánime. Después de todo, había pasado todo un año haciendo todo en mi poder por agradar a todos en la iglesia. Al final de la reunión, cuando habíamos terminado de tratar todos los negocios y se habían contado los votos, el secretario se puso de pie y leyó la cuenta: 31 sí, 1 no y 1 abstención. Aunque traté de ocultarlo, me sentí conmocionado, confundido y profundamente herido.

Inmediatamente después de levantarse la sesión, corrí a casa y llamé a mi padre, quien era uno de los líderes de la denominación. Le conté toda la historia y, aletargado, le referí los resultados de la votación.

—Papá, ¿debo renunciar debido a esta mala votación? —pregunté.
Horrorizado, le escuché reír.

—No, hijo —respondió—, más te vale quedarte. Te conozco bien y ¡esa es la mejor votación que jamás recibirás!

Durante los seis meses siguientes, cada domingo por la mañana miraba a los fieles en la iglesia y me preguntaba a mí mismo: ¿Quién votó en mi contra? Nunca lo descubrí. Pero sí aprendí algo de mí mismo. Descubrí que tenía un deseo desesperado por recibir la aprobación de los demás. Eso tenía el potencial de ser un gran problema para mí. Cuando había que tomar una decisión poco popular, preferiría ceder el balón a continuar llevándolo. Como líder joven, rápidamente adopté las ventajas del liderazgo, pero me costó mucho más pagar su precio.

Cuando las personas enfrentan este tipo de debilidad, pueden huir de ella o pueden tratar de vencerla. Si bien es cierto que los individuos deben tratar de crecer en sus áreas de mayor talento, esto era algo diferente. Esto era un asunto del *carácter*. Es el tipo de debilidad que amenazaba con ponerle un cortocircuito a mi capacidad de liderazgo y descarrilar mi carrera. Si no la enfrentaba, entonces jamás sería eficiente ni ascendería a un nivel nuevo como líder.

> *Como líder joven, rápidamente adopté las ventajas del liderazgo, pero me costó mucho más pagar su precio.*

¿QUÉ HA DE HACER UN LÍDER?

Me tomó cierto tiempo, pero finalmente se me ocurrió una idea que me ayudaría a tomar mejores decisiones como líder durante los tiempos difíciles. *No puedo guiar a las personas si las necesito.* Cuando descubrí esta idea, no era de manera arrogante ni distante. Por supuesto que los líderes necesitan a otras personas. El propósito de ser líder es guiarlas a donde no podrían ir por sí solas, inspirarles y capacitarles a hacer lo que creían que no podían hacer, y lograr lo que solo puede hacerse cuando un grupo trabaja en conjunto. Para hacerlo, es necesario que los líderes amen a su gente y se acerquen a ella. Sin embargo, hay veces en las que el líder tiene que avanzar y dar un paso con valentía sin esperar el visto bueno de los demás. No es saludable que un líder *necesite* la aprobación de las personas. Como líder, si trato de agradar a todos, eventualmente terminaré distanciándolos de mí. Un líder debe permanecer fiel a la visión y a la gente, aun cuando no sea popular hacerlo. Esa es una de las cargas del liderazgo.

La afirmación «No puedo guiar a las personas si las necesito» se convirtió en un recordatorio constante para mí durante mis primeros tiempos de liderazgo. Cada vez que sentía el tirón del deseo de agradar a las personas en lugar de guiarlas eficazmente, me repetía esta declaración a mí mismo. Para cuando llegó la segunda reunión anual de negocios, me preocupaba mucho menos el resultado de la votación. Lo que importaba era que permaneciera fiel a la visión. Y, de paso, mi padre tuvo razón. Nunca obtuve una mejor votación. ¡La primera fue la mejor que jamás recibí!

Tomando las decisiones difíciles

Todo líder enfrenta tiempos difíciles, y es allí cuando los líderes se distinguen a sí mismos y muestran quiénes son en realidad. Guiar a otros puede ser muy difícil y requerir de mucho valor. Por supuesto, no es así todo el tiempo. Aproximadamente 95% de las decisiones que toma un presidente de la junta ejecutiva de una gran empresa podrían ser tomadas por un egresado de bachillerato razonablemente inteligente. Lo que a menudo se requiere es sentido común. Pero a los presidentes de junta ejecutiva no les pagan por esas decisiones, ¡sino por 5% restantes! Esas son las difíciles. Todo cambio, todo desafío y toda crisis requiere de decisiones difíciles, y la manera en la cual estas se manejan es lo que distingue a los líderes buenos del resto.

¿Cómo saber que uno está enfrentando una decisión difícil y necesita estar en su mejor forma de líder? Lo sabrá cuando la decisión venga acompañada de estas tres cosas:

1. La decisión difícil demanda riesgo

Una vez leí que cuando la Unión Soviética invadió a Latvia y se la anexó en 1940, el vicecónsul de Estados Unidos en Riga estaba preocupado de que los suministros de la Cruz Roja estadounidense ubicados en esa ciudad fueran saqueados. Para protegerse de ello, solicitó autorización al Departamento de Estado en Washington, D.C. para colocar una bandera estadounidense sobre la bandera de la Cruz Roja para disuadir a cualquiera de robarse los suministros.

«No existe precedente de acción semejante», fue la respuesta por cable de la oficina del Secretario de Estado.

Cuando el vicecónsul recibió el mensaje, él personalmente subió al poste y clavó la bandera estadounidense allí. Luego le envió un cable al Departamento de Estado que decía: «En la fecha de hoy he establecido el precedente».

Los líderes tienen que estar dispuestos a hacer lo que otros no; tienen que arriesgarse por sí mismos. Larry Osborne observó: «Lo más notable de los líderes eficientes es lo poco que tienen en común. Lo que para uno es objeto de fe ciega, otro advierte en contra de ello; pero una característica sobresale: Los líderes eficientes están dispuestos a arriesgarse». Si usted no está dispuesto a hacerlo, entonces en realidad no le compete ser líder. No puede ir a lo seguro y esperar que al mismo tiempo su gente avance. El progreso siempre requiere de riesgo.

2. Una decisión difícil trae consigo una batalla interior

El psicoterapeuta Sheldon Koop afirma: «Todas las batallas significativas se libran dentro de uno mismo». Cuando pienso en las épocas difíciles que he enfrentado como líder, reconozco que todas empezaron dentro de mí, no con los demás. Si el camino fuera despejado y sin problemas, no sería entonces una decisión difícil, ¡y cualquiera podría tomarla! Además, toda resolución complicada que tome será cuestionada, será criticada, traerá consigo ciertas consecuencias. Por eso es que es una decisión difícil.

> «Todas las batallas significativas se libran dentro de uno mismo».
> —Sheldon Koop

Con frecuencia esa batalla interna sucede lejos de la atención del liderazgo, y los observadores superficiales ni siquiera se enteran de que está sucediendo. El pastor, autor y académico Chuck Swindoll escribe: «El valor no está limitado al campo de batalla, ni a las 500 millas de Indianápolis, ni a capturar a un ladrón que ha entrado en su casa. Las verdaderas pruebas del valor son mucho más calladas. Son la prueba interior, como el permanecer fiel cuando nadie le está viendo, como soportar el dolor cuando la sala está vacía, como quedar solo cuando a uno le han malentendido». Hacer lo correcto no siempre es fácil, pero siempre es necesario si el líder desea tener integridad y ser eficiente.

Debido a que la mayoría de las decisiones difíciles también pueden resultar en una batalla exterior, el líder debe primero ganar la batalla interior. Si usted se siente inestable internamente sobre algún asunto, no tendrá la seguridad que necesita para la lucha externa. Por eso dedico tiempo a asegurarme de estar convencido sobre un curso de acción particular antes de tratar de convencer a otros del mismo. Una vez que me siento convencido de un curso de acción, tengo el valor de mantenerme firme en la decisión hasta el final, sin importar lo difícil de ella o de sus consecuencias.

3. Una decisión difícil le distinguirá como líder

Cada cierto tiempo escucho a líderes quejarse de los tiempos difíciles que están enfrentando en sus organizaciones. Me hace querer decirles: «Gracias a Dios por los tiempos difíciles. Son la razón por la cual usted está allí, para que sea el líder. Si todo estuviera yendo bien, ¡usted no haría falta!».

El antiguo alcalde de la ciudad de Nueva York, Rudy Giuliani, dice: «Cuando la persona correcta es líder, todo lo hace mejor aun en los tiempos difíciles». Pienso que eso es cierto. Cuando una organización tiene impulso, casi cualquiera puede guiarla. Todo lo que hay que hacer es averiguar la dirección en la que va la gente ¡y ponerse delante de ellas! Cuando no hay impulso, un buen líder da la dirección y estimula el avance. Pero cuando una organización no solo lo ha perdido, sino que avanza en la dirección equivocada, ¡ese es el momento en el cual los líderes realmente se ganan su salario! solo los mejores líderes son capaces de guiar eficientemente en tal tipo de situaciones. Es durante los tiempos difíciles que toman las decisiones más difíciles y realmente se distinguen como líderes.

> «Cuando la persona correcta es líder, todo lo hace mejor aun en los tiempos difíciles».
> —Rudy Giuliani

PONIÉNDOSE A LA ALTURA DE LAS CIRCUNSTANCIAS

Si es líder, es necesario que esté consciente de que los tiempos difíciles o le hunden, o le hacen más fuerte. Aquel grandioso primer ministro de Gran Bretaña, Winston Churchill, observó: «En la vida de todos llega un momento especial en el cual, en sentido figurado, les dan un toque al hombro y les ofrecen la oportunidad de hacer algo sumamente especial, único para ellos y ajustado a sus talentos. ¡Qué tragedia si aquel momento les sorprende sin preparación o capacitación para lo que habría sido su hora más sublime!». Una de las claves para estar preparado ante su hora más sublime es tomar las decisiones difíciles en los minutos sin importancia que la anteceden. Le es necesario estar dispuesto a hacer las cosas pequeñas, las cosas difíciles, las cosas no vistas, porque le preparan para las dificultades mayores. Si no está dispuesto a resolver las dificultades pequeñas, no espere poder levantarse para enfrentar las grandes. Pero si se desempeña bien con las pequeñas, podrá distinguirse con las grandes. Es allí que se ganará su reputación.

Hace algunos años atrás recibí una carta de mi amigo Kent Millard en la cual me contaba una historia de una clase diferente de líder. Escribió:

> En agosto de 1999, mi esposa Minnietta y yo nos fuimos de vacaciones con unos amigos que viven en una parte alejada de Alaska, cerca del Parque Denali. Un día nos llevaron a visitar a su vecino, Jeff King, que vive a unas cuantas millas de ellos. Jeff compite en carreras de trineos tirados por perros y ha ganado la Iditarod de 1.100 millas entre las ciudades de Anchorage y Nome, Alaska, tres veces (1993, 1996, 1998). Fue un gozo experimentar el amor y pasión que Jeff siente por sus setenta perros esquimales y la admiración que siente por su madurez, su fuerza y su valor.
>
> Jeff nos contó que cuando inicia la carrera Iditarod, empieza con dieciséis perros y hace rotaciones frecuentes del perro líder para darles a todos la oportunidad de serlo, puesto que cada uno de ellos quiere experimentarlo. Eventualmente, él descubre al que es el verdadero líder porque es aquél que es enérgico y persistente en la guía, y ese perro se convierte en líder de la manada. Se le escoge como líder porque cuando guía, es capaz de motivar a los demás perros a seguirle por su propia energía y entusiasmo.
>
> Jeff nos contó que en 1996, la líder era una hembra de dos años y medio de edad, lo cual era algo raro porque solo había dos hembras en la manada, y esa era una perra joven y más pequeña que los machos. Pero, nos dijo con emoción en su voz: «Ella era nuestra líder. Cuando vino una ventisca, no se dio por vencida. Siguió ladrando y corriendo aun cuando la cubría la nieve, y nos inspiró a seguir adelante. A pesar de su corta edad, tiene la madurez mental de un líder».

Cuando Jeff recibió las felicitaciones por haber ganado la Iditarod de 1998, levantó a su perra líder y dijo: «Ésta es la líder que nos hizo ganar la carrera».

No importa lo difícil que se pongan las cosas, el líder verdadero continúa guiando y no se da por vencido. No importa el tipo de tormenta que venga; no importa que tenga el agua hasta el cuello.

Si todavía no ha tenido la oportunidad de distinguirse por medio de tomar decisiones difíciles por el bien de su gente y el bienestar de la organización, no se desespere. Su oportunidad llegará. Si continúa haciendo lo correcto, continuará adquiriendo mayores responsabilidades; y a mayores responsabilidades, más decisiones difíciles tendrá que tomar. Mientras tanto, siga aprendiendo y creciendo como líder. Ahora mismo está preparándose. Cuando lleguen los tiempos difíciles, tendrá la oportunidad de distinguirse como uno. En el momento en que finalmente enfrente un gran desafío, ¡será su hora más sublime!

Los líderes se distinguen en los tiempos difíciles

EJERCICIOS DE APLICACIÓN

1. *¿Le ha tocado tomar las decisiones difíciles en el pasado?* Su historial relacionado con las decisiones difíciles tiene mucho que ver con su credibilidad y reputación actuales de líder. Haga una lista de las decisiones difíciles que ha tomado, junto con los años en que las tomó; las que fueron intensamente cuestionadas y severamente criticadas. ¿Qué tipo de patrón observa? Si ha sido líder por mucho tiempo, deberá poder ver *muchas* decisiones difíciles. Si no, entonces no está desempeñando la labor difícil que el líder hace. ¿Observa una disminución en el número de decisiones difíciles con el paso del tiempo? En tal caso, podría estar perdiendo su ventaja como líder.

2. *¿Está preparado para ganar la batalla interior?* ¿Qué está haciendo para ganar las batallas internas que se exigen de todo líder que enfrenta tiempos difíciles? ¿Tiene una lista de valores o un juego de normas que le guían en la toma de decisiones? ¿Participa de disciplinas diarias que le mantienen fuerte en lo mental, lo emocional, lo espiritual y lo físico? Cuando llega la oportunidad, es demasiado tarde para prepararse. Haga hoy lo que pueda a fin de estar preparado mañana para hacer lo que debe.

3. *¿Está siendo un líder excesivamente cauteloso?* Toda decisión difícil incluye un elemento de riesgo. ¿Está usted dispuesto a ponerse en riesgo de ser necesario para tomar una decisión difícil? ¿Está dispuesto a tomar las decisiones correctas calladamente por el bien de su gente y de la organización, aun sabiendo que le criticarán por ello? ¿Estaría dispuesto a sacrificar su posición si eso fuera necesario para mantener sus valores o proteger el bienestar de su gente?

MOMENTO PARA MENTORES

Si sus aconsejados tienen muchas responsabilidades, entonces probablemente están enfrentando decisiones difíciles en este momento. Pregúnteles en cuanto a las dificultades que están enfrentando ahora y ofrézcase a hablar con ellos sobre la más difícil de ellas. Estimúleles a tomar sus propias decisiones y apóyeles a la vez que les anima a mantenerse firmes.

16

LAS PERSONAS RENUNCIAN A OTRAS PERSONAS, NO A LAS EMPRESAS

Muchas de las ideas que obtengo para escribir libros surgen como resultado de mis experiencias al hablar ante audiencias en todo Estados Unidos y en el extranjero. Cuando tengo compromiso para dar una charla, trato de pasar tanto tiempo como pueda interactuando con las personas. Charlo con ellas durante los descansos y autografío libros siempre que me resulte posible. Me encanta conocer a las personas y me gusta escuchar sus ideas y preguntas. Por ejemplo, *Líder de 360°* surgió como resultado de los comentarios que recibí de diversas personas por un período de diez años. A menudo escuché comentarios tales como: «Me encantan sus principios de liderazgo, pero no puedo utilizarlos porque no soy el líder superior», o «Sus ideas pueden ser buenas, pero usted no tiene idea de lo malo que es el líder para quien trabajo». Como resultado de comentarios como esos, escribí un libro diseñado para ayudar a las personas a ser líderes desde el punto en el cual se encontraran dentro de la organización.

Mientras trabajaba en la redacción de *Líder de 360°*, pregunté frecuentemente a mis audiencias si alguna vez habían seguido a un mal líder. La respuesta siempre fue abrumadora. Un gemido provenía de la audiencia, y casi todos levantaban la mano. Fue durante uno de esos momentos que tuve un destello de perspectiva. Ahora parece como algo obvio, pero en el momento se sintió como una inspiración cuando hice una segunda pregunta: «¿Cuántos han renunciado a un trabajo debido a un mal líder o a una mala relación con otra persona en el trabajo?». Nuevamente, casi todos levantaron la mano, y eso confirmó lo que ya creía: las personas renuncian a otras personas, no a las empresas.

LA PUERTA ABRE HACIA AMBOS LADOS

Todas las organizaciones tienen una afluencia y salida de personal que da un efecto similar al de una puerta giratoria. Las personas entran por esa puerta porque por algún motivo desean ser parte de la empresa. Tal vez la visión de la organización resuena con ellos; o creen que la empresa les ofrece grandes oportunidades, o valoran el paquete financiero y de prestaciones que la empresa ofrece, o admiran al líder de la empresa. Hay muchas razones por las cuales los individuos solicitan un trabajo. Pero cuando esas personas salen por esa puerta, probablemente tienen algo en común. Su deseo de partir para hallar «pastos más verdes» frecuentemente va motivado por la necesidad de alejarse de alguien.

He tenido el privilegio de liderar empresas con fines de lucro y empresas de voluntarios sin fines de lucro. En ambos tipos de organizaciones la gente viene y va, pero le aseguro que las organizaciones de voluntarios son más difíciles de liderar. La gente le sigue solamente si desea hacerlo. No tienen el incentivo de un salario para quedarse o someterse al liderazgo de alguien. El principio de la puerta giratoria realmente rige al trabajar con voluntarios, y en algunas organizaciones la puerta gira muy rápidamente.

> «Algunos causan alegría dondequiera que van. Otros la causan cuando se van».
> —Oscar Wilde

Por más de veinticinco años trabajé como pastor, y puedo decirle que la gente iba y venía todo el tiempo. Cuando era posible, trataba de sentarme a hablar con alguien que estuviera abandonando la congregación. Cuando le preguntaba por qué se iba, la respuesta abrumadoramente común era que por motivo de un conflicto con otra persona. Algunas veces les sorprendía al decirles: «No lo culpo por querer irse. Si yo no fuera el pastor, ¡me iría con usted!».

Para ser igual de sincero, algunas veces las personas que se iban eran el verdadero problema. Hay personas que sencillamente no pueden llevarse bien con nadie. Dondequiera que vayan, los problemas van con ellos. Son como «Bob» en mi libro *Cómo ganarse a la gente*. El Principio de Bob afirma: «Cuando Bob tiene un problema con todos, casi siempre Bob es el problema». En esas situaciones con gusto le diré adiós a Bob o a Roberta y recordaré las palabras de Oscar Wilde: «Algunos causan alegría *dondequiera* que van. Otros la causan *cuando* se van».

¿A QUIÉNES RENUNCIA LA GENTE?

Como líderes, nos gustaría pensar que cuando la gente renuncia, poco tiene que ver con nosotros. Pero la realidad es que frecuentemente nosotros somos la razón. Algunas fuentes estiman que hasta 65% de las personas que abandonan un puesto en una empresa lo hacen debido a sus gerentes. Decimos que la gente renuncia a su trabajo o a su empresa, pero la realidad es que usualmente renuncian a sus líderes. La «empresa» no les hace nada negativo. La gente sí. Algunas veces los compañeros de trabajo causan los problemas que llevan a que algunos renuncien, pero con frecuencia, las personas que se ganan la antipatía de los empleados son sus supervisores directos.

La mayoría de los líderes pueden darles una buena impresión a sus empleados cuando los conocen inicialmente. A eso súmele el optimismo que tienen las personas cuando inician un nuevo trabajo. Desean que funcione. Pero con el paso del tiempo, los líderes se manifiestan por lo que son en realidad y no por lo que tratan de aparentar. Si el jefe es un patán, solo es cuestión de tiempo antes de que el empleado lo sepa.

Así que, ¿qué tipos de personas son aquellas a las cuales renuncian los empleados? Muy seguido aparecen en cuatro tipos:

1. Las personas renuncian a los individuos que los menosprecian

Una pareja de ancianos, George y Mary Lou, estaban celebrando sus bodas de oro. Con el índice de divorcios tan elevado, un reportero se preguntaba cuál era el secreto de su éxito, así que le preguntó a George: «¿Cuál es su receta para un matrimonio largo y feliz?».

George explicó que después de su matrimonio, su suegro le llevó aparte y le entregó un paquete pequeño. Dentro del paquete había un reloj de oro que George todavía usaba. Se lo mostró al reportero. En la esfera del reloj, en un punto visible una docena de veces al día, estaban escritas las palabras: «Dile algo agradable a Mary Lou».

A todos nos gusta que nos digan cosas buenas acerca de nosotros. Todos queremos que nos aprecien. Sin embargo, mucha gente no recibe comentarios positivos ni aprecio en el trabajo. Con frecuencia es lo contrario; se sienten menospreciados. Sus jefes tienen una actitud de superioridad y los tratan con desdén, o peor aun, con desprecio. Y eso significa desastre para cualquier relación, aun una relación de trabajo profesional.

Malcolm Gladwell, en su libro *Blink*, escribe acerca de un experto en relaciones personales llamado John Gottman, quien era capaz de vaticinar con certeza el potencial del éxito del matrimonio de una pareja sobre la base de la interacción mutua de los cónyuges. ¿Qué cosa buscaba como indicador de que una relación matrimonial iba rumbo al desastre? El desprecio. Si uno de los cónyuges trataba al otro con desprecio, la relación usualmente estaba condenada a fracasar.[1]

> *¡Es imposible añadir valor a una persona que menospreciamos!*

¡Es imposible añadir valor a una persona que menospreciamos! Si no respetamos a un individuo, no podemos tratarlo con respeto. ¿Por qué? Porque no podemos comportarnos de modo coherente en una manera que es incongruente con nuestras creencias.

He observado que cuando un líder menosprecia a su gente, empieza a manipularla. Empieza a tratarla como objetos, y no como gente. Nunca es correcto que un líder haga eso.

¿Cuál es la solución, entonces? Busque el valor en las personas y exprese su aprecio por ellas. Los líderes a menudo son buenos para hallar valor en una oportunidad o un trato comercial. Necesitan tener una perspectiva similar cuando de personas se trata. Halle el valor de las personas que trabajan para usted. Elógielos por su contribución. Pueden aportar valor a los clientes a través de los productos que fabrican o los servicios que prestan. Pueden añadir valor a la organización por medio de aumentar su valor general; podrían aportar valor para sus compañeros de trabajo, edificándoles o elevando su desempeño al máximo. Halle algo en ellos que pueda apreciar y ellos apreciarán el trabajar para usted.

2. Las personas renuncian a los individuos que no son dignos de confianza

Michael Winston, director administrativo y jefe de liderazgo de la Countrywide Financial Corporation, dice:

> Los líderes eficientes se aseguran de que la gente se sienta fuerte y capaz. En todas las encuestas principales sobre las prácticas de los líderes

eficientes, la confianza en el líder es esencial para que otras personas sigan a ese individuo por un período determinado. Las personas deberán experimentar que el líder es veraz, fidedigno y digno de confianza. Una de las formas en las cuales se desarrolla la confianza, sea en el líder o en otra persona, es a través de la coherencia en el comportamiento. La confianza también se establece cuando las palabras y los hechos son congruentes.

¿Alguna vez ha trabajado con personas en quienes no se podía confiar? Es una experiencia horrible. A nadie le gusta trabajar con alguien de quien no se puede depender. Desgraciadamente, una encuesta desarrollada por la Manchester Consulting indica que el nivel de confianza en el sitio de trabajo está disminuyendo. Descubrieron que las cinco maneras en las cuales los líderes perdieron la confianza de su gente con mayor rapidez en el sitio de trabajo son:

- Actuar con incoherencia entre lo que dicen y lo que hacen
- Buscar beneficios personales por encima de beneficios compartidos
- Ocultar información
- Mentir o decir medias verdades
- Ser de mente cerrada

Cuando los líderes rompen la confianza de su gente, es como cuando se rompe un espejo. Golpee un espejo con una piedra, y el cristal se despedaza. Aunque fuera posible hallar todos los trozos y unirlos con pegamento, el espejo siempre tendrá grietas. Cuanto mayor sea el daño, tanto mayor será la distorsión de la imagen. Es sumamente difícil vencer el daño causado a una relación en la que se ha perdido la confianza.

En contraste, esa encuesta descubrió que las mejores maneras para que un líder *edificara* la confianza son:

- Mantener integridad
- Comunicar su visión y valores abiertamente
- Mostrar respeto por los compañeros de trabajo, tratándolos como colegas
- Enfocarse más en metas compartidas que en sus agendas personales
- Hacer lo correcto sin importar el riesgo personal.[2]

Para el líder, edificar y mantener la confianza es cuestión de integridad y comunicación. Si no desea que las personas renuncien a usted, es necesario que sea coherente, abierto y veraz con ellas.

3. Las personas renuncian a los individuos incompetentes

Como mencioné al principio de este capítulo, una de las quejas que escucho con mayor frecuencia de la gente es que trabaja para individuos que no son buenos líderes. Todos quieren sentir que su líder es capaz de hacer el trabajo, sea éste un obrero de fábrica, un vendedor, un gerente de nivel intermedio, un atleta o un voluntario. Los líderes necesitan inspirar confianza, y eso se hace no con carisma, sino con competencia.

Cuando los líderes son incompetentes, se tornan en una distracción para el equipo. Desperdician la energía de la gente e impiden que mantenga lo principal como lo principal. Toman el enfoque de la visión y los valores de la organización y lo colocan sobre el comportamiento del líder. Si las personas que trabajan para un líder incompetente tienen un nivel elevado de pericia, se preocuparán constantemente de que el líder arruine las cosas. Si no tienen pericia o experiencia, entonces no sabrán qué hacer. De cualquier modo, la productividad disminuye, la moral sufre y lograr un impulso positivo se torna en algo imposible.

Un líder incompetente no guiará a gente competente por mucho tiempo. La Ley del Respeto, en *Las 21 leyes irrefutables del liderazgo* afirma que: «Por naturaleza, la gente sigue a los líderes que son más fuertes que ellos mismos». Los individuos cuya capacidad de liderazgo es un 7 (en una escala de 10) no seguirán a un líder que es un 4. En lugar de ello, renunciarán y buscarán a otra persona, en otro lugar, que les guíe.

> *Los líderes necesitan inspirar confianza, y eso se hace no con carisma, sino con competencia.*

4. Las personas renuncian a los individuos inseguros

Si un líder valora a su gente, posee integridad y demuestra competencia, entonces la gente le seguirá alegremente, ¿correcto? No. Aun si un líder posee esas tres cualidades, existe una característica más que es capaz de alejar a los demás: la inseguridad.

Algunos líderes inseguros son fáciles de reconocer. Su deseo de poder, posición y reconocimiento surge en un despliegue evidente de temor, sospechas, desconfianza o celos. Pero algunas veces esto puede ser más tenue. Los líderes excepcionales hacen dos cosas: desarrollan a otros líderes, y trabajan para que otros puedan ocupar su posición. Los líderes inseguros nunca hacen eso. En lugar de ello, buscan hacerse indispensables. No quieren entrenar a su gente para que alcance su potencial y tenga mayor éxito que ellos mismos. De hecho, no quieren que sean capaces de lograr el éxito sin su ayuda. Y cada vez que una persona que trabaja para ellos asciende a un nivel muy alto, lo ven como una amenaza.

Las personas quieren trabajar para alguien que avive el fuego en ellos, no que lo apague. Quieren líderes que los levanten y les ayuden a volar, y no que los mantengan abatidos. Quieren mentores que les ayuden a alcanzar su potencial y el éxito. Si perciben que el líder está más preocupado por mantener su autoridad y proteger su posición, eventualmente buscarán a otra persona para quien trabajar.

Receta para la retención

No importa qué tan buen líder sea, ocasionalmente perderá algunas personas. Eso sencillamente es parte del liderazgo. Sin embargo, usted puede hacer cosas para convertirse en el tipo de líder que otros quieran seguir. Estas son las cosas que hago para recordarme que las personas renuncian a las personas, no a las empresas:

1. Me hago responsable de mi relación con los demás. Cuando una relación se malogra, tomo la iniciativa para tratar de mejorarla.

2. Cuando alguien renuncia, llevo a cabo una entrevista final. El propósito de esta entrevista es descubrir si yo soy la razón por la cual están renunciando. En caso afirmativo, pido disculpas y adopto una actitud moralmente elevada con ellos.

3. Asigno un valor elevado a las personas que trabajan conmigo. Es maravilloso cuando la gente tiene fe en su líder. Es más maravilloso cuando el líder tiene fe en su gente.

4. Coloco la credibilidad en el primer lugar de mi lista de liderazgo. No siempre seré competente; todo líder experimenta situaciones en las que está metido en un lío más grande que el que puede manejar. Sin embargo, siempre puedo ser digno de confianza.

5. Reconozco que si tengo una salud emocional positiva, eso crea un entorno seguro para la gente. Por lo tanto, pienso de modo positivo, practico un comportamiento recto hacia los demás y sigo la regla de oro.

6. Mantengo un espíritu educable y alimento mi pasión por el crecimiento personal. Continuaré aprendiendo para continuar siendo líder. Si sigo creciendo, nunca seré obstáculo que detenga el potencial de mi gente.

Una de las peores cosas que puede sucederle a una organización es perder a sus mejores elementos. Cuando eso sucede, no culpe a la empresa, la competencia, el mercado ni la economía. Culpe a los líderes. Nunca olvide que las personas renuncian a las personas, no a las empresas. Si desea conservar a sus mejores personas y ayudar a que su organización cumpla su misión, conviértase en un mejor líder.

> *Es maravilloso cuando la gente tiene fe en su líder. Es más maravilloso cuando el líder tiene fe en su gente.*

LAS PERSONAS RENUNCIAN A OTRAS PERSONAS, NO A LAS EMPRESAS

EJERCICIOS DE APLICACIÓN

1. ¿Puede su gente depender de usted? ¿Es el tipo de líder en el cual su gente puede confiar, sin importar las circunstancias o condiciones? Responda cada una de las preguntas siguientes basándose en lo descubierto por las encuestas de la Manchester Consulting:

- ¿Hay incoherencias entre lo que digo y lo que hago?
- ¿Hay ocasiones en las que busco el beneficio personal por encima del beneficio compartido del equipo?
- ¿Alguna vez oculto información de mi gente?
- ¿Alguna vez miento o digo verdades a medias?
- ¿Hay veces en las que tengo una actitud cerrada?

Si su respuesta a alguna de estas preguntas es sí, tiene problemas de credibilidad con su gente. Empiece a trabajar para remediar la situación haciendo lo siguiente:

- Mantenga su integridad al hacer sus palabras y sus hechos coherentes.
- Comunique su visión y valores abiertamente.
- Muestre respeto por los trabajadores como colegas iguales.
- Enfóquese más en las metas compartidas que en su agenda personal.
- Haga lo recto sin importar el riesgo personal.

El proceso de ganar credibilidad no se cumplirá de la noche a la mañana, pero si practica estas cinco cosas de modo congruente, con el paso del tiempo la gente empezará a confiar en usted.

2. ¿Cuál es su actitud hacia su gente? Si es líder, ¿cómo ve a su gente?

- ¿Son subordinados que sencillamente deben limitarse a hacer lo que usted diga?
- ¿Son recursos que deben ser administrados y manipulados?
- ¿Son un mal necesario que hay que tolerar para que el negocio tenga éxito?
- ¿Son colaboradores que desempeñan un papel valioso y necesario, tal como lo hace usted?

Si su actitud es diferente a la cuarta, no es la actitud positiva que se necesita para ser un líder de éxito. Tome medidas para cambiarla. Aprenda más acerca de su gente, lo que hace y cómo aporta al equipo.

3. *¿Expresa su aprecio?* No es suficiente *pensar* altamente de su gente, es necesario *expresar* su fe en ellos y *mostrarles* su aprecio. Dedique tiempo esta semana para decirles a los individuos que le siguen por qué los valora y agradézcales por su trabajo.

Momento para mentores

Siéntese con sus aconsejados y examine el movimiento de personal en su área. ¿Qué tipo de patrones se observan? ¿Qué tipos de personas han estado perdiendo? ¿Hasta qué grado aceptan la responsabilidad por esas pérdidas? Pídales que describan lo que hacen para expresar su valoración de los empleados, desarrollar la confianza de los demás, aumentar su propio grado de competencia y desarrollar seguridad personal. Ayúdeles a mejorar las áreas en las cuales tengan deficiencias.

17

⁂

LA EXPERIENCIA NO
ES LA MEJOR MAESTRA

U na de las cosas más frustrantes para los líderes jóvenes es tener que esperar su oportunidad para brillar. Los líderes son naturalmente impacientes, y yo no era la excepción. Durante los primeros diez años de mi liderazgo, oí mucho en cuanto a la importancia de la experiencia. En mi primera posición, la gente no confiaba en mi criterio. Decían que era demasiado joven e inexperto. Me sentí frustrado, pero al mismo tiempo comprendía su escepticismo; yo apenas tenía veintidós años de edad.

Después de ser líder por un par de años, las personas empezaron a percatarse de mí; podían ver que tenía cierta habilidad. En mi tercer año como líder, una iglesia más grande me consideró para su posición principal de liderazgo. La posición habría representado mayor prestigio y mejor paga, pero pronto me enteré de que se habían decidido por un líder de más edad y experto. Aunque me sentí desilusionado, comprendí de nuevo.

A los veinticinco años de edad, me nominaron para ser miembro del consejo de mi distrito. Me sentí entusiasmado por estar en la votación. Las personas de mi edad no se consideraban usualmente para ese tipo de posiciones. La votación estuvo estrecha, pero perdí ante un veterano muy respetado de nuestra denominación.

—No te preocupes —me dijeron—, algún día serás parte de ese consejo. solo te hacen falta unos cuantos años más de experiencia.

Vez tras vez, me señalaron mi juventud y mi inexperiencia. Yo estaba dispuesto a pagar el precio, aprender mis lecciones y esperar mi turno. A medida que estas personas con más experiencia me rebasaban, yo observaba sus vidas para tratar de aprender de ellas. Miraba para ver el tipo de fundamento sobre el cual habían edificado sus vidas, a las personas influyentes que conocían, cómo se conducían. Algunas veces aprendí mucho al observarles, muchas otras me sentí desencantado. Había mucha gente con años de experiencia a su haber, pero con poca sabiduría o habilidad para aprovecharla.

Eso me llevó a preguntarme: *¿Por qué la experiencia había ayudado a algunos líderes, pero a otros no?* Mi confusión empezó a aclararse con lentitud. Lo que me habían enseñado durante toda mi vida no era cierto: ¡La experiencia no es la mejor maestra! Algunas personas aprenden y crecen como resultado de su experiencia; otras no. Todos tenemos algún tipo de experiencia, pero lo que importa es qué hace uno con esa experiencia.

¿CÓMO LE MARCARÁ LA EXPERIENCIA?

Todos iniciamos nuestras vidas como cuadernos vacíos. Cada día tenemos la oportunidad de registrar nuevas experiencias en nuestras páginas. Al voltear cada una, obtenemos más conocimiento y entendimiento. En el caso ideal, cuando avanzamos nuestro cuaderno se llena de anotaciones y observaciones. El problema es que no todas las personas le dan el mejor uso a sus cuadernos.

Algunas parecen dejar el cuaderno cerrado durante la mayor parte de sus vidas. Rara vez escriben algo. Otros llenan sus páginas, pero nunca apartan el tiempo para meditar en ellas, para obtener mayor sabiduría y entendi-

> *La experiencia no enseña nada, pero la experiencia evaluada lo enseña todo.*

miento. Pero unos cuantos no solo registran lo que experimentan; dedican tiempo a pensarlo y reflexionan sobre su significado. Vuelven a leer lo que está escrito y reflexionan sobre ello. La reflexión convierte a la experiencia en perspectiva, de manera que no solo viven la experiencia, sino que aprenden de ella. Comprenden que el tiempo está de su lado si emplean su cuaderno como instrumento de aprendizaje, y no tan solo como un calendario. Han llegado a comprender un secreto: La experiencia no enseña nada, pero la experiencia evaluada lo enseña todo.

SACÁNDOLE PROVECHO A LA EXPERIENCIA

¿Conoce usted a personas que poseen mucho conocimiento, pero muy poco entendimiento? ¿Personas que podrán tener recursos, pero que desconocen el significado de lo que es importante? Aun si saben mucho sobre cómo hacer las cosas, parecen saber muy poco del por qué de las cosas. ¿Cuál es el problema de este tipo de individuos? Sus experiencias en la vida carecen de reflexión y evaluación. Cuando transcurren veinticinco años, no adquieren veinticinco años de experiencia, ¡sino que ganan un año de experiencia veinticinco veces!

Si desea sacarle provecho a su experiencia, para convertirse en un líder más sabio y eficiente, hay algunas cosas sobre la experiencia que es necesario que sepa:

1. Todos experimentamos más de lo que somos capaces de comprender

El jugador de béisbol Earl Wilson, quien fuera el primer lanzador negro para los Red Sox de Boston, comentó: «La experiencia te permite reconocer un error cuando lo vuelves a cometer». Reconozcámoslo: Cometeremos errores. Suceden demasiadas cosas en la vida para que seamos capaces de comprenderlas todas. Nuestras experiencias abruman a nuestro entendimiento, y no importa lo listos que seamos, nuestro entendimiento nunca alcanza a nuestra experiencia.

¿Qué hacer, entonces? Sáquele el máximo provecho a lo que *sí puede* comprender. Tengo dos maneras de hacer eso. Primero, al final de cada día, recuerdo hacerme la pregunta: ¿Qué aprendí hoy? Eso me lleva a «repasar la página» de mi cuaderno correspondiente a ese día. La segunda cosa que hago es apartar la última semana de cada año para repasar los doce meses anteriores. Reflexiono sobre mis experiencias: mis éxitos y fracasos, las metas logradas y los sueños sin cumplir, las relaciones personales que edifiqué y las que perdí. De este modo, trato de acortar distancias entre lo que experimenté y lo que comprendo.

2. Nuestra actitud hacia las experiencias no planificadas y desagradables determina nuestro crecimiento

Steve Penny, líder de la S4 Leadership Network de Australia observó: «La vida está llena de desviaciones imprevistas. Hay circunstancias que suceden y que parecen deshacer nuestros planes por completo. Aprenda a convertir sus desviaciones en delicias. Trátelos como excursiones especiales y giras de aprendizaje. No luche contra ellas, pues de lo contrario nunca aprenderá el propósito que tienen. Disfrute los momentos y pronto estará de regreso en su camino, probablemente con más sabiduría y fuerza gracias a esa pequeña desviación».

Tengo que reconocer que tener una actitud positiva hacia las desviaciones de la vida para mí es una batalla constante. Prefiero viajar por la autopista con una ruta directa que por un camino sinuoso y pintoresco. Cada vez que me encuentro viajando por una desviación, me la paso buscando la salida más rápida, en lugar de tratar de disfrutar del proceso. Sé que es un tanto irónico viniendo de mí, ya que en el libro *El lado positivo del fracaso* escribí que la diferencia entre las personas promedio y las personas que logran el éxito es su percepción y respuesta al fracaso. solo porque sé que algo es verdadero y trate de ponerlo en práctica no significa que es fácil hacerlo.

> *La diferencia entre las personas promedio y las personas que logran el éxito es su percepción y respuesta al fracaso.*

En el 2005, a Rick Goad, un amigo íntimo, le diagnosticaron cáncer en el páncreas. Por un año anduve junto a él a través de las experiencias desiguales creadas por esta enfermedad. En un período de una semana él tendría esperanza y sentiría miedo, haría preguntas y hallaría respuestas, experimentaba reveses y posibilidades. Soportó muchos altibajos.

Esta experiencia resultó inesperada para Rick porque todavía era joven, apenas estaba en su cuarta década de vida. A lo largo de esta odisea le observé vivir un día a la vez, apreciando cada momento, buscando la esperanza en medio de la tribulación, amando a sus amigos y pasando tiempo con su Dios.

Más de una vez me dijo: «John, no habría escogido pasar por esto en mi vida, pero tampoco lo cambiaría por nada».

La desviación de Rick culminó con su muerte en el 2006. Fue algo descorazonador; pero Rick me enseñó a mí y a todos a su alrededor muchas cosas durante su temporada difícil. Al observarlo, aprendimos cómo vivir.

3. La falta de experiencia es costosa

A los sesenta años de edad miro hacia mi juventud y me avergüenza ver mi ingenuidad. Mi caja de herramientas de la experiencia tenía una sola: un martillo. Si lo único que uno tiene es un martillo, todo parece ser un clavo. Así que me la pasé martillando y martillando. Libré muchas batallas que no debí haber librado. Con entusiasmo guié a personas por callejones sin salida. Poseía la clase de confianza que solo los inexpertos poseen. No tenía idea de lo poco que sabía.

Harry Golden observó: «La arrogancia del joven es resultado directo de no conocer las consecuencias suficientes. El pavo que cada día se acerca glotonamente al granjero que le echa granos no está equivocado. Sencillamente nadie le ha contado acerca del Día de Acción de Gracias».[1] Cometí muchos errores como líder en mi juventud, pero fui afortunado. Ninguno de ellos fue desastroso. La mayor parte de los daños fueron infligidos a mi persona, y las organizaciones en las cuales fui líder no sufrieron consecuencias terribles de mi inexperiencia.

4. La experiencia también es costosa

La falta de experiencia puede ser costosa, pero la experiencia también lo es. Es un hecho que no es posible ganar experiencia sin pagar un precio por ello. El gran novelista estadounidense Mark Twain una vez comentó: «Conozco a un hombre que tomó a un gato por la cola y aprendió 40% más acerca de ellos que el hombre que no lo hizo». Uno solo tiene la esperanza de que el precio no sea mayor que la experiencia que se ganará, y algunas veces no es posible determinar cuál será el precio sino hasta después de haber adquirido la experiencia.

> «Conozco a un hombre que tomó a un gato por la cola y aprendió 40% más acerca de ellos que el hombre que no lo hizo».
> —Mark Twain

Ted W. Engstrom, el anterior presidente de World Vision, solía contar una historia acerca de la junta directiva de un banco que eligió a un joven brillante y agradable como sucesor del presidente que ya se jubilaba. El joven se acercó al anciano a pedirle ayuda.

La conversación empezó así: —Señor, ¿qué es lo más importante que debo poseer para sucederle con éxito como presidente de este banco?

El anciano respondió: —La capacidad de tomar decisiones, decisiones, decisiones.

—¿Y cómo aprendo eso? —preguntó el joven.

—Con experiencia, experiencia, experiencia —replicó el presidente jubilado.

—¿Y cómo obtengo experiencia?

El anciano le miró y le dijo: —Con malas decisiones, malas decisiones, malas decisiones.

Es como lo dice el antiguo refrán: la experiencia te da el examen primero y la lección después. La adquisición de experiencia puede ser costosa, pero no es tan costosa como el no adquirirla.

5. No evaluar la experiencia ni aprender de ella es más costoso aun

Es cosa terrible pagar el precio por obtener experiencia y luego no recibir la lección, pero eso le sucede con frecuencia a la gente. ¿Por qué? Porque cuando una experiencia es negativa, las personas a menudo huyen de ella. Dicen muy rápidamente: ¡Jamás volveré a hacer eso!

Mark Twain también tuvo algo que decir al respecto. Observó: «Si un gato se sienta sobre una estufa caliente, no se volverá a sentar sobre esa estufa caliente nunca más. De hecho, tampoco se sentará sobre una estufa fría». Un gato no tiene la capacidad mental de evaluar su experiencia y sacarle provecho. Lo único que le resta hacer es seguir sus instintos de supervivencia. Si deseamos obtener sabiduría y mejorar como líderes, tenemos que hacer algo más que eso. Necesitamos prestar atención a Allen Neuharth, fundador del diario *USA Today*, quien dijo: «No solo aprenda algo de toda experiencia; aprenda algo positivo».

> «No solo aprenda algo de toda experiencia; aprenda algo positivo».
> —Allen Neuharth

6. La experiencia evaluada eleva a un individuo por encima de la multitud

Las personas que tienen el hábito de reflexionar sobre sus experiencias, evaluar lo que salió mal y lo que salió bien, y aprender de ellas, son poco comunes. Pero cuando uno conoce a una de ellas, uno lo percibe. Existe la parábola de una zorra, un lobo y un oso. Un día fueron juntos de cacería, y después de que cada uno de ellos había capturado a un ciervo, discutieron sobre cómo dividir el botín.

El oso le preguntó al lobo su opinión sobre cómo debía hacerse. El lobo respondió que cada uno debía quedarse con un ciervo. De repente el oso se comió al lobo.

Entonces el oso le preguntó a la zorra cómo proponía dividir las cosas. La zorra le ofreció al oso su ciervo y luego le dijo que también se llevara el ciervo del lobo.

—¿De dónde aprendiste tal sabiduría? —preguntó el oso.

—Del lobo —respondió la zorra.

El jurista Oliver Wendell Holmes dijo: «El joven conoce las reglas, pero el anciano conoce las excepciones». Eso solo es cierto si el anciano se ha tomado el tiempo de evaluar sus experiencias y adquirir sabiduría de ellas.

La escuela de la vida ofrece muchos cursos difíciles. Nos inscribimos en algunos de ellos voluntariamente. Otros los tomamos inesperadamente. Todos pueden enseñarnos lecciones valiosas, pero solo si deseamos aprender y estamos dispuestos a reflexionar sobre sus lecciones. Si está dispuesto a hacerlo, ¿cuál será el resultado? Tal vez usted llegaría a ser ejemplo del sentimiento que expresara Rudyard Kipling en su poema «Si»:

> *«El joven conoce las reglas,*
> *pero el anciano conoce*
> *las excepciones».*
> *—Oliver Wendell Holmes*

Si puedes mantener intacta tu firmeza
cuando todos vacilan a tu alrededor,
Si cuando todos dudan, fías en tu valor
y al mismo tiempo sabes exaltar su flaqueza,
Si sabes esperar y a tu afán poner brida,
O blanco de mentiras, esgrimir la verdad,
O siendo odiado, al odio no le das cabida,
y ni ensalzas tu juicio, ni ostentas tu bondad:

Si sueñas, pero el sueño no se vuelve tu rey,
Si piensas y el pensar no mengua tus ardores;
Si el triunfo y el desastre no te imponen su ley
y los tratas lo mismo como dos impostores.
Si puedes soportar que tu frase sincera
sea trampa de necios en boca de malvados.
O mirar hecha trizas tu adora quimera
y tornar a forjarla con útiles mellados.

Si todas tus ganancias poniendo en un montón
las arriesgas osado en un golpe de azar,
y las pierdes, y luego con bravo corazón
sin hablar de tus perdidas, vuelves a comenzar.
Si puedes mantener en la ruda pelea

alerta el pensamiento y el músculo tirante,
para emplearlo cuando en ti todo flaquea
menos la voluntad que te dice adelante.

Si entre la turba das a la virtud abrigo,
Si no pueden herirte ni amigo ni enemigo,
Si marchando con reyes del orgullo has triunfado;
Si eres bueno con todos pero no demasiado,
Y si puedes llenar el preciso minuto
en sesenta segundos de un esfuerzo supremo,
tuya es la tierra y todo lo que en ella habita,
y lo que es más, ¡serás hombre, hijo mío!

No solo será un hombre, o mujer, de integridad y sabiduría, sino que también beneficiará a su gente porque será mejor líder.

EJERCICIOS DE APLICACIÓN

1. ¿Con qué frecuencia hace una pausa para reflexionar sobre sus experiencias? La mayoría de los líderes que conozco están en movimiento constante. Como resultado de ello, rara vez se toman el tiempo de detenerse a reflexionar sobre las experiencias de ese día o esa semana. ¿Saca usted el tiempo de evaluar sus experiencias y aprender de ellas? Si no lo está haciendo deliberadamente, probablemente no estará sacándole provecho a su experiencia y corre el riesgo de tener una misma experiencia veinticinco veces, en lugar de veinticinco años de experiencia. Planifique apartar quince minutos al final de cada día o una hora por semana para reflexionar sobre sus experiencias y aprender de ellas.

2. ¿Cómo registra lo que ha aprendido? Creo que las personas leen los refranes o afirmaciones que hago, tales como: «No puedo guiar a las personas si las necesito», del capítulo anterior, y piensan que las inventé para este libro. No es así. Cada dicho, afirmación o refrán es producto de los momentos de reflexión que he establecido en mi vida. Es una disciplina regular que he puesto en práctica desde mi juventud.

Cuando la vida le enseña una lección, ¿cómo la registra? ¿Sencillamente trata de recordarla y espera que las cosas resulten del mejor modo? Ese no es un sistema muy confiable. Adopte el hábito de escribir las lecciones que la vida le da. Puede anotarlas en un diario. Puede escribirlas en tarjetas de índice y archivarlas. Puede escribirlas en un archivo de computadora. ¡Solo asegúrese de capturarlas! Si logra hacer que sus pensamientos sean creativos y llamativos, no solo será más probable que los recuerde, sino que le será más fácil transmitírselos a otros.

3. ¿Cómo evalúa usted sus años? ¿Ha apartado tiempo para reflexionar sobre los eventos del año anterior? Si no, planifique hacerlo. Aparte un día entero, o más, para repasar el calendario del año y reflexionar sobre sus experiencias. Piense en lo mejor y lo peor que haya sucedido. Allí es donde se encuentran las mejores lecciones potenciales. Entonces dedique tiempo a escribir lo que ha aprendido.

Momento para mentores

Pídale a sus aconsejados que programen un momento semanal para reflexionar y evaluar sus experiencias. Por un período determinado, pídales que se reúnan con usted, o que le envíen un mensaje mensual por correo electrónico con los puntos sobresalientes de lo que han aprendido. Haga que los tiempos de contacto sean menos frecuentes una vez que empiece a observar que han adoptado la reflexión como disciplina regular.

18

—✦—

EL SECRETO PARA TENER UNA BUENA REUNIÓN ES LA REUNIÓN QUE SE CELEBRA ANTES

¿Qué opinión tiene de las reuniones? Si es como la mayoría de los lectores, no son su cosa favorita. Sé que ese es mi caso. Valoro la acción, el progreso y los resultados, tal como ocurre con la mayoría de los líderes. ¿Pero con qué frecuencia las reuniones a las cuales se le convoca se describen con esas cualidades? La mayoría son tan productivas como una pareja de osos panda apareándose en un zoológico. Las expectativas sobre ellas usualmente son muy elevadas, pero los resultados generalmente vienen a ser sumamente decepcionantes. Como observó el economista John Kenneth Galbraith: «Las reuniones son indispensables cuando uno no quiere hacer nada».

Hay una historia que disfruto acerca de una sala de conferencias en la cual la gerencia colocó los lemas siguientes en las paredes en un intento de inspirar a la gente que se reuniría allí:

La inteligencia no sustituye a la información.
El entusiasmo no sustituye a la capacidad.
La disposición no sustituye a la experiencia.

Rápidamente quitaron estos lemas después de que alguien añadiera su propio lema:

Una reunión no sustituye al progreso.

Cualquiera que haya pasado bastante tiempo en reuniones sabe que pueden tener minutas, pero usualmente desperdician horas; y siempre el resultado de una reunión es tener otra, así que uno ya sabe que está en un lío.

Algunas de las reuniones que nosotros mismos organizamos y conducimos no son nada mejores. ¿Alguna vez ha planificado una solo para ser víctima de una emboscada tendida por algunos de los convocados? Eso me sucedió al inicio de mi carrera. En la primera reunión de junta directiva que sostuve como líder, entré con un plan y una agenda, y tomó noventa y tres segundos para que el verdadero líder asumiera el control y nos condujera hacia donde quería ir. Durante los primeros años de mi liderazgo, me sentí como Gomer Pyle. ¿Recuerda a ese personaje del *Andy Griffith Show* y luego de *Gomer Pyle, USMC*? El pobre Gomer nunca tenía idea de nada. Nunca sabía lo que se le avecinaba y cuando enfrentaba lo inesperado, hacía una de dos cosas. O abría los ojos bien grandes y exclamaba: «¡Pues, caaaaaaaaray!», o sonreía de oreja a oreja y gritaba: «¡Sorpresa, sorpresa, sorpresa!». No sé usted, ¡pero yo no quiero ser un líder tipo Gomer Pyle!

Algunas personas reaccionan a las dificultades que tienen con alguna reunión tratando de sorprender a los asistentes, pero cuando el líder sorprende a la gente, esta eventualmente le voltea la situación y termina sorprendiendo al líder. Otros reaccionan tornándose cínicos. Después de haber servido en varios comités y asistido a muchas reuniones, Harry Chapman escribió una lista de reglas para ayudarle a tratar con el asunto:

- Nunca llegue a tiempo: eso le delata como principiante.
- No diga nada hasta que la reunión haya terminado: eso le distingue como sabio.
- Sea tan vago como sea posible: así evita irritar a otros.
- En caso de duda, sugiera que se nombre un subcomité.
- Sea el primero en proponer que se levante la sesión: esto le dará popularidad, eso es lo que todos están esperando.[1]

También hay otros que sencillamente se dan por vencidos y las evitan del todo, pero esa no es una gran solución. Uno ciertamente no quiere tener reuniones por el simple hecho de hacerlo, pero hay veces que es necesario reunirse con otros. En esas ocasiones, el propósito es lograr algo específico. Para ser un buen líder, hay que aprender a hacer que las reuniones sean eficaces.

EL SECRETO DE UNA BUENA REUNIÓN

A causa de mi frustración con las reuniones, en particular las «oficiales» de la junta directiva, decidí pedir consejo a uno de mis mentores, Olan Hendrix. Mientras almorzábamos, le dije: «Estoy sumamente frustrado con mis reuniones. No son productivas, la gente a veces no coopera, y a veces se prolongan demasiado. ¿Cómo puedo hacer que sean más eficaces?».

Olan me explicó que usualmente fracasan por dos razones principales:

1. El líder no tiene un orden del día claro.
2. Otras personas en la reunión tienen su propio orden del día.

Cualquiera de esas situaciones lleva a sorpresas.

—John —resumió—, a nadie le gustan las sorpresas, a menos que sea su día de cumpleaños.

—Entonces, ¿qué hago? —pregunté.

—Oh, eso es fácil —respondió—. Celebra tu reunión antes de la reunión.

Olan entonces me explicó que yo necesitaba determinar quiénes eran las personas clave que asistirían a cualquiera de mis reuniones y que tuviera una junta con ellos (ya sea individualmente o en grupos pequeños) con antelación para asegurar que estábamos de acuerdo. De esa manera, la reunión regular avanzaría con menos problemas. ¡Qué revelación!

> *La mayoría de las personas tienden a rechazar lo que desconocen.*

La mayoría de las personas tienen un concepto equivocado en cuanto al propósito de las reuniones. Creo que muchos de nosotros las consideramos como medios para ahorrar tiempo. Uno convoca a un montón de gente en una sala para poder comunicar un mensaje una sola vez. Esa es la forma incorrecta de verlas. ¡Las reuniones son para llevar a cabo cosas! Para hacer eso, frecuentemente es necesario tener una reunión antes de la reunión para preparar a las personas. Estas son las razones de ello:

La reunión antes de la reunión le ayuda a obtener apoyo

La mayoría de las personas tienden a rechazar lo que desconocen. Eso sencillamente se debe a la naturaleza humana. Reaccionan de modo mucho más positivo cuando están informados. Cuando uno da información que sorprende a los demás, su primera reacción natural es con frecuencia negativa. Si comunica noticias sorprendentes a un grupo de personas, y los individuos más insistentes e influyentes reaccionan de modo negativo, entonces es probable que todo el grupo reaccione negativamente. Eso puede descarrilar una reunión o aun detenerla. Por eso es que usted quiere asegurarse que esos individuos insistentes e influyentes estén de acuerdo con antelación.

La reunión antes de la reunión ayuda a los seguidores a obtener perspectiva

Lo que la gente ve lo determina el sitio dónde se sienta. Naturalmente verán las cosas desde su propia perspectiva, y no la de nadie más, incluyendo la suya. Como líder, necesita ayudar a sus seguidores a que vean las cosas como las ve usted. Esto requiere de tiempo e intención.

No es posible tomar atajos en el proceso y esperar que las personas vean las cosas desde su punto de vista. Los líderes que desean que su gente siga sus sugerencias «porque sí» no llegarán muy lejos con ese tipo de enfoque posicional. No les sorprenda ni espere que capten todo sobre la marcha. Si lo hace, probablemente ellos llegarán al punto en el cual se plantarán y se negarán a seguir adelante. Dé a los individuos influyentes la perspectiva correcta antes de la reunión y ellos le ayudarán a transmitirla a los demás.

La reunión antes de la reunión le ayuda a aumentar su influencia

El liderazgo es influencia, nada más y nada menos. ¿Cómo se obtiene influencia con las personas? Se invierte en ellas. ¿Y cómo se invierte en ellas? Se empieza con invertir tiempo. Si el único tiempo que usted pasa con los individuos es durante las reuniones, y en su transcurso les pide que hagan las cosas conforme a su orden del día, ¿qué clase de mensaje está enviando? De ese modo no edifica ningún tipo de relación positiva con la gente. Los individuos no se sentirán valorados. Esto no hace nada por ellos ni por su influencia.

La reunión antes de la reunión le ayuda a desarrollar confianza

Una de las responsabilidades más difíciles del líder es ser un agente de cambio para la organización. Para crear cambios, necesita tener la confianza de su gente. Si celebra una reunión antes de la reunión, esto le dará la oportunidad de desarrollarla. Puede responder a preguntas. Puede compartir sus motivos con mayor facilidad. Puede cubrir detalles que de otro modo no desearía mencionar en público. Y, lo más importante, puede ajustar el mensaje según el individuo con quien se está comunicando.

La reunión antes de la reunión le ayuda a evitar que lo tomen desprevenido

Los buenos líderes usualmente son bastante buenos para saber lo que está sucediendo. Tienen una fuerte intuición de liderazgo; están conectados con su gente. Por lo general tienen un buen dominio de los aspectos intangibles, tales como la moral, el impulso, la cultura, etc. Pero aun los mejores líderes pueden pasar algo por alto. Algunas veces durante la reunión antes de la reunión, la persona con quien la realizan les da información o perspectiva que les ayudará a evitar cometer un error grave de liderazgo.

Después de que Olan me ayudara a comprender la importancia de la reunión antes de la reunión, también me explicó la mejor manera de estructurar una junta oficial para mantenerla en rumbo y asegurar que fuera productiva. Me sugirió que las preparara usando las tres categorías siguientes para el orden del día:

- **Puntos informativos:** Durante la primera parte del orden del día, mi tarea sería dedicar unos minutos a comunicar lo que ha sucedido en la organización desde la última reunión oficial. Estos puntos no requieren de discusión ni de comentarios.
- **Puntos de estudio:** La segunda parte contiene asuntos que requieren de discusión abierta y honesta, sin embargo, no se debe tomar ningún tipo de decisión ni votación sobre estos puntos en esta ocasión. Al cerrarse la discusión, se debe determinar si los puntos serán colocados en la categoría final durante la reunión siguiente.
- **Puntos de acción:** Esta sección final contiene los puntos que requieren de decisiones. solo los puntos que habían ocupado un lugar entre los puntos de estudio del orden del día de la reunión anterior califican para ser puntos de acción. Y se trasladan a la sección de acción únicamente después de haber sido procesados por completo.

El sistema de Olan me fue revelador. No solo me dio una pista sobre la cual podía correr, sino que, si lo utilizaba correctamente, cada una de las reuniones servía para preparar la siguiente.

MI LIDERAZGO DEPENDÍA DE ELLO

Tan pronto como Olan Hendrix me familiarizó con la importancia de la reunión antes de la reunión, empecé a ponerla en práctica de inmediato, y eso hizo una diferencia enorme en mi eficiencia de líder. Para cuando llegué a ser el pastor principal de Faith Memorial Church en Lancaster, Ohio, en 1972, creo que no sería exageración decir que mi capacidad de guiar dependió de usar este método.

El líder previo de esa iglesia había renunciado como consecuencia de tener una mala relación con Jim, el presidente de la junta directiva y líder laico de la congregación. En el momento que acepté la posición, comprendí que mi éxito como líder sería determinado en gran parte por mi relación con este individuo influyente.

En mi primer día como líder oficial de la iglesia, me cité con Jim. Mi orden del día tenía dos propósitos: (1) dar el paso inicial para establecer una buena relación con él, y (2) pedirle su apoyo. Hablamos de muchas cosas durante esa primera reunión. Afortunadamente, pude ganarme su disposición. Una de las cosas a las que me comprometí fue a reunirme con él antes de nuestras reuniones mensuales de la junta directiva.

—Nunca habrá secretos ni sorpresas —le prometí—. Antes de traer un punto a la reunión con la junta directiva, te lo traeré a ti.

Jim convino en trabajar conmigo ese día y cumplí mi palabra con él. Por ocho años tuve mensualmente con él la reunión antes de la reunión. Juntos discutíamos los asuntos hasta que llegábamos a un acuerdo en cuanto a las acciones que recomendaríamos a la junta directiva. Su apoyo fue una clave del éxito de mi liderazgo, no solo porque era el individuo más influyente de la organización cuando llegué a ella, sino también porque conocía su historial, estaba familiarizado con todas las personalidades y comprendía los puntos de conflicto de cada uno. Las reuniones de junta directiva que dirigí fueron eficaces porque iban precedidas de mis reuniones con Jim.

CON QUIÉN REUNIRSE

La idea de tener la reunión antes de la reunión tiene implicaciones y aplicaciones más amplias que solo sentarse con la persona más influyente de un grupo determinado antes de una reunión con la junta directiva. He dedicado una gran parte de mi carrera liderando voluntarios, en tal caso el líder no posee el incentivo del salario y no puede imponer la amenaza de quitarle el empleo a nadie. Los voluntarios le siguen solo si *quieren* hacerlo. Como resultado de ello, los líderes de voluntarios trabajan continuamente por edificar un consenso con los demás.

Cada vez que he planeado hacer cambios grandes, o que he trabajado para vencer algún gran desafío, he sostenido reuniones antes de las reuniones para crear un apoyo. Digamos, por ejemplo, que yo quiero establecer un cambio significativo que impactará a toda la organización. Empiezo por reunirme con la junta directiva, después de celebrar mi reunión antes de la reunión con alguien como Jim.

> *«Planificar bien siempre cuesta menos que reaccionar bien».*
> —Wayne Schmidt

El siguiente grupo con el que me quiero reunir es con los líderes principales de la organización. De nuevo, tendré una reunión antes de la reunión con uno o dos individuos clave (algunas veces juntos, otras por separado) antes de tenerla con esos líderes. Pero en este punto todavía no estoy preparado para reunirme con toda la organización. Tengo una reunión más antes de la reunión, esta vez con las personas más influyentes dentro de la misma (el 20% principal), los líderes y promotores que llevan a cabo las cosas y que influyen sobre la mayor parte del resto. Una vez que me he reunido con ellos y les he dado tiempo para procesar la información y para lograr su apoyo, entonces y solo entonces celebro la reunión con toda la organización.

Cuanto más grande sea el proyecto o cambio hecho a la organización, tanto más largo será este proceso. Es como pilotar un avión, cuanto más grande sea la aeronave, tanto más larga será la pista de despegue. Requiere tiempo lanzar una idea grande o hacer un cambio dramático.

Si usted es alguien que dirige reuniones, le sugiero que tome los consejos siguientes:

- Si no puede tener una reunión antes de la reunión, no la tenga.
- Si logra tener una reunión antes de la reunión, pero las cosas no van bien en ella, no la realice.
- Si tiene una reunión antes de la reunión y sale tan bien como esperaba, ¡entonces sí téngala!

Tener reuniones buenas y productivas en realidad es cuestión de preparación y planificación. Como me lo dijo una vez Wayne Schmidt, un amigo maravilloso: «Planificar bien siempre cuesta menos que reaccionar bien».

Lo que empieza bien termina bien. Cuanto más se prepare para la reunión antes de la reunión, tanto menos tendrá que dedicar al control de los daños después que termine. Un líder nunca tiene que recuperarse de un buen inicio.

Durante los veintiséis años que dirigí a voluntarios, todas las organizaciones que dirigí eran congregaciones. Eso significa que todas las decisiones principales serían oficiales únicamente con la aprobación de todos los miembros. (¿Se imagina si alguien intentara hacer eso en el ámbito corporativo?) Durante mi carrera, eso significó que tuve que tratar con muchos tipos diferentes de asuntos, desde decisiones pequeñas hasta la aprobación de una reubicación que costaría $35 millones. En todo ese tiempo, el peor resultado de una votación que obtuve bajo mi liderazgo fue de 83%. Ese es un historial sobresaliente en el mundo eclesiástico. ¿Por qué fue tan exitoso mi liderazgo? Fue porque escuché a Olan Hendrix cuando era un líder joven y continuamente practiqué el tener una reunión antes de la reunión. El consejo de Olan tiene poder para hacer cosas similares en su caso.

> *Un líder nunca tiene que recuperarse de un buen inicio.*

El secreto para tener una buena reunión es la reunión que se celebra antes

EJERCICIOS DE APLICACIÓN

1. ¿Tienen estructura sus reuniones? Muchos líderes no emplean una estructura fija para sus reuniones. Como resultado de ello, sus reuniones se escapan de su control. ¿Cómo estructura sus reuniones? ¿Las ha planificado de modo que obtenga los resultados máximos? En caso negativo, intente utilizar el patrón descrito en este capítulo: puntos informativos, puntos de estudio y puntos de acción.

2. ¿Ha establecido contacto con el influyente clave? ¿Quién es la persona más influyente en las reuniones que usted preside? ¿Ha establecido contacto con este individuo? ¿Pasa tiempo con él o ella fuera de las reuniones? Si no, empiece a tener la reunión antes de la reunión con esta persona. No es necesario que le prometa nada, como lo hice yo con Jim. Tal vez quiera decir sencillamente: «¿Podemos reunirnos? Quiero discutir un par de ideas con usted».

Si nunca ha edificado una relación con individuos clave de esta manera, o si se ha dado de coces con ellos en el pasado, podría tomar cierto tiempo y varias reuniones antes de que estén dispuestos a compartir sus opiniones. Trabaje para lograr discusiones abiertas y un consenso.

3. ¿Cuál es su plan para el siguiente cambio grande? Si es responsable de iniciativas que afectan a una organización o departamento grande, no puede darse el lujo de ponerlas en marcha sin planificar reuniones antes de las reuniones. Planifique las reuniones según los niveles de influencia de los individuos:

- Empiece con los que influyen a los líderes con posiciones más elevadas.
- Después reúnase con los líderes en posiciones elevadas.
- Luego reúnase con 20% de los individuos influyentes principales del departamento u organización.
- Después reúnase con todos en el departamento u organización.

Siempre planifique estas reuniones previas como parte de sus preparativos, y no avance hasta que pueda celebrarlas.

Momento para mentores

Discuta con sus aconsejados cómo se preparan para sus reuniones y cómo procesan a su gente a través de decisiones e información. Hable con ellos en cuanto a una estrategia para una decisión inminente y ayúdeles a identificar las reuniones antes de la reunión que es necesario que tengan y con quién deben realizarlas.

19

SEA UN INSTRUMENTO DE CONEXIÓN, Y NO TAN SOLO ALGUIEN QUE ASCIENDE

Al principio de mi carrera creía que el liderazgo era una competencia. Mi meta era demostrar y mejorar mi clasificación. Trabajaba duro, y cada año no podía esperar a que se publicara el reporte anual con las estadísticas de todos los líderes de mi denominación. Comparaba mis cifras con las de los demás. Trazaba una gráfica de mi progreso. Revisaba para ver a quién había rebasado. Observaba los líderes que me aventajaban pero que estaban a mi alcance. Cada año me acercaba más a la cima y eso me daba una gran sensación de satisfacción. ¡Estaba ascendiendo!

Sin embargo, había problemas graves con mi modo de pensar. Estaba operando bajo dos conceptos erróneos fundamentales: Primero, pensaba que el título que ostentaba me convertía en líder. Segundo, pensaba que ascender por la escalera del liderazgo era una prioridad más importante que establecer conexión con las personas. El meollo del asunto es que no me percataba de que el liderazgo tiene que ver tanto con relaciones como con posiciones.

Recibí mi primera llamada de atención cuando dirigí mi primera reunión de junta directiva. Tenía el «derecho» de ser el líder, pero carecía de las relaciones personales. Los asistentes a la reunión me escucharon con cortesía, pero no me seguían. Seguían a Claude, un granjero que había formado parte de la iglesia desde antes de que yo hubiera nacido. Observar que las

> *El liderazgo tiene que ver tanto con relaciones como con posiciones.*

personas seguían basadas en la relación personal en lugar de la posición al principio fue motivo de frustración para mí. Me tomó casi una década comprender que a las personas no les importa cuánto sabe uno hasta que sepan cuánto le importan ellos a uno. Me hubiera gustado que alguien me dijera eso antes. Tal vez lo hizo, pero yo estaba demasiado ocupado como para escuchar tratando de adelantar mi posición y como resultado de ello no estaba estableciendo conexiones con la gente.

Con esto no quiero decir que hay algo de malo en ascender. No es posible crear progreso si uno permanece en una planicie. Los líderes están diseñados para ascender por naturaleza. Son agresivos; inician las cosas; ven oportunidades y las buscan antes que los demás. La mayoría de los líderes tienen espíritu de competencia, y llegar a la cima es parte de su composición química. Así que la pregunta para el líder no es: ¿debe intentar llegar a la cumbre? La pregunta es: ¿cómo debe intentar llegar allá? Llegar a la cumbre sin establecer conexión con nuestra gente a lo sumo nos permite guiar a las personas sin contar con su alianza. En el peor de los casos, socava nuestro liderazgo y hace que sea de corta duración. Las personas sobre las cuales usted trepa para llegar a la cima buscarán la oportunidad de derribarle.

CAMBIO DE ACTITUD

En el transcurso de los años he observado a muchos líderes jóvenes que ascendieron sin establecer conexiones. Colocaron el aspecto de la posición de su liderazgo por delante del aspecto de las relaciones personales, jugando una especie del juego de niños llamado «rey de la colina», en donde tumban a los demás para mantenerse a sí mismos en la cima. Creo que muchos líderes jóvenes que están empezando no se percatan de que el juego del liderazgo puede jugarse de otra manera. Pero llega el punto en la experiencia de todo líder en el cual confronta una decisión: ¿Competirá contra los demás sin importar el costo, trepando sobre los demás para asegurarse de llegar a la cima, o establecerá conexiones con los demás para ayudarlos en lo que pueda?

Recuerdo bien cuando enfrenté esa decisión. Al principio en mi primera labor pastoral, deseaba enseñar a mi congregación cómo administrar su tiempo, talentos y finanzas. Sabía que la mayordomía de los recursos es algo importante, pero debido a mi falta de experiencia, no tenía recursos de los cuales echar mano que me ayudaran. Fui a una librería ubicada en Bedford, Indiana, en busca de materiales y no pude hallar nada. Mientras conducía de regreso a casa, sabía que podía darme por vencido, o podría tratar de desarrollar mis propios materiales. Sabía que esta sería una tarea sumamente difícil y que consumiría mucho tiempo, pero estaba dispuesto a intentarlo.

Me tomó meses desarrollar el material partiendo de lo que parecía ser el aire mismo, pero después de muchas horas de preparación, estaba listo para lanzar mi primer «mes de la mayordomía». Para mi deleite, ¡fue un gran éxito! Nuestra asistencia aumentó, nuestras finanzas incrementaron y las personas empezaron a ofrecer sus servicios de voluntarios. Fue una experiencia transformadora para nuestra pequeña iglesia y causó un impulso enorme. Sus resultados pudieron verse en el informe anual, cuando las cifras de la iglesia aumentaron de modo dramático.

Pronto se corrió la voz de que algo emocionante había sucedido en nuestra iglesia. Y no pasó mucho tiempo antes de que líderes de otras iglesias me pidieran que les enseñara a hacer lo que yo había hecho. En ese instante, tuve un dilema. ¿Qué hacer? ¿Me guardaría lo que había aprendido solo para mí, sin compartirlo con mis colegas? ¡De esa manera podría mantener mi ventaja y trepar sobre muchos de ellos en la escalera del liderazgo! ¿O compartiría con ellos todo lo que había aprendido a fin de que también tuvieran éxito?

Me avergüenza reconocer que luché con esa decisión por muchos días. En realidad deseaba mantener mi ventaja y seguir ascendiendo, pero finalmente decidí no acaparar lo que tenía. Elegí compartirlo con los demás y empecé a establecer conexiones. Lo que me sorprendió fue lo satisfecho que me sentí después de haber ayudado a aquellos líderes a enseñar la mayordomía a sus congregaciones.

Durante los veinticuatro años siguientes, dirigí un mes de mayordomía anual con mis congregaciones; y cada año después de terminar, puse mis lecciones a disposición de otros líderes para que las utilizaran también. Eso terminó conectándome con muchos otros líderes alrededor del país. Lo irónico es que al mantener una perspectiva de abundancia y de compartir lo que tenía con los demás, en realidad ascendí en reputación nacional como líder en el área de mayordomía.

Esa disposición de ser un instrumento de conexiones y no tan solo uno que asciende dio otros resultados también. En 1992 luego de ser abordado por líderes de otras iglesias pidiendo que les ayudara a aprender a colectar fondos, fundé la empresa INJOY Stewardship Services. Hasta la fecha, ¡la empresa ha ayudado a más de 3.500 congregaciones en Estados Unidos a recaudar más de $3 mil millones de dólares!

¿QUÉ CLASE DE LÍDER ES USTED?

La mayoría de los líderes caen por naturaleza ya sea en la categoría de los que ascienden o en la de los instrumentos de conexión. Están sumamente enfocados en las posiciones o lo están en las relaciones personales. ¿Qué clase de líder es usted? Vea algunas de las diferencias entre los que ascienden y los instrumentos de conexión:

Los que ascienden piensan verticalmente — Los instrumentos de conexión piensan horizontalmente

Los que ascienden siempre están agudamente conscientes de quiénes están delante y quiénes detrás en las posiciones o en el organigrama. Son como lo era yo en mi juventud, los que leen los informes para ver qué posición ocupan. Ascender es sumamente importante y la idea de descender es horrible. Por otro lado, los instrumentos de conexión se enfocan en moverse hacia donde hay otros. Piensan más sobre quiénes les acompañan en la travesía y cómo pueden traerlos a su lado para viajar juntos.

Los que ascienden se enfocan en las posiciones — Los instrumentos de conexión se enfocan en las relaciones

Debido a que los que ascienden siempre piensan en escalar, frecuentemente se enfocan en su posición. Sin embargo, los instrumentos de conexión se enfocan más en las relaciones personales. A diferencia de las personas enfocadas en la posición que desean ascender por la escalera del liderazgo, las personas que valoran las relaciones se enfocan más en construir puentes.

Los que ascienden valoran la competencia — Los instrumentos de conexión valoran la cooperación

Los que ascienden ven casi todo como una competencia. Para algunos, eso significa que hay que ganar a cualquier costo. Para otros significa ver el éxito como un juego que se disfruta. Tanto los unos como los otros desean terminar en la cima. No obstante, los instrumentos de conexión se interesan más por utilizar sus relaciones con los demás para propiciar la cooperación. Ven el trabajar juntos como una victoria.

Los que ascienden buscan poder — Los instrumentos de conexión buscan asociaciones

Si su perspectiva es la de siempre ganar, entonces usted desea el poder por naturaleza porque eso le ayuda a ascender y llegar a la cima más rápidamente. Sin embargo, ascender la escalera del liderazgo en realidad no es un esfuerzo solitario. Todo lo que pueda lograr solo palidece en comparación con las cosas que puede lograr con un equipo de personas. La forma de crear equipos sumamente poderosos es formar asociaciones, lo cual es lo que los que establecen conexiones tienden a hacer.

> *Las personas enfocadas en la posición desean ascender por la escalera del liderazgo, las personas que valoran las relaciones se enfocan más en construir puentes.*

Los que ascienden edifican su imagen — Los instrumentos de conexión edifican un consenso

Debido a que el ascenso y descenso por la escalera a menudo depende de la percepción que los demás tengan del desempeño de un individuo, los que ascienden frecuentemente están preocupados por su imagen. Su siguiente promoción puede depender de ella. Los instrumentos de conexión se preocupan más por que todos tengan un mismo sentir para que puedan trabajar juntos.

Los que ascienden quieren estar aparte — Los instrumentos de conexión quieren estar junto con otros

Los que ascienden buscan distinguirse de los demás en la organización. Al igual que los corredores, buscan crear separación, dejar a los demás atrás. Los instrumentos de conexión, por otro lado, buscan maneras para acercarse a los individuos, hallar puntos en común para poder levantarse junto con ellos.

Tal vez he pintado un cuadro poco halagador de los que ascienden. No me propuse hacerlo. Después de todo, esa es mi inclinación natural; pero el éxito en el liderazgo viene hacia los que adoptan lo mejor de ambas características. La mayoría de los que ascienden tienen desafíos en sus relaciones personales. Según un estudio que se reporta en el libro *Why Smart People Fail* [Por qué fracasan los inteligentes], los problemas más grandes que tienen los profesionales no se relacionan con su competencia; están vinculados con sus relaciones personales. Una encuesta de más de dos mil empresarios les pedía que examinaran las razones por las cuales sucedieron los tres despidos más recientes de sus negocios. Dos de cada tres dijeron que se debían a que la persona despedida no se llevaba bien con los demás.

> *Si asciende sin establecer conexiones, podrá ganar autoridad, pero no tendrá muchos amigos.*

Si asciende sin establecer conexiones, podrá ganar autoridad, pero no tendrá muchos amigos. La meta de todo líder debe ser hacer amigos y ganar autoridad. De modo que si usted es de los que ascienden, tal vez tendrá que atemperar su espíritu de competencia y aminorar el paso para poder edificar relaciones personales. Judith Tobin sugiere el valor de cinco cualidades que podrían ayudarle a establecer conexiones con los demás:

- **La comprensión** tolera las diferencias en la gente y las considera como algo interesante.
- **La sensibilidad** conoce los sentimientos personales y se ajusta rápidamente al estado anímico de los demás.
- **La coherencia** ofrece la cualidad de ser «real», no falso, y solo prodiga cumplidos sinceros.
- **La seguridad** no busca ser «el más grande»; sabe que si otros ganan, eso no equivale automáticamente a una derrota.
- **El buen humor** se ríe de sí mismo; no es sensible en exceso.

Por otro lado, si usted se conecta bien con los demás pero posee muy poco deseo de ascender, podrá terminar con muchos amigos, pero no tendrá mucha autoridad para lograr nada. Si por naturaleza establece conexiones, trabaje para aumentar su energía e intensificar su sentido de propósito y urgencia. Los líderes más eficientes siempre logran equilibrar el establecer conexiones con el ascender.

EL CAMBIO HACIA LAS CONEXIONES

Si uno estudia la historia de los conceptos de administración y liderazgo, descubre que en los últimos cien años, lo que se estimaba valioso en los círculos de líderes ha cambiado constantemente, y muchas modas de administración han ido y venido en ese período. Hemos avanzado de las ideas de John D. Rockefeller y la Standard Oil Trust a los días de Bill Gates y Microsoft. En el transcurso de un siglo, los empleados han laborado bajo los practicantes del orden y control: líderes que orgullosamente juraron que nunca tendrían una úlcera pero que sí causarían muchas. Han funcionado bajo el concepto de administración por temor, administración por objetivos y administración participativa.

Si usted se conecta bien con los demás pero posee muy poco deseo de ascender, podrá terminar con muchos amigos, pero no tendrá mucha autoridad para lograr nada.

Pero en años recientes ha habido un movimiento de retorno a ciertos fundamentos basados en la sabiduría antigua: tener respeto, desarrollar la confianza, identificar la visión, escuchar a la gente, sentir el entorno y actuar con valor. En el siglo VI A.C., el sabio chino Lao-tzu aconsejó a los líderes a ser desinteresados y a mantener el egocentrismo bajo control para ser más eficientes. Él animaba a dirigir sin ser dominante, a ser abierto y receptivo: «El líder sabio», dijo, «es como una partera, que no interviene innecesariamente, a fin de que cuando nace el niño, la madre pueda decir justamente: "¡Lo logramos por nosotros mismos!"». Ese tipo de perspectiva requiere de un enfoque más relacional hacia el liderazgo.

En el transcurso de mi carrera, he cambiado de ser alguien que asciende a uno que establece conexiones, y no me arrepiento. Puedo resumir el avance en mi forma de pensar de la manera siguiente:

Quiero ganar.
Quiero ganar, y tú puedes ganar también.
Quiero ganar contigo.
Quiero que ganes, y si lo haces yo también gano.

El éxito es efímero, pero las relaciones son duraderas. Si usted adopta la perspectiva de establecer conexiones en su liderazgo, tendrá una mejor probabilidad de lograr el éxito, porque nadie jamás ha logrado algo trascendental por sí solo. Pero aun si no alcanza el éxito en un esfuerzo en particular, al menos habrá hecho amistades en el camino. Eso no solo hace que la travesía sea más agradable, sino que le prepara para el éxito en el futuro. Nunca se sabe en qué manera nos podremos ayudar unos a otros mientras se sigue adelante en el liderazgo.

Sea un instrumento de conexión, y no tan solo alguien que asciende

Ejercicios de aplicación

1. ¿Cuál es su inclinación natural? ¿Es usted alguien que establece conexiones o que asciende? Utilice los lineamientos dados en este capítulo para identificar su tendencia. Ponga una marca junto a la frase que mejor le describe.

Asciende	Establece conexiones
Piensa verticalmente	Piensa horizontalmente
Se enfoca en las posiciones	Se enfoca en las relaciones personales
Valora la competencia	Valora la cooperación
Busca poder	Busca asociaciones
Edifica su imagen	Edifica consenso
Quiere estar aparte	Quiere estar junto con otros

2. ¿Cómo puede llegar a ser un mejor instrumento de conexión? Si por naturaleza usted es alguien que asciende, probablemente necesita establecer más conexiones con las personas. Intente algunas de las cosas siguientes:

- *Camine lentamente por los pasillos.* Tómese el tiempo de recorrer el sitio de trabajo cada día para establecer conexión con las personas y forjar relaciones personales.
- *Recuerde que las personas son seres humanos y no tan solo recursos para ser utilizados.* Los líderes algunas veces deshumanizan a los demás y piensan en ellos solo en términos de la misión; conozca a su gente y trate de ver las cosas desde su punto de vista.
- *Ponga a otra persona delante de usted.* Los que ascienden tienden a tener una perspectiva de «primero yo»; piense en maneras de poner a alguien adelante en alguna forma pequeña cada día.
- *Deje su orden del día a un lado.* Los líderes tienen agendas: lugares donde ir, personas a quienes ver y cosas que hacer; esté atento a un momento de su día en el que pueda poner el orden del día a un lado por quince minutos, con el fin de establecer una conexión personal.

- *Ponga la atención en los demás.* Una de las maneras que le ayudará a obtener perspectiva es elogiar y darle crédito a la labor de los demás; haga eso al menos una vez al día, cada día.

3. ¿Cómo puede ser alguien que asciende mejor? El antiguo historiador griego Heródoto dijo: «La desgracia más odiosa de la humanidad es que un sabio carezca de influencia». Si usted ha establecido conexiones con los demás pero carece de influencia, entonces podría estar desperdiciando su potencial. Aumente su capacidad de ascender por medio de hacer lo siguiente:

- *Defina su propósito.* Dedique cierto tiempo al lado estratégico de la ecuación del liderazgo; sepa por qué está en su posición y cumpla su propósito.
- *Agudice su enfoque.* Algunos individuos orientados hacia las personas tienden a perder el enfoque; si eso le describe, aparte períodos no interrumpidos que le permitan llevar a cabo cosas sin tener que interactuar con los demás.
- *Apriete el paso.* Ya que establecer conexiones con otras personas frecuentemente requiere que el líder aminore el paso, usted podría estar acostumbrado a trabajar a un ritmo demasiado relajado; presiónese para acelerar el ritmo.

MOMENTO PARA MENTORES

Ayude a sus aconsejados a verse a sí mismos según lo que son por naturaleza: alguien que asciende o un instrumento de conexión. Condúzcales a través de los ejercicios de aplicación previamente dados correspondientes a su tipo. Observe cómo interactúan con los demás y déles sugerencias específicas que les ayuden a mejorar en el área que tienen deficiencia.

20

LAS DECISIONES QUE TOMA LE HACEN SER QUIEN ES

Nuestro equipo estaba terminando una semana de gira de promoción de libros y estábamos a punto de aterrizar en Atlanta. Después de haber visitado veinte ciudades en siete días, ¡se sentía bien volver a casa!

Mientras el pequeño avión privado se acercaba a la pista de aterrizaje, estábamos celebrando el éxito de esa semana. Entonces, en un instante, todo cambió. Nuestro avión fue golpeado por un viento de corte y cayó directamente sobre la pista de aterrizaje, con las ruedas desequilibradas. Todas las conversaciones cesaron y nuestros ojos se abrieron al percatarnos de que corríamos peligro. El piloto, sin dudarlo, aceleró los motores y lanzó al avión nuevamente al aire. En fracción de segundos pasamos de celebración a reflexión seria. ¡Sabíamos que eso pudo haber sido nuestro fin! Permanecimos sentados en silencio mientras el avión rodeaba el aeropuerto y unos cuantos minutos después aterrizamos de modo seguro.

Todos aplaudimos y entonces empezamos a relajarnos y respirar tranquilos. Al bajar del avión, le dimos las gracias al capitán por mantenernos a salvo. Le dije: —Eso estuvo cerca. Usted respondió muy rápidamente a la crisis. ¿Cuándo decidió volver a elevar el avión en el aire?

Su respuesta me sorprendió: —Hace quince años atrás.

Procedió a explicarme cómo cuando era un piloto joven y estaba recibiendo entrenamiento, resolvió por adelantado la decisión que tomaría en todo percance posible en el aire.

—Tomé la decisión mucho antes de la crisis —dijo.

> *Las personas exitosas toman las decisiones correctas temprano y manejan esas decisiones diariamente.*

En mi libro *Hoy es importante* escribí: «Las personas exitosas toman las decisiones correctas temprano y manejan esas decisiones diariamente». Debido a que este piloto había tomado la decisión quince años atrás de siempre elevar el avión, en aquel día con nosotros él sencillamente manejó esa decisión previamente tomada. Como lo observó el teólogo inglés H. P. Liddon: «Lo que hagamos en alguna gran ocasión probablemente dependerá de lo que ya somos, y lo que ya somos es el resultado de los años anteriores de autodisciplina». Estoy agradecido por la disciplina de nuestro piloto en aquel día.

La decisión es suya

Tal vez la facultad más poderosa que tenemos en la vida es la facultad de escoger. Sin duda, las decisiones son el factor que determina el resultado de nuestras vidas. Frecuentemente he escuchado al legendario entrenador de baloncesto John Wooden decir: «En todo lo que hagas hay una decisión que tomas. Así que recuerda que al final, la resolución que escoges te hace ser quien eres». Algunas personas se complican la vida mucho a causa de sus malas decisiones. Otros viajan por ella con mayor facilidad a causa de las buenas decisiones que han tomado. Sin importar el camino que una persona decida seguir, una cosa sé: no siempre obtenemos lo que deseamos, pero siempre obtenemos lo que escogemos.

> *«En todo lo que hagas hay una decisión que tomas. Así que recuerda que al final, la resolución que escoges te hace ser quien eres».*
> —John Wooden

Una vez, en una conversación con el entrenador Wooden, le pregunté en cuanto a tomar decisiones y los remordimientos. Por unos instantes este hombre legendario de noventa y seis años de edad permaneció callado en su silla pensando sobre esa pregunta. Luego se inclinó hacia delante y dijo:

—John, al reflexionar sobre mi vida, veo cosas que me gustaría haberlas hecho diferentes. Pero si tomé la mejor decisión posible en el momento que me era necesario tomarla, entonces no me arrepiento de ella. —Y luego concluyó—: Debes ser fiel a ti mismo.

A mis sesenta años de edad, miro algunas de las decisiones que he tomado y creo que siempre he tratado de ser fiel a mí mismo. Como líder, he tomado miles. Eso es algo que los líderes tenemos en común; al igual que ellos, he tomado algunas malas ciertamente. Quisiera poder volver atrás y tener una segunda oportunidad de hacerlas, pero siempre hice mi mejor esfuerzo en el momento. No es posible ser un buen líder y seguir el consejo del antiguo receptor y entrenador de béisbol, Yogi Berra, que dijo: «Cuando llegues a una encrucijada en el camino, tómala».

> *«Son nuestras decisiones las que nos muestran quiénes somos en realidad, mucho más que nuestras habilidades».*
> —*J. K. Rowling*

Cuando pienso en las decisiones difíciles que he tomado, me doy cuenta de tres cosas:

1. Mis decisiones me han mostrado quién soy

La novelista J. K. Rowling dijo: «Son nuestras decisiones las que nos muestran quiénes somos en realidad, mucho más que nuestras habilidades». Es tan cierto. Si desea saber quiénes son las personas, no examine su currículum vítae, no escuche lo que dicen, solo observe las decisiones que toman.

Puedo decir que tengo ciertas creencias, puedo pensar que sostengo ciertos valores, puedo intentar actuar de cierta manera, pero mis decisiones revelan quién soy *en realidad*. Sus decisiones hacen lo mismo por usted.

2. Muchas decisiones no fueron fáciles

El liderazgo es complicado. Por definición, toda vez que esté delante, forjando un nuevo camino, se encuentra en territorio desconocido. No hay una pista establecida sobre la cual correr. Eso significa que hay que estar tomando decisiones continuamente.

Además, si es un líder, hay mucho en juego. Las decisiones que tome le impactan no solo a usted y a su familia, sino también a muchos otros. Frecuentemente quisiera que las alternativas que se me ofrecen como líder se asemejaran a la experiencia que tuve una vez en un avión, cuando una asistente de vuelo me preguntó si deseaba cenar.

—¿Cuáles son las alternativas? —pregunté.

—Sí o no —me respondió. La mayoría de las decisiones en el liderazgo no son así de sencillas.

3. Las decisiones que tomé me cambiaron

Disfruto tener la libertad de decidir. Toda persona que hace una elección necesita comprender una cosa. Una vez que decide, se convierte en siervo de esa decisión. Es necesario que enfrente sus consecuencias, para bien o para mal; y eso tiene un impacto sobre usted.

El escritor y profesor C. S. Lewis observó: «Cada vez que toma una decisión, convierte a la parte central de su ser, aquella que escoge, en algo ligeramente diferente de lo que era. Si toma su vida en total, con todo el sinnúmero de decisiones que ha tomado, usted está convirtiendo esta parte central en una criatura celestial o en una criatura infernal». Por ese motivo, todos debemos tomar nuestras decisiones sabiamente.

ESCOJA SUS DECISIONES

He identificado tres decisiones críticas que gobiernan mi conducta como líder. Estas decisiones que he tomado me hacen mejor líder, y creo que pueden hacer lo mismo por usted:

Decisión Nº 1: Las normas que me fijo a mí mismo serán más elevadas que las normas que otros me fijen

Hay muchas personas en la fuerza laboral hoy que no parecen mantener normas muy altas para sí mismos. Luego de haber buscado un lugar dónde comer, dos vendedores se detuvieron en un restaurante descuidado ubicado en la calle principal de un pueblito. El primero pidió té frío con su comida. El segundo también pidió té, pero añadió: «¡Asegúrese que mi vaso esté absolutamente limpio!».

Unos cuantos minutos después apareció el camarero con dos vasos de té.

—Aquí están sus bebidas —dijo—. ¿Quién fue el que pidió el vaso limpio?

Me he impuesto la meta de fijarme normas más altas que las que otros me fijarían porque sé que una forma segura de fracasar como líder es hacer solo lo mínimo. He estado estudiando a líderes por más de cuarenta años. He observado que los grandes líderes nunca llegan a estar satisfechos con sus niveles actuales de desempeño. No solo son exigentes con su gente, sino que continuamente se empujan para alcanzar su potencial. Sus expectativas de sí mismos siempre son más altas que las normas que otros pudieran fijarles.

> «La excelencia es el resultado gradual de siempre esforzarse por mejorar».
> —Pat Riley

Al aprender de ellos, he intentado adoptar esa misma norma para mi vida. ¿Por qué?

Ciertamente mejora el desempeño, pero esa no es la razón principal. Lo hago porque al final, tengo que evaluar mis esfuerzos y poder sentirme bien conmigo mismo. La única manera que se me ocurre para hacer eso es vivir según mi potencial más alto. Pat Riley, entrenador de la NBA observó: «La excelencia es el resultado gradual de siempre esforzarse por mejorar». Si me enfoco en la excelencia y en rendir según la norma más elevada posible, continuaré mejorando. No importa si alguien más lo sabe o no. Yo lo sé. Cuando siento la tentación de aflojar el ritmo, pienso en las palabras de John Wooden, antiguo entrenador de UCLA, quien aconsejó: «Nunca intentes ser mejor que los demás, sino intenta ser la mejor persona que puedas».

Decisión Nº 2: Ayudar a las personas es más importante que hacerlas felices

La decisión de esforzarme por lograr la excelencia no me fue tan difícil gracias a la enseñanza que recibí de mis padres. Sin embargo, la decisión de ayudar a las personas en lugar de hacerlas felices me fue mucho más difícil. Quería hacer ambas cosas, y en los primeros años de mi carrera, a menudo escogí agradar a los demás por encima de ayudarles, pero pronto descubrí que alguna gente quiere lo que no necesita y necesita lo que no quiere. Alguien tiene que decírselo, y esa tarea usualmente cae sobre los hombros del líder.

Las cargas del liderazgo son grandes. Una de ellas es ser impopular cuando sea necesario. George F. Will, columnista y ganador del premio Pulitzer, dice: «El liderazgo es, entre otras cosas, la capacidad de causar dolor y quedar impune por ello... es dolor a corto plazo en aras de sacar provecho a largo plazo». Debido a que me preocupo genuinamente por la gente, mi deseo de ayudarles eventualmente venció a mi deseo de agradarles.

> «El liderazgo es, entre ostras cosas, la capacidad de causar dolor y quedar impune por ello... es dolor a corto plazo en aras de sacar provecho a largo plazo».
> —George F. Will

Cuando finalmente llegué a la conclusión de que era más importante ayudar a la gente que hacerla feliz, dediqué cierto tiempo a pensar en lo que ello significaría para mi liderazgo. Luego de cierta reflexión, esto fue lo que escribí:

Algunas personas no se sentirán felices cuando yo...
- Defienda la misión de la organización por encima de los deseos de la gente.

- Le dé más atención a algunas personas que a otras.
- Promueva a unas sobre otras.
- Intente sacarlas de su zona de comodidad.
- Les pida que hagan un sacrificio por el equipo.
- Escoja las necesidades globales por encima de sus necesidades personales.
- Tome decisiones con las cuales no estén de acuerdo.

Por ser líder, todos los días habrá alguien descontento conmigo. Con un poco de suerte, su descontento no será resultado de mis fracasos personales, sino del hecho de cumplir mis responsabilidades de líder. Mi actitud hacia los que estén descontentos conmigo siempre debe ser la correcta. Los demás podrán cuestionar mi habilidad en algunas ocasiones, pero nunca mi actitud. Al final del día, quiero saber que he ofrecido mi mejor esfuerzo a todos.

Todos los días escojo dirigir comprendiendo la desventaja del liderazgo. Los buenos líderes siempre serán criticados, serán malentendidos. Sin embargo, esa es una decisión que continúo tomando.

Decisión N° 3: Me enfocaré en el presente

Un amigo me dijo recientemente: «John, no tienes espejos retrovisores en tu vida. Vives en el presente». Aunque algunos podrían considerar eso como una crítica, yo lo recibí como un gran elogio. Me esfuerzo mucho por enfocarme en lo que tengo delante. Por muchos años tuve un aviso en mi oficina que decía: «Ayer terminó anoche». Eso me ayudó a mantenerme enfocado en el presente.

Muchas personas tienen dificultades para soltar las oportunidades que han permitido que los pasen de largo. Pasan una gran parte de su vida reprocesando todo un almacén de remordimientos. Enfocan la mejor parte de su vida en lo que pudo haber sido, o lo que debió ser. Es como si creyeran que si reviven los eventos un número suficiente de veces, el resultado cambiará. ¡Qué desperdicio!

Lo único que podemos controlar es lo que hacemos en el presente. Cuanto más tiempo pasemos reviviendo el pasado, tanto más nos alejaremos de las oportunidades de hoy; y cuanto más nos alejemos de ellas, tanto más arduo se volverá el camino. Siempre se ven mejor cuando se nos van que cuando llegan, y no esperan a nadie. Tenemos que estar prestando toda nuestra atención para percibirlas, y tenemos que estar enfocados en nuestras capacidades presentes, no en los remordimientos del pasado. Las oportunidades vienen en muchas maneras y pueden provenir de muchas direcciones, pero una cosa es cierta: solo pueden verse y aprovecharse en el presente.

Vivimos en el presente y es allí donde residen nuestras áreas fuertes. Lo que sucedió en el pasado ya sucedió. Puesto que no es posible deshacer el pasado, no importa cuánto lo intentemos, haga borrón y cuenta nueva y avance con lo que sigue. Recuerde el refrán que dice: «Lo nuevo que comienza surge cuando algo viejo termina».

Las decisiones que tomamos realmente nos hacen ser quienes somos. Con cada una de ellas cambiamos, para bien o para mal. Tal vez las palabras más sabias que he leído en cuanto a las decisiones fueron escritas por Portia Nelson en un artículo titulado «Autobiografía en cinco capítulos breves».

Capítulo 1: Camino por la calle. Hay un hoyo profundo en la acera. Caigo en él. Estoy perdido. Desesperanzado. No es mi culpa. Me toma una eternidad hallar la salida.

Capítulo 2: Camino por la misma calle. Hay un hoyo profundo en la acera. Finjo no verlo. Vuelvo a caer en él. No puedo creer que me encuentro en el mismo lugar, pero no es mi culpa. Todavía me toma mucho tiempo hallar la salida.

Capítulo 3: Camino por la misma calle. Hay un hoyo profundo en la acera. Puedo verlo. Aun así caigo en él... ya es un hábito. Tengo los ojos abiertos. Sé dónde estoy. Es mi culpa. Me salgo de inmediato.

Capítulo 4: Camino por la misma calle. Hay un hoyo profundo en la acera. Camino rodeándolo.

Capítulo 5: Camino por otra calle.

Para ser un líder exitoso, es necesario saber lo que defenderá y lo que resistirá. Las decisiones clave que tome en cuanto a cómo se conducirá y guiará a otros no solo indican el tipo de líder que es, sino que determinan en el que se convertirá. Decida sabiamente.

Las decisiones que toma le hacen ser quien es

EJERCICIOS DE APLICACIÓN

1. ¿Cuáles son las decisiones importantes que han cambiado su vida? Cada uno de nosotros ha tomado decisiones que fijaron el curso de nuestras vidas y cambiaron lo que éramos. Dedique cierto tiempo a reflexionar y escribir las decisiones principales que ha tomado. Escriba cómo cada una cambió sus circunstancias *y* su persona. Si su lista incluye decisiones negativas u oportunidades desperdiciadas, tal vez le será necesario lidiar con las emociones que le produzcan antes de seguir adelante.

2. ¿Cuáles son las decisiones clave que ha tomado (o tomará) para guiar su liderazgo? En el capítulo describí las tres decisiones principales que tomé en cuanto a mi propio liderazgo:

> *Decisión Nº 1:* Las normas que me fijo a mí mismo serán más elevadas que las normas que otros me fijen
>
> *Decisión Nº 2:* Ayudar a las personas es más importante que hacerlas felices
>
> *Decisión Nº 3:* Me enfocaré en el presente

¿Qué decidirá usted? Aparte tiempo para escribir sus decisiones (no más de cinco).

3. ¿Está preparado para tomar decisiones difíciles? ¿Qué es lo que permite a los líderes tomar las decisiones correctas y cómo hacen para decidir? Creo que la mejor manera es prepararse a sí mismo reflexionándolas con antelación. Examine las decisiones clave que escribió en el ejercicio 2. Para cada una, escriba las implicaciones que vendrán como resultado de ellas (como lo hice yo). Estar preparado gana la mitad de la batalla.

MOMENTO PARA MENTORES

Cuando se trata de decisiones, hay dos formas en las cuales puede ayudar a sus aconsejados. Primero, evalúe el grado de responsabilidad que adoptan por las decisiones que toman. Si una persona tiene la tendencia de culpar a los demás, o si tiene complejo de víctima, deberá señalárselo. Las personas no podrán alcanzar su potencial de líderes si no se hacen completamente responsables por sí mismos y por sus acciones. En segundo lugar, ayúdeles a procesar las decisiones que es necesario que tomen para ser mejores líderes. No trate de decirles qué escoger. En lugar de eso, hágales preguntas que les lleven a pensar las cosas para que descubran las decisiones correctas y se apropien de ellas a nivel personal.

21

LA INFLUENCIA SE PRESTA, NO SE DA

He conocido a personas que piensan que exagero en lo que al liderazgo respecta. Cuando digo: «Todo surge o se desploma por el liderazgo», rápidamente buscan alguna excepción a ello. Pero hasta hoy, nunca he hallado una. Creo que lo que dice aquel proverbio es verdadero: «Cuando los justos dominan, el pueblo se alegra; mas cuando domina el impío, el pueblo gime».[1]

Por más de treinta años, he trabajado para enseñarles a otras personas cómo ser mejores líderes. Eso significa que trato de ayudarles a ser más influyentes. Después de todo, el liderazgo es influencia, nada más y nada menos. Por ejemplo, hace varios años mi amigo Jim Dornan y yo escribimos un libro titulado *Seamos personas de influencia*. Lo creamos para ayudar a los individuos a aumentar su potencial de influencia; por años he dictado una charla titulada: «Los cinco niveles de liderazgo». La he dictado cientos de veces. ¿Por qué? Porque ayuda a las personas a comprender cómo funciona la influencia y les muestra cómo ampliar la suya sobre los demás.

El liderazgo realmente hace una gran diferencia. Una persona con mucha influencia puede tener un impacto positivo enorme sobre la sociedad. Por eso es que Charles, el Conde Talleyrand, observó: «Temo más a un ejército de cien ovejas dirigidas por un león que a un ejército de cien leones dirigido por una oveja». Si desea tener impacto, trabaje por mejorar su influencia. Si desea añadir valor a los demás, ayúdeles a mejorar su influencia. Por eso es que he identificado que el propósito de mi vida es añadir valor a los líderes (personas influyentes) que multiplican el valor de otros.

EL VALOR DE LA INFLUENCIA

Creo que la búsqueda de la influencia no es algo egoísta ni negativo. Tiene un propósito mayor que el de mejorar la vida del individuo que la ejerce. Si la reducimos a su esencia, la influencia tiene valor para cumplir tres propósitos:

1. La influencia existe para hablar en lugar de aquellos que no la tienen

Una de las responsabilidades más grandes de los líderes es hablar en nombre de los que no tienen influencia. Por muchas generaciones, las personas de ascendencia africana en Estados Unidos necesitaron una voz que les representara. En el siglo veinte, Martin Luther King Jr. proveyó esa voz. Era una persona compasiva y de acción que habló en nombre de los que sufrían y de los pobres, y mostró a todos un camino hacia el cambio y la sanidad. Un líder que no eleva las vidas de otras personas no está cumpliendo el llamado más alto de ser líder.

> *«Temo más a un ejército de cien ovejas dirigidas por un león que a un ejército de cien leones dirigido por una oveja».*
> *—Conde Talleyrand*

2. La influencia existe para hablar a los que sí la tienen

Otro valor del liderazgo es la capacidad de influir sobre los influyentes. Con frecuencia es difícil que alguien capte la atención de un líder, salvo otro líder. A menudo he tenido el privilegio de sentarme con líderes en las comunidades corporativas, gubernamentales, religiosas y educativas. ¿Por qué he podido hacerlo? Porque he trabajado duro por cuarenta años para ayudar a los demás y se me ha reconocido como líder. No tomo el privilegio por sentado, y trato de utilizarlo para hacer una diferencia.

3. La influencia existe para ser pasada a otros

Hay ciertas cosas que solo los líderes pueden hacer. Una de ellas es desarrollar a otros líderes. Se necesita a un líder para levantar a otro. Las personas de influencia frecuentemente tienen la oportunidad de escoger a líderes potenciales y ayudarles a edificar un fundamento sólido sobre el cual desarrollar su liderazgo. De eso se trata el presente capítulo.

Ayuda en el camino

Cuando un líder está en la primera parte de su viaje, no posee mucha influencia propia. Creo que es natural que los líderes jóvenes con talento trabajen duro y reciban menos crédito y reconocimiento del que merecen sus esfuerzos, y es natural que los líderes mayores ya establecidos reciban más crédito del que merecen los suyos. Los líderes jóvenes no son así de malos, ¡y los líderes viejos tampoco son así de buenos!

Siento que he sido muy afortunado porque líderes establecidos me ayudaron a avanzar utilizando su influencia para apoyarme cuando yo estaba tratando de hallar mi camino como líder joven. Estaré eternamente agradecido con ellos. Personas como Les Parrott, un autor de éxito, abrieron la puerta para que yo pudiera publicar mi primer libro. Carl George y el Charles Fuller Institute me brindaron un foro nacional como orador que multiplicó en gran manera mi influencia como líder. Ron Land, quien fue ejecutivo en la editorial Thomas Nelson, utilizó su influencia para presentarme canales de distribución importantes para mis libros. Y Bill Bright, fundador de la Cruzada Estudiantil, puso su brazo en mis hombros y le dijo a miles de personas: «John es un líder en quien pueden confiar». Él me dio credibilidad que me hubiera tomado una década ganarla.

La lista podría continuar, pero una cosa sé, hoy me apoyo sobre los hombros de docenas de líderes que me prestaron su influencia en momentos críticos de mi vida. Estaré eternamente en deuda y agradecido con ellos.

Obsequiando mi influencia

Recuerdo cuando mi influencia como líder empezó a cambiar. Repentinamente parecía que no me hacía falta la influencia de otros para abrir puertas y darme credibilidad. Estaba desarrollando mi propia reputación de líder. Se sentía bien el hecho de ser capaz de valerme por mí mismo y añadir valor a más personas.

Más o menos para esa época, algo empezó a suceder que no anticipé. Hubo personas que vinieron a pedirme que extendiera mi influencia a su favor. Debido a que mi motivación como líder era ayudar a los demás, gustosamente daba mi influencia a todo el que me la pidiera, sin condiciones. Mala decisión. Pronto descubrí que había personas aprovechándose de mí. Esto es lo que quiero decir:

Fracasaron en establecer su propio liderazgo utilizando mi influencia

Cuando era líder joven, cada vez que recibía la influencia de un líder con más experiencia, la tomé como una oportunidad de establecerme a mí mismo. Este líder había abierto la puerta; era mi tarea sacarle el máximo provecho. Trabajé duro para ganar credibilidad y demostrar mi capacidad.

Eso no siempre sucedió con las personas a las cuales di mi influencia. Muchos disfrutaban al recibir la oportunidad que les daba mi influencia, pero no *hicieron* nada con ella. No se establecieron a sí mismos; en lugar de ello, supusieron que siempre tendrían mi influencia como apoyo. Cuando se les agotaba mi influencia y estaban «vacíos», regresaban a pedirme más. Me pedían apoyo en público una vez más. Que les abriera las puertas otra vez. Que reclutara a más de mis seguidores para ayudarles una vez más.

Yo había utilizado mi influencia para darles tiempo suficiente para establecer su propia credibilidad con la gente; pero no lo hicieron. Y porque había dado mi influencia sin condiciones ni expectativas, yo pasaba mucho tiempo recomendándolos ante los demás y resaltándolos. Si un líder no es capaz de dirigir por sí mismo eventualmente, entonces tiene poco valor para la organización.

Dieron mi influencia por sentado

Cuando las personas esperan que continuamente les estemos sacando de apuros y siguen utilizando nuestra influencia para establecer su posición de liderazgo, resulta muy fácil que empiecen a dar nuestra influencia por sentado. Eso me sucedió con frecuencia. La falta de esfuerzo y experiencia de líderes débiles a menudo se transformaba en un problema de actitud. Se habían acostumbrado tanto a mi intervención cada vez que se metían en problemas que empezaron a exigirla. Mientras que yo esperaba que ellos dieran un paso al frente, ellos esperaban que yo interviniera a su favor. Esperaban que llevara más y más de su carga. Es mucho más fácil sobresalir cuando otra persona lleva nuestra carga. Algunos hasta empezaron a preguntarme por qué no vine a rescatarlos más rápido cuando necesitaban ayuda.

No fueron capaces de edificar la organización al pasar su influencia hacia otros

Como ya he mencionado, una de las razones más convincentes por las cuales hay que desarrollar influencia es para poder pasarla a otros. Las personas que carecen de ella no pueden pasarla a otros. No es posible dar lo que no se tiene. ¿Por qué es importante esto? La forma en la cual una organización crece es por medio del desarrollo de líderes. Las personas que continuamente tomaban mi influencia prestada no podían prestársela a otros. Por lo tanto, nunca hubo desarrollo ni multiplicación de los líderes bajo su responsabilidad.

LLAMÉMOSLO UN PRÉSTAMO

Las buenas noticias cuando daba mi influencia a los demás de modo incondicional, eran que mi motivación era correcta. Las malas eran que estaba mostrando un discernimiento pobre como líder. Dar influencia a las personas que no pueden o no quieren usarla debidamente es desperdiciar el tiempo, esfuerzo y recursos del líder. Es como darle oro a una persona que lo enterrará en su patio y se olvidará de él.

Finalmente comprendí que la influencia nunca debe darse a los demás, ¡sino que solo debe prestarse! Es como una inversión, y usted debiera anticipar ciertos dividendos de ella. Tal como sucede con las inversiones financieras, cuando no hay buenos dividendos, uno debe invertir en otra parte. solo un necio continúa invirtiendo dinero bueno en lo malo.

Ahora que veo las cosas de modo diferente, sigo algunas pautas que me ayudan a prestar mi influencia. Tal vez le ayudarán a usted cuando otros le pidan que utilice la suya para favorecerles.

No todos recibirán el préstamo de mi influencia

Tal como un banco evalúa todo préstamo antes de que el dinero cambie de manos, así lo hago con mi influencia. Antes de darle a alguien mi apoyo y de trabajar por abrirles puertas, quiero saber quiénes son, comprender su carácter, saber por qué necesitan el préstamo. Quiero ver que tengan un plan de acción para utilizar la «inversión». Y quiero saber cómo planean pagarla por medio de sus resultados.

Los que reciban el préstamo de mi influencia tendrán que rendir cuentas

Antes, cuando daba mi influencia a otros, yo suponía algunas cosas en cuanto a cómo la utilizarían y si cumplirían sus planes o no. Ya no hago eso. Ahora reconozco que es asunto mío como persona influyente conocer sus asuntos y cerciorarme de que mi influencia sea sabia. Para hacer eso, periódicamente los evalúo para comprobar que la «transacción» fue sabia y está rindiendo dividendos.

Espero una ganancia de mi préstamo

Cuando utilizo mi influencia para beneficiar a los demás, espero que ellos se conviertan en líderes mejores como resultado de ello. Quiero *ver* que su crecimiento se acelere. Quiero *saber* que su influencia ha aumentado. Mi tiempo y mis recursos son limitados; tengo sesenta años de edad. Quiero que cada inversión de liderazgo que haga cuente. Si no están mejorando como resultado, y no están empleando su influencia para levantar a otros líderes, entonces me reservo el derecho de dejar de invertir y empezar a ayudar a otro.

Hoy, cuando invierto mi influencia en un líder en potencia, lo hago con mucho cuidado. Miro a la persona detenidamente, hago muchas preguntas y me aseguro de que las condiciones estén claras, que es un préstamo, no un regalo. Entonces, si todo se ve bien, les presto mi influencia con alegría y gentileza. ¿Por qué? Porque es una inversión que deseo hacer. Los líderes potenciales tienen un gran potencial de impactar el futuro con su influencia.

Recientemente escribí algo que expresa con precisión cómo me siento respecto a este asunto. Lo he llamado: «Mi contrato de préstamo a líderes potenciales»:

Puedo darte una posición de liderazgo,
Debes ganarte el permiso de dirigir.
Puedo darte la oportunidad de dirigir,
Debes sacarle el máximo provecho a esa oportunidad.
Puedo establecerte como un líder con potencial.
Debes sostenerte por medio de cumplir tu potencial.
Puedo conseguir a personas que te sigan hoy.
Es necesario que tú halles a tus seguidores mañana.
Mi influencia para ti es un préstamo, no un regalo.
Expresa gratitud y utilízala sabiamente.
Dame dividendos sobre mi inversión.
Da dividendos a otros sobre mi inversión
Date dividendos a ti mismo sobre mi inversión.

Una de las personas en quien estoy invirtiendo y a quien le presto mi influencia es Chris Hodges, un líder maravilloso y amigo que vive en Birmingham, Alabama. Chris dirige con una fuerza callada y humilde. Recientemente recibí una nota de él que decía:

> John, me has añadido valor porque tú mismo eres valioso. No podrías añadirme valor si no fueras valioso. Me has permitido pedirte prestados tu influencia, tu nombre, tus relaciones y tu sabiduría. He conocido a personas que de otro modo nunca habría conocido, he entrenado a líderes que de otro modo nunca habría entrenado y he alcanzado un nivel de liderazgo que nunca habría logrado por mí mismo, sin tu influencia. ¡Gracias!

Las cosas que le he dado a Chris y que describe en esa nota no fueron accidente. Fui sumamente intencionado en mi deseo de darle acceso a las personas y los recursos que él no se había ganado todavía con su influencia, en darle seguidores que no había congregado por medio de su liderazgo y de ayudarle a experimentar un grado de éxito que aún no había logrado por sí solo.

Me alegra mucho ayudarle. He visto la influencia que Chris ya tenía, aumentar de modo dramático en los últimos años. Y está multiplicándola al desarrollar a muchos líderes por sí mismo. Aprovecha todo lo que recibe al máximo y nunca regresa buscando que le dé más. Cuando regresa, lo hace para tratar de darme algo. ¡Chris tiene un futuro brillante por delante!

No sé en qué punto se encuentra cuando se trata de su interacción con otros en esta área. Si usted ya tiene influencia y está dándosela a otros indiscriminadamente, le recomiendo de modo enfático que en lugar de ello empiece a *prestarla*.

¿Todavía no tiene mucha influencia propia? En tal caso, su problema es distinto. Le es necesario convertirse en un candidato para recibir influencia, ya sea que la gane de su gente o que reciba un préstamo de un líder con más experiencia. De cualquier modo, esto puede hacerse cultivando las características siguientes:

- Perspectiva: lo que sabe
- Capacidad: lo que hace

- Carácter: quién es
- Pasión: lo que siente
- Éxito: lo que logra
- Intuición: lo que percibe
- Confianza: la seguridad que transmite a los demás
- Carisma: cómo establece conexiones

Si personifica esas características, su influencia aumentará. Otros le admirarán, se sentirán atraídos hacia usted y empezarán a seguirle naturalmente. Una vez que tenga seguidores, podrá empezar a ayudar a otros. Cuando lo haga, recuerde: la influencia se presta, no se da.

EJERCICIOS DE APLICACIÓN

1. ¿Hay personas que necesitan que usted hable en nombre de ellas? La película *Amazing Grace* narra la historia de William Wilberforce, miembro del parlamento inglés en el siglo XVIII que pasó toda su carrera trabajando para que Gran Bretaña aboliera la esclavitud. ¿Hay personas que necesitan que se levante y hable por ellas? ¿Cómo puede utilizar su influencia para ayudar a quienes de otro modo no tendrían ayuda?

2. ¿Qué espera a cambio de su influencia? Si tiene algo de influencia, puede usarla para ayudar a otros líderes que tienen menos. ¿Está haciendo esto? Empiece prestando su influencia a personas que le den buen uso y asegúrese de expresarles sus expectativas de antemano. Tal vez quiera intentar usar mi contrato de préstamo para líderes potenciales.

3. ¿Necesita aumentar su nivel de influencia sobre los demás? Si no tiene la influencia que le gustaría, intente trabajar sobre las ocho cosas mencionadas en este capítulo:

- Perspectiva: reflexione diariamente para que su experiencia evaluada le dé más sabiduría
- Capacidad: aprenda de su trabajo diariamente y llévelo a cabo con excelencia
- Carácter: aténgase a la norma más elevada de integridad diariamente
- Pasión: determine cuál es el asunto principal para usted y participe en él diariamente
- Éxito: aproveche al máximo su tiempo diario para lograr resultados
- Intuición: preste atención diariamente a los aspectos intangibles del liderazgo
- Confianza: sepa lo que está haciendo y haga que los demás se sientan confiados diariamente
- Carisma: enfóquese en los demás y muéstreles que usted se interesa en ellos diariamente

Si trabaja en estas cosas, aumentará su influencia sobre los demás y también se hará candidato para recibir un préstamo de influencia de otros.

MOMENTO PARA MENTORES

Cuando decidió que serviría como mentor para otros, probablemente esperaba recibir algún tipo de dividendo en productividad por la inversión que hizo. Si no ha comunicado esas expectativas con claridad, hágalo ahora. Explique cómo y por qué espera que las personas a las que usted sirve como mentor crezcan. Describa el tipo de influencia que espera que ellos desarrollen por sí mismos. Empiece a pedirles que se hagan partícipes de inmediato.

22

POR CADA COSA GANADA, HAY QUE CEDER ALGO

¿Cuál es la clave para ir al siguiente nivel como líder? Dicho de otra manera, ¿cuál es el obstáculo más grande que enfrentará una vez que haya empezado a lograr sus metas y conocido el éxito? Creo que es la capacidad de soltar lo que tiene, de manera que pueda alcanzar algo nuevo. El mayor obstáculo que los líderes enfrentan puede ser su propio logro. En otras palabras, como dice Rick Warren: «El perjuicio más grande para el éxito de mañana es el éxito de hoy».

En 1995 tuve que enfrentar una de las decisiones más difíciles de mi vida. Estaba en mi vigésimo sexto año de una carrera sumamente exitosa como pastor. Estaba en una posición óptima. Tenía cuarenta y ocho años de edad y estaba en plena forma. La iglesia que estaba dirigiendo, Skyline Wesleyan Church, era en ese momento la más importante de la denominación. Se había ganado una reputación a nivel nacional y era sumamente influyente.

> «El perjuicio más grande para el éxito de mañana es el éxito de hoy».
> —Rick Warren

La iglesia y yo gozábamos de mucho respeto. Mi reputación ante la gente era dorada. Había pasado más de una década desarrollando líderes, y la congregación era sólida. Además, me encontraba en San Diego, California, una de las ciudades más hermosas del país. Era ideal, tanto en lo financiero como en lo profesional. Creo que podría haberme establecido allí y permanecido hasta jubilarme. El único obstáculo grande que tenía por delante era la reubicación de la iglesia, lo cual estoy convencido de que era algo que podía lograr. (El líder que me sucedió terminó lográndolo.)

Tenía solo un problema: Deseaba ascender al siguiente nivel de liderazgo, quería tener impacto a nivel nacional e internacional; y eso no podría hacerlo si permanecía allí. Me di cuenta de que la siguiente etapa de crecimiento para mí requeriría muchos cambios difíciles y mucho más tiempo del que podría dar si continuaba dirigiendo la iglesia. Comprendí que necesitaba responder a una pregunta crítica: ¿Estoy dispuesto a entregar todo lo que tengo para obtener un nuevo nivel de crecimiento?

¿Cuánto vale el nivel siguiente?

Esa es una pregunta que todo líder debe hacerse más de una vez en una carrera exitosa. En *Leading Without Power* [Dirigiendo sin poder], Max DePree escribe: «Al evitar los riesgos, en realidad arriesgamos lo que más importa en la vida: buscar el crecimiento, nuestro potencial y una contribución genuina a una meta común».

Empecé a aprender esta lección sobre los sacrificios en mi niñez. Mi padre frecuentemente me amonestaba diciendo: «Paga ahora, juega después». De hecho, lo decía mucho porque me encantaba jugar ¡y *nunca* quería pagar! Lo que me estaba tratando de enseñar era hacer las cosas difíciles primero y divertirme luego. De él aprendí que todos pagamos en la vida. Lo que obtengamos demandará un precio de nosotros. La pregunta es: ¿cuándo pagaremos? Entre más esperamos para pagar, mayor será el precio. Es como el interés que se acumula. Una vida de éxito se compone de una serie de sacrificios. En mi carrera, una y otra vez he sacrificado la seguridad a cambio de una oportunidad. He dejado lo que muchos estimarían como una posición ideal para poder crecer como líder o tener un impacto mayor.

He descubierto que cuanto más ascendemos, tanto más difícil es hacer sacrificios. ¿Por qué? Porque tenemos mucho más que arriesgar. Las personas frecuentemente hablan de los sacrificios que tuvieron que hacer al principio de sus carreras. Pero en verdad, la mayoría tiene muy poco que sacrificar al principio. Lo único de valor que poseen es el tiempo. Cuando vamos ascendiendo, tenemos más, y resulta más difícil dejar aquello por lo

> *«Al evitar los riesgos, en realidad arriesgamos lo que más importa en la vida: buscar el crecimiento, nuestro potencial y una contribución genuina a una meta común».*
> —Max DePree

que hemos trabajado. Por eso es que muchos escalan parte de la montaña de su potencial y luego se detienen. Llegan a un punto en el cual ya no están dispuestos a sacrificar algo por obtener lo siguiente. Como resultado de ello, se detienen, algunos lo hacen para siempre.

Mientras debatía el sacrificio de dejar la iglesia para convertirme en un escritor, orador, y desarrollador de personas de tiempo completo, busqué el consejo de unos cuantos mentores de mi confianza. Uno de ellos, el autor y consultor Fred Smith, me transmitió los pensamientos siguientes:

Hay algo en la naturaleza humana que nos tienta a permanecer donde estamos cómodos. Tratamos de hallar una planicie, un lugar de reposo en donde el nivel de estrés es cómodo y las finanzas son adecuadas, donde tenemos asociaciones cómodas con las personas, sin la intimidación de conocer a otras nuevas o de entrar a situaciones desconocidas. Por supuesto, todos necesitamos detenernos por un tiempo. Ascendemos y luego nos detenemos para asimilar, pero una vez que asimilamos lo que aprendimos, seguimos escalando. Es triste cuando hemos hecho nuestra última escalada. Cuando la hacemos, nos hacemos viejos, tengamos cuarenta u ochenta años de edad.

Eso me hizo decidirme. Renuncié. ¡Lucharía por ascender a un nuevo nivel, o fracasaría en el intento!

¿QUÉ SACRIFICARÁ?

Poco después de renunciar, reflexioné sobre el precio del crecimiento y redacté una lección denominada «Los diez sacrificios que vale la pena hacer». Creo que las lecciones que aprendí me han servido bien y también le servirán a usted.

1. Sacrifique el reconocimiento por los logros

Ya he explicado que cuando empecé mi carrera, buscaba agradar a las personas. Quería tener la aprobación de mis seguidores, la admiración de mis colegas y premios de mis superiores. Era adicto al reconocimiento; pero los elogios son como el humo que pronto se desvanece. Los premios se convierten en herrumbre y las recompensas financieras se gastan rápidamente. Decidí que preferiría *lograr* algo en realidad a meramente dar una buena apariencia. Esa decisión abrió el camino para la mayor parte de los otros sacrificios que haría en la vida.

2. Sacrifique la seguridad por la trascendencia

El éxito no significa sencillamente estar ocupado. Es importante a lo que usted dedique su vida. Los grandes líderes de la historia fueron grandes no por lo que poseyeran o se ganaran, sino por lo que dieron sus vidas para lograr. ¡Hicieron una diferencia!

Escogí una carrera en la cual esperaba hacer una diferencia, pero eso no me eximió de tener que correr riesgos para hacer cosas de mayor trascendencia. Lo mismo es cierto en su caso, no importa cuál sea la profesión que haya escogido.

3. Sacrifique las ganancias financieras por el potencial futuro

Una de las ironías de mi vida es que nunca me ha motivado el dinero, sin embargo, a Margaret y a mí nos ha ido bien financieramente. ¿Por qué? Porque siempre estuve dispuesto a poner el potencial futuro por encima de las ganancias financieras.

La tentación casi siempre es buscar el dinero en efectivo. Esto me lleva de regreso a la idea de pagar ahora, y jugar después. Si está dispuesto a sacrificar financieramente primero por la posibilidad de un potencial mayor, casi siempre tendrá mejores probabilidades de obtener mayores recompensas, incluso las financieras.

4. Sacrifique el placer inmediato por el crecimiento personal

Si hay un concepto difícil de aceptar en nuestra cultura, es el de postergar la satisfacción. Si examinamos las estadísticas de cuánto adeudan las personas y lo poco que ponen en ahorros, podemos ver que las personas siempre están buscando el placer inmediato.

Cuando era niño, la escuela me aburría y no podía esperar a salir de ella. Nada me hubiera gustado más que abandonar la escuela, casarme con Margaret, mi novia de la escuela, y jugar baloncesto. Pero debido a que quería tener una carrera en liderazgo, fui a la universidad, obtuve mi título, y esperé hasta después de graduarme para casarme con Margaret. Esos fueron cuatro años *sumamente largos*.

Una y otra vez, Margaret y yo hemos postergado o sacrificado placeres, comodidades o lujos por buscar oportunidades de crecimiento personal. Nunca nos hemos arrepentido de ello.

5. Sacrifique la exploración por un enfoque

A algunas personas les gusta interesarse superficialmente en muchas cosas. El problema de hacer eso es que uno nunca se vuelve excelente en ninguna de ellas. Es cierto que cuando uno es joven debe probar cosas nuevas para descubrir dónde se encuentran sus áreas fuertes e intereses, pero a medida que pasan los años, más preciso debiera ser su enfoque. solo se puede llegar lejos si uno se especializa en algo. Si estudia las vidas de los grandes hombres y mujeres, descubrirá que eran sumamente resueltos. Una vez que haya descubierto el propósito para el cual fue creado, persista en ello.

6. Sacrifique la cantidad de vida por la calidad de vida

Debo confesar que tengo la mentalidad de buscar «más». Si una es buena, cuatro son mejores. Si alguien dice que puede lograr una meta de veinte, le animo a que trate de lograr veinticinco. Cuando enseño mi lección de liderazgo de una hora en disco compacto, quiero cargarla tanto de contenido que las personas que la reciban tendrán que escucharla cinco veces para sacarle todo lo que tiene.

Debido a esta inclinación natural por hacer más, frecuentemente he dejado muy poco margen libre en mi vida. Por años mi calendario estaba abultado de compromisos y me tomaba muy poco tiempo para descansar. Recuerdo haberle pedido a mi hermano y a su esposa que vinieran a visitarme, y Larry me respondió: —No, estás demasiado ocupado. Si venimos, no te veremos.

Una vez leí que el presidente de una casa editorial grande buscó a un sabio para pedirle consejo. Después de describirle el caos que reinaba en su vida, esperó en silencio a que aquel sabio le dijera algo de valor. Al principio el anciano nada dijo. Tomó sencillamente una tetera y empezó a verter té en una taza; y siguió virtiendo hasta que el té rebosó y empezó a correr sobre la mesa.

—¿Qué está haciendo? —preguntó el hombre de negocios.

—Su vida —respondió el sabio—, es como una taza de té que rebosa. No hay espacio para nada nuevo. Necesita vaciar un poco, no recibir más.

Me ha sido sumamente difícil cambiar mi perspectiva de cantidad a calidad. Para ser honesto, todavía lucho con ello. Haber sufrido un ataque al corazón en 1998 ciertamente me impactó en esta área; también lo hizo el tener nietos. Ahora saco más tiempo para las cosas que en realidad son importantes en mi vida. Le sugiero que haga lo mismo.

7. Sacrifique lo aceptable por lo excelente

Esta es tan evidente que casi está demás decirla. Las personas no pagan por algo promedio. No se sienten impresionadas por algo que es meramente aceptable. Los líderes no pueden levantarse sobre las alas de la mediocridad. Si algo vale la pena hacerse, déle lo mejor; de lo contrario, mejor no lo haga.

8. Sacrifique la adición por la multiplicación

Cuando las personas cambian de hacedores a líderes, aumentan significativamente el impacto que sus vidas pueden tener. Es un salto significativo porque, como afirmo en *Las 17 leyes incuestionables del trabajo en equipo*, uno es demasiado pequeño como para pretender hacer grandes cosas. Sin embargo, hay otro salto que es más difícil y es de mayor trascendencia: dejar la adición por la multiplicación.

> *Los líderes que reúnen a seguidores adicionan a lo que pueden lograr. Los líderes que desarrollan a otros líderes multiplican su habilidad.*

Los líderes que reúnen a seguidores *adicionan* a lo que pueden lograr. Los líderes que desarrollan a otros líderes *multiplican* su habilidad. ¿Cómo es eso? Por cada líder que desarrollan o atraen, se ganan no solo el poder de ese individuo, sino también el poder de las personas que él dirige. El efecto de multiplicación es increíble. Todo gran líder, sin importar dónde o cuándo se desempeñó, ha sido líder de líderes. Para ascender al nivel más alto de liderazgo, hay que aprender a ser un multiplicador.

9. Sacrifique la primera mitad por la segunda mitad

En su libro *Medio tiempo*, Bob Buford afirma que la mayoría de las personas que alcanzan el éxito durante la primera mitad de su vida tratan de vivir la segunda mitad de la misma manera. Lo que en realidad quiere decir es que llegan a una planicie y no están dispuestos a sacrificar lo que tienen por una nueva manera de hacer las cosas, porque es mucho más fácil permanecer con lo que les es familiar.

Si usted está en la segunda mitad de su vida, probablemente ha pasado una gran parte de su tiempo pagando el precio del éxito. No lo desperdicie. Esté dispuesto a sacrificarlo por lo trascendental. Haga cosas que perduren después de que se haya ido. Si se encuentra en la primera mitad, continúe pagando el precio a fin de tener algo que ofrecer durante la segunda.

10. Sacrifique su servicio a Dios por su caminata con Dios

Por haber laborado en el ministerio por muchos años, comprendo la profunda satisfacción de hacer obras para Dios. Sin embargo, también comprendo la trampa de estar haciendo constantemente cosas *para* Dios sin tener una conexión constante *con* Dios.

Si no es un individuo de fe, tal vez esto carezca de sentido para usted. Sin embargo, si la fe forma parte de su vida, recuerde que no importa el valor que tenga su trabajo, este no puede compararse con tener una relación con su Creador.

¿ESTÁ DISPUESTO A SACRIFICAR PARA PODER SUBIR?

Para ser un líder excelente, pienso que hay que aprender a viajar con equipaje ligero. Hay que aprender a descargar antes de intentar recargar. Hay que soltar una cosa para poder sujetar otra nueva. Las personas se resisten a esto por naturaleza. Queremos permanecer en nuestra zona de comodidad, en lo que nos es familiar. Algunas veces las circunstancias nos obligan a sacrificar algo y tenemos la oportunidad de ganar y aferrarnos a algo nuevo; pero con más frecuencia, si queremos hacer sacrificios positivos, tenemos que mantener la actitud correcta y estar dispuestos a dejar algunas cosas.

Durante la Guerra Civil de Estados Unidos, el presidente Abraham Lincoln recibió una solicitud de 500.000 reclutas adicionales para pelear en el ejército. Los asesores políticos le recomendaron enfáticamente que la rechazara, puesto que opinaban que si la aceptaba, eso le impediría ser reelecto. La decisión de Lincoln fue firme.

> *Para ser un líder excelente, pienso que hay que aprender a viajar con equipaje ligero. Hay que aprender a descargar antes de intentar recargar.*

—No es necesario que me reelijan —dijo—, pero sí es necesario para los soldados en el frente ser reforzados con 500.000 hombres y daré el llamado a que vayan. Si caigo bajo este decreto, lo haré con la frente en alto.

Lincoln es uno de los presidentes más grandes que Estados Unidos haya tenido porque estuvo dispuesto a sacrificarlo todo, excepto la responsabilidad final. Ese es el tipo de actitud que los líderes necesitan. Cada nuevo nivel de crecimiento que deseamos experimentar como líderes demanda un nuevo nivel de cambio. No es posible tener lo uno sin lo otro. Si quiere ser un mejor líder, prepárese para hacer algunos sacrificios.

> *Cada nuevo nivel de crecimiento que deseamos experimentar como líderes demanda un nuevo nivel de cambio.*

Como mencioné antes, cumplí los sesenta años en febrero del 2007. Unos cuantos meses antes de mi cumpleaños, tome el tiempo para memorizar la siguiente oración, porque deseaba orarla en presencia de mis familiares y amigos en aquel día. Dice así:

Señor, al envejecer, quiero que me conozcan por ser...
Atento, en lugar de dotado,
Amoroso, en lugar de rápido o brillante,
Gentil, en lugar de poderoso,
Un buen oyente, más que un gran comunicador,
Disponible, en lugar de un trabajador dedicado,
Dispuesto a sacrificar, en lugar de exitoso,
Confiable, no famoso,
Contento, más que enfocado,
Lleno de templanza, en lugar de emocionante,
Generoso, en lugar de rico, y
Compasivo, en lugar de competente,
Quiero estar dispuesto a lavar los pies.

Todavía estoy luchando por convertirme en esa persona. Todavía estoy haciendo sacrificios.

Ahora más que nunca estoy consciente de que los cumpleaños significativos de una persona pueden o señalar el paso del tiempo, o los cambios que han hecho en su vida para que alcance su potencial y se convierta en el individuo que fue creado. Con el paso de cada año, quiero tomar buenas decisiones que me conviertan en una mejor persona, que me ayuden a ser mejor líder y que tengan un impacto positivo sobre los demás. Para esto se requiere una disposición de continuar sacrificando, porque por cada cosa ganada, hay que ceder algo.

Por cada cosa ganada, hay que ceder algo

EJERCICIOS DE APLICACIÓN

1. ¿Qué sacrificios ha hecho? Examine los diez sacrificios que se mencionan en el capítulo:

1. El reconocimiento por los logros
2. La seguridad por la trascendencia
3. Las ganancias financieras por el potencial futuro
4. El placer inmediato por el crecimiento personal
5. La exploración por un enfoque
6. La cantidad de vida por la calidad de vida
7. Lo aceptable por lo excelente
8. La adición por la multiplicación
9. La primera mitad por la segunda mitad
10. Su servicio a Dios por su caminata con Dios

¿Cuáles de ellos diría que hizo en el pasado? (Si no puede citar un ejemplo *específico*, no ha hecho el sacrificio.) ¿Valió la pena el sacrificio? ¿Por qué?

2. ¿Qué sacrificios adicionales necesita hacer? Los diez puntos arriba mencionados constituyen mi lista. ¿Qué otros sacrificios debe incluir en su lista? Dedique algunas horas a reflexionar sobre otros sacrificios que ya ha hecho, tanto positivos como negativos. Después haga su propia lista de sacrificios que piensa que le beneficiarán en el futuro.

3. ¿Qué está dispuesto a sacrificar por el bien de su gente? Max DePree dijo: «La primera responsabilidad de un líder es definir la realidad. La última es dar las gracias. Entre esos dos puntos, el líder es un siervo». ¿Qué está dispuesto a sacrificar por el bien de su gente y la organización? ¿Está dispuesto a renunciar a ventajas y privilegios? ¿Aceptará una remuneración menor? ¿Cederá el crédito y aceptará las culpas?

MOMENTO PARA MENTORES

Ahora que sus aconsejados están familiarizados con el concepto de sacrificar por obtener algo mejor, pregúnteles qué están dispuestos a sacrificar. Tal vez respondan mencionando su meta personal máxima, pero pídales que se enfoquen en la siguiente fase de su recorrido. Hable con ellos acerca de lo que poseen actualmente digno de sacrificarse y lo que tal vez tendrán que dejar para lograr la siguiente meta. Uno de los valores más grandes del mentor es poder ver más allá de lo que otros no ven y ayudarles a fijar el rumbo hacia su destino.

23

LOS QUE EMPIEZAN EL RECORRIDO
CON USTED RARA VEZ LO
TERMINAN CON USTED

Cuando camino por el aeropuerto O'Hare de Chicago y paso por un grupo particular de teléfonos públicos, mi mente vuelve hacia un incidente que me sucedió allí en 1980. En aquel entonces, ya había sido líder por once años. En los primeros años de mi liderazgo, la organización que dirigía era tan pequeña que Margaret y yo hacíamos todo. Para ese momento, había empezado a reunir y edificar un equipo. Eso era parte tanto de mis anhelos como de mis planes. Desde el inicio de mi carrera, había imaginado cómo sería mi equipo. Tendríamos un mismo sentir y un mismo espíritu. Haríamos grandes cosas. Permaneceríamos juntos para siempre.

Uno de los primeros miembros que elegí para ese equipo fue mi asistente, «Sue». Ella era una amiga íntima de Margaret y mía, y era sumamente capaz. Los primeros años fueron tal como lo había esperado y soñado. Sue hizo una labor excelente, y Margaret y yo hicimos muchas cosas junto con Sue y su esposo. Un trabajo no se siente como trabajo cuando uno lo hace con gente buena a la que ama.

Cuando llegó una oportunidad para avanzar en mi carrera, naturalmente quise que Sue nos acompañara. Esto requería trasladarnos a otra ciudad, pero tanto ella como su esposo estuvieron de acuerdo en querer continuar trabajando junto a nosotros. Margaret y yo nos regocijamos. En poco tiempo, los cuatro viajamos a lo que sería nuestra nueva ciudad, y empezamos a buscar casa juntos. Todo iba en marcha, estábamos haciendo planes y sentíamos entusiasmo respecto a lo que el futuro nos deparaba.

Un par de semanas después, mientras yo estaba de viaje, llamé a Sue a la oficina desde el aeropuerto de Chicago. Ella era muy alegre normalmente. No fue así ese día. Hablamos asuntos del negocio por unos cuantos minutos, pero pronto interrumpió la conversación.

—John, tengo que decirte algo. No nos vamos a mudar. Mi esposo y yo hemos decidido quedarnos donde estamos.

Me sentí perplejo. *¿Qué pasó?*, pensé mientras me dirigía a mi puerta de salida. Era evidente que nuestros caminos pronto se separarían. Me sentí sumamente triste y desilusionado. Mientras abordaba el avión, una verdad sobre el liderazgo me vino con claridad a la mente, a pesar del dolor que sentía: los que empiezan el recorrido con usted, rara vez lo terminan con usted.

POCOS CORREN TODA LA DISTANCIA

Esta lección probablemente ha sido la que más ha afectado mis emociones al redactarla. Para mí las relaciones personales son sumamente importantes. Disfruto de las personas y en particular disfruto haciendo cosas juntos en equipo. He dirigido a muchos equipos y estudiado el trabajo en equipo por más de cuarenta años. En el 2001, escribí un libro titulado *Las 17 leyes incuestionables del trabajo en equipo*. En ese libro escribí en cuanto a la importancia de mi equipo y lo que el equipo hace a mi favor:

> Mi equipo es mi gozo. Haría cualquier cosa por la gente de mi equipo, porque ellos hacen todo por mí:
> Mi equipo me ha hecho mejor de lo que soy.
> Mi equipo multiplica mis recursos para el bien de otros.
> Mi equipo me capacita para hacer lo que hago con excelencia.
> Mi equipo me ha permitido disponer de más tiempo.
> Mi equipo me representa donde no puedo estar.
> Mi equipo provee un ambiente de comunidad que disfruto.
> Mi equipo llena los deseos de mi corazón.

En aquel momento, mencioné a los doce jugadores clave de mi equipo que conformaban mi círculo íntimo. Hoy solo seis de ellos permanecen en el equipo. Es una triste verdad que los que son sus compañeros más cercanos hoy no siempre lo serán.

¡TODOS A BORDO!

En los primeros años de mi liderazgo, supuse que todos los miembros de mi equipo seguirían el recorrido conmigo, y pensaba que era mi responsabilidad asegurar que lo hicieran. Si la organización era como un tren avanzando por la vía ferroviaria, yo era el maquinista y conductor. Conducía el tren y me aseguraba de que todos estuvieran a bordo. Si nos deteníamos para tomar un descanso, al momento de la partida yo era el que anunciaba: ¡Todos a bordo! Si mi gente no venía, iría a buscarle. Si no querían volver a abordar, los llevaría a cuestas hasta su asiento y les daría una merienda. No importa lo que fuera necesario, me había propuesto subirlos a bordo para que continuaran el recorrido conmigo.

He aprendido mucho desde ese entonces. Me tomó algunos años, pero finalmente descubrí que...

No todos harán el recorrido con usted

Formar parte de un equipo es una decisión. Descubrí que algunas de las personas que yo quería en mi equipo no querían formar parte de él. A veces era cuestión de pasiones. La mía no era la de todos, y lo que me motivaba no siempre motivaba a los demás. A algunas personas no les gustaba mi equipo, a otras yo sencillamente no les caía bien, y en algunos casos los individuos tenían un llamado diferente. Si hubiera aprendido esta lección antes, habría sido mucho más fácil reclutar a miembros potenciales para mi equipo.

No todos deberían hacer el recorrido con usted

Solo porque un individuo le cae bien no significa que debe formar parte de su equipo. Con demasiada frecuencia intenté arrastrar a mis amigos a «mi tren». Disfrutábamos el uno del otro y pensé que debiéramos trabajar juntos. Pero a menudo ellos no poseían las habilidades o experiencia adecuadas para contribuir al equipo. Las veces que los incorporé a él de todas maneras, siempre resultaron ser una equivocación. Toda vez que pasemos por alto la realidad por mantener la relación personal, tendremos problemas.

No todos pueden hacer el recorrido con usted

El hecho de que un individuo encaje bien en el equipo al principio del recorrido no significa que siempre tendrá la capacidad de hacer todo el viaje. Algunos sencillamente no poseen el potencial de crecer en la medida que crezca la visión y el equipo.

Reconocer esto me fue particularmente difícil. Cuando los recuerdos de los primeros días de trabajo con alguien son maravillosos, se torna bastante difícil enfrentar que esos días ya se han ido y que no volverán. La realidad es que cuando una organización crece, algunas veces crece más allá del alcance de algunos miembros del equipo. Es como un tren que arranca con una locomotora que carece de potencia suficiente. Cuando son pocos los carros que hay que halar, la poca potencia no representa problema. Pero si se le añaden más y más carros al tren y se trata de subir una cuesta, algunas veces los individuos que habían estado sobrellevando cargas para el equipo se convierten en una carga que el líder tiene que llevar. Y no importa cuánto tiempo y esfuerzo invierta para ayudarles a mejorar, están trabajando a capacidad máxima y nunca mejorarán.

Toda vez que pasemos por alto la realidad por mantener la relación personal, tendremos problemas.

Una de las decisiones más difíciles para un líder llega cuando se encuentra en una situación semejante con un empleado. ¿Continúa cargando con la persona? Si lo hace, esto disminuirá la eficiencia de su liderazgo y eventualmente le dejará exhausto. ¿Espera a que el equipo continúe cargando con esa persona? Eso dañará el impulso y la moral del equipo. ¿La despide?

En el caso ideal, se intenta hallar un lugar dentro de la organización que se ajuste a su energía, en donde pueda desempeñarse según su potencial. Algunas personas aceptan un cambio semejante gustosamente, por solo ser parte de la organización. Otros no pueden o no quieren aceptar una degradación. En tal caso, lo único que puede hacer es tratar de bendecirles mientras se van.

No se haga ilusiones, en mayor o menor grado, usted escoge a los miembros que pierde. Si mantiene y recompensa a las personas no comprometidas o improductivas, eventualmente su equipo estará formado por individuos no comprometidos e improductivos. Lo que se recompensa es lo que se hace. En todas las organizaciones hay movimiento de personal. Algunos vienen y otros se van. La pregunta no es: ¿hay gente yéndose? La pregunta es: ¿quién se va? Si las personas que se unen a su equipo tienen potencial elevado, y los que se van tienen potencial limitado, el futuro del equipo es brillante. Si los que se incorporan tienen potencial limitado y los que se van son individuos dotados, su futuro no es nada prometedor.

Finalmente he llegado a aceptar que está bien que la gente se vaya. Hay personas que han dejado mis equipos por diversas razones. Crecí más que algunos; otros crecieron más que yo. Unos cuantos habían cambiado y deseaban ir en una dirección nueva, otros se negaron a cambiar y el tren tuvo que dejarlos atrás. Esta es una de las verdades difíciles del liderazgo. Los

> *La pregunta no es: ¿Hay gente yéndose? La pregunta es: ¿Quién se va?*

tiempos cambian y las personas tienen que aprender a seguir adelante. Para algunos esto puede ser difícil. Sin embargo, si llama a alguien y recibe un mensaje de la máquina contestadora que dice: «No me encuentro disponible en este momento, pero le agradezco haberse tomado la molestia de llamarme. Estoy haciendo algunos cambios en mi vida. Por favor deje un mensaje después del tono. Si no le devuelvo la llamada, usted es uno de esos cambios»,[1] entonces sabrá que el individuo tuvo éxito.

OBTENIENDO PERSPECTIVA

No ha sido divertido dejar a algunas personas atrás en el recorrido. Extraño a muchos de ellos, espero que algunos de ellos me extrañen a mí también; pero así es el liderazgo. Lo mejor que puede esperarse es estar preparado para cuando la gente se vaya y tratar de mantenerlo en la perspectiva correcta. Espero que algunas de mis equivocaciones le ayuden. Aquí le presento cuatro de las que cometí y que tuve que corregir.

1. Esperé a personas por las que no debí haber esperado

Es cierto que si uno viaja solo, puede levantarse temprano, pero si viaja con otros, hay que esperarlos. En algunos casos, esperé demasiado. Me contuve y esperé, pero ellos nunca volvieron a subir a bordo. Cuando hice esto, el resultado fue que la organización perdió impulso, los miembros más capaces de mi equipo se sintieron frustrados, y perdí credibilidad con las personas por no tratar el asunto con mayor rapidez. Por querer hacer lo correcto con el individuo, estaba haciendo lo incorrecto con la organización.

2. Me sentía culpable cuando perdía a un jugador clave

Al principio de mi recorrido, cuando perdía a un miembro de mi equipo, pensaba que eso era un reflejo de mi capacidad de liderazgo. En algunas ocasiones lo era. (Si un líder pierde de modo continuo a sus mejores individuos, usualmente es porque el líder tiene un problema.) Pero los buenos líderes con frecuencia identifican y desarrollan a muchos individuos buenos, y algunos de ellos eventualmente salen de la organización.

Al principio de mi carrera, me esforzaba mucho por mantener a mis mejores individuos. De hecho, me esforcé demasiado. Muchas veces les ofrecí incentivos jugosos para retenerlos. En la mayoría de los casos que hice eso, no resultó ser la mejor decisión. Tuve que aprender que es mejor bendecir a la persona mientras se va, que rogarle que se quede. No es posible dirigir con eficiencia a las personas que preferirían no estar en su equipo.

3. Creí que los miembros importantes de mi equipo no podían ser reemplazados

Cuando algún miembro clave me anunciaba que estaba abandonando el equipo, la primera pregunta que me hacía era: ¿Quién puede reemplazar a esta persona? Con mucha frecuencia la respuesta que me venía era: Nadie. He llegado a aprender la falsedad de ese modo de pensar. Hay personas buenas en todas partes, y quieren trabajar para líderes buenos. Cuanto más se desarrolle a sí mismo como líder e invierta en otros, tanto mayor será el grupo de candidatos del cual escoger.

Este cambio de perspectiva de escasez a abundancia ha hecho una diferencia enorme en mi manera de dirigir. Por años, lo que hice fue buscar a personas buenas para sustituir a miembros clave solo después de haber recibido una renuncia. Ahora me hago la pregunta antes de que haya una vacante. Eso podrá parecerle insensible, pero cuando es el líder de una organización, la responsabilidad final recae sobre usted. Le es *necesario* estar preparado para toda situación porque el equipo y la organización dependen de usted para sobrevivir. De esa manera, si alguno abandona el equipo o sucede un cambio, no me inunda el pánico, y el equipo no sufre.

4. Tuve que aprender a agradecer a los que me acompañaron por un tiempo breve

El recorrido del líder es largo, y hay temporadas en las cuales se necesita una persona especial que le ayude a seguir el recorrido con éxito. Estas personas sumamente capaces muchas veces viajan con el líder tan solo por esa temporada y luego siguen su camino.

Muchos han desempeñado ese papel en mi vida. Vinieron a mi lado por un tiempo y me ayudaron a pasar por cierta época. Ya no trato de mantenerlos conmigo. He reconocido que algunos tienen que desempeñar este mismo papel con otros líderes, o se trasladan a una nueva temporada propia. Sencillamente les estoy agradecido. Reconozco que no habría podido ascender al siguiente nivel sin ellos.

A fin de cuentas, lo que he descubierto es que los líderes no pueden verse a sí mismos como los dueños de sus equipos, aun si son los propietarios de la organización que dirigen. Los buenos líderes comprenden que son mayordomos. Deben hallar a los mejores individuos que puedan, darles la oportunidad de que se unan al viaje, desarrollarles y estimularles a que alcancen su potencial, pero no aferrarse a ellos. Los que empiezan el recorrido con usted rara vez lo terminan con usted.

Las buenas noticias son que algunos sí permanecen. Me siento agradecido por los pocos que continúan el recorrido conmigo. Cada uno de ellos ha sacrificado algo especial para que juntos pudiéramos hacer algo más especial aun. Puesto que son tan pocos, son mucho más preciados para mí. Si todavía va acompañado de algunos que iniciaron su recorrido con usted, celébrelo, ámelos, recompénselos y continúe disfrutando del viaje.

EJERCICIOS DE APLICACIÓN

1. ¿Cuál es su reacción cuando alguno abandona su equipo? Su forma de responder cuando alguien abandona el equipo puede decirle mucho en cuanto a su liderazgo. ¿Lo toma como ofensa personal? En tal caso, es posible que esté dirigiendo con inseguridad. ¿Siente pánico? En tal caso, no está dedicando tiempo suficiente a buscar nuevos líderes potenciales. ¿Siente indiferencia? En tal caso, probablemente no ha establecido una buena relación con su gente. Dedique tiempo a examinar su respuesta y vea lo que dice acerca de su liderazgo.

2. ¿Ha esperado demasiado para que algunos asciendan al nivel siguiente? Cuando todos los miembros del equipo creen que algunos están obstaculizándolo, esto reduce el impulso de la organización, perjudica el espíritu de equipo y socava la credibilidad del líder. Él es quien debe tratar con tales individuos. Si no lo hace, perjudicará a la organización y su liderazgo. Determine el tipo de asunto con el que se está tratando. Si se trata de:

- *Oportunidad*, déles lo que necesitan para ascender al nivel siguiente.
- *Ajuste*, trasládelos a cualquier otro lugar que concuerde con sus fortalezas.
- *Potencial,* descubra si tienen la *capacidad* de mejorar.
- *Actitud*, descubra si *quieren* ascender al nivel siguiente.

Si se trata de un asunto de oportunidad o ajuste, bien podrían estar a la altura de las circunstancias. Si se trata de potencial, es posible que funcionen bien a un nivel más bajo. Si se trata de actitud, o cambian o deberán irse.

3. ¿De dónde provendrán los siguientes miembros clave? Si no está buscando a miembros potenciales para su equipo, empiece hoy. Piense quién en su organización podría ascender en su área, o venir de otro departamento o posición. Permanezca en contacto con amigos y colegas que puedan trabajar con usted, o que conozcan a otros que pudieran hacerlo. Hasta puede buscar a individuos capaces entre sus competidores. Mantenga los ojos abiertos. Cada persona que conozca es un miembro potencial de su equipo.

MOMENTO PARA MENTORES

Ayude a sus aconsejados a identificar a los individuos que pudieran estar obstaculizando su equipo. Ayúdeles a determinar si se trata de un asunto de oportunidad, ajuste, potencial o actitud. Sea su entrenador y animador mientras trabajan por atender ese asunto.

24

POCOS LÍDERES ALCANZAN EL
ÉXITO, A MENOS QUE HAYA MUCHOS
QUE ASÍ LO DESEEN

En 1998 Jeffrey Katzenberg y Dreamworks SKG produjeron una película animada titulada *El príncipe de Egipto*. La película trataba sobre Moisés, quien creció en Egipto como miembro de la casa de Faraón y eventualmente guió a los hijos de Israel fuera de la esclavitud egipcia. Durante el rodaje de la película, los productores invitaron a algunos líderes religiosos para consultarles al respecto. Tuve el privilegio de ser uno de ellos. La experiencia fue sumamente instructiva para mí, puesto que pude observar lo que sucedió tras bambalinas durante el rodaje.

Cuando se acercaba la fecha de estreno de la película, Margaret y yo nos deleitamos al recibir una invitación para asistir a la première. ¡Qué noche más emocionante fue aquella! La velada estaba llena de risas y palabras de felicitaciones. Sí, tenían la alfombra roja, los camarógrafos, los medios de comunicación, las entrevistas y estrellas de cine. Y, sí, Margaret y yo caminamos sobre aquella alfombra roja y saludamos a la multitud, ante la cual pasamos desapercibidos.

Dentro del teatro, cuando la película comenzó, observé lo enfocados que estaban todos. Ciertamente unos cuantos de los presentes la habían visto terminada, pero la mayoría de ellos, al igual que nosotros, la estaban viendo por primera vez. Y todos tenían la misma pregunta en mente: ¿Cómo habrá quedado?

Mientras observábamos, las personas respondían de modo positivo a cosas aparentemente insignificantes que una audiencia normal no notaría.

¿Por qué? Porque ellos habían participado en los detalles. Fue una experiencia única, y Margaret y yo disfrutamos de la película.

Al terminar, la multitud aplaudió con entusiasmo y me levanté con prontitud para salir. Todo el que haya asistido a un evento conmigo sabe que me gusta salirme temprano. Margaret me dio un tirón rápidamente para que me volviera a sentar; nadie más en el teatro se había movido. Sorprendentemente, el entusiasmo aumentó cuando empezaron a pasar los créditos. Vitoreaban con el paso de cada nombre, y las estrellas del filme fueron los principales porristas, reconociendo a los muchos trabajadores de apoyo por el papel vital que desempeñaron para el éxito de la película.

Para las personas en el teatro, los créditos no eran una lista de nombres desconocidos. Eran los nombres de individuos que conocían, que apreciaban y que habían aportado contribuciones específicas a *El príncipe de Egipto*. Sin ellos, no habría sido posible terminar la película con éxito. Esa noche salí con la impresión de que todos fueron valorados porque todos eran valiosos. Se necesitan muchas personas para lograr un éxito. Por eso es que digo que pocos líderes alcanzan el éxito, a menos que haya muchos que así lo deseen.

> *Sin un gran grupo de personas que trabajen juntas, no habría líderes de éxito.*

NO HAY LÍDERES SOLITARIOS

A veces pienso que existe el concepto equivocado de que los grandes líderes, especialmente los que vemos al leer la historia, son capaces de lograr cosas grandes sin importar el tipo de ayuda que reciban de los demás. Creemos que individuos tales como Alejandro Magno, Julio César, Carlomagno, Guillermo el Conquistador, Luis XIV, Abraham Lincoln y Winston Churchill habrían sido grandes sin importar el tipo de apoyo que recibieran. Pero eso sencillamente no es cierto. Sin un gran grupo de personas que trabajen juntas, no habría líderes de éxito.

En su libro *The Laws of Lifetime Growth* [Las leyes para un crecimiento de por vida], Dan Sullivan y Catherine Nomura escriben:

> Solamente un pequeño porcentaje de las personas tiene éxito continuo a la larga. Estos pocos individuos reconocen que todo éxito llega a través del auxilio de muchos otros, y se sienten continuamente agradecidos por ese

apoyo. Por otro lado, muchas personas cuyo éxito se detiene en algún punto se encuentran en esa posición porque se han separado de todos los que les han ayudado. Se ven a sí mismos como la única fuente de sus logros. A medida que se tornan más egocéntricos y aislados, pierden su creatividad y capacidad de éxito. Reconozca continuamente las contribuciones de otros, y automáticamente creará espacio en su mente y en el mundo para un éxito mucho mayor. Se sentirá motivado a lograr aun más por aquellos que le han ayudado. Enfóquese en apreciar y agradecer a los demás, y las condiciones siempre aumentarán para apoyar su éxito creciente.[1]

Si desea ser un líder de éxito, necesitará el apoyo de muchas personas; y si es sabio, apreciará y reconocerá el aporte de ellas a su éxito.

Ayuda en el camino

En los primeros años de mi recorrido como líder, continuamente me hacía la pregunta: ¿Qué puedo lograr? Estaba demasiado enfocado en mí mismo y en lo que *yo* podía hacer. No me tomó mucho tiempo descubrir que lo que podía lograr de esta forma era bastante insignificante. Los hombres que se forjan a sí mismos no hacen mucho. Rápidamente cambié mi pregunta a: ¿Qué puedo lograr junto con otros? Me di cuenta de que el éxito sería mío

> *Como líder, no saldrá adelante hasta que su gente vaya detrás de usted.*

solo si había otros que me ayudaran. Como líder, no saldrá adelante hasta que su gente vaya detrás de usted.

Cuando miro a las personas que me ayudaron a través de los años, puedo ver que caen en dos grupos principales: mentores y partidarios. Los mentores me enseñaron, me guiaron y muchas veces me tomaron en su seno. Estoy sumamente agradecido con ellos. Esto es lo interesante acerca de ellos:

Algunos me ayudaron sin conocerme nunca

No me es posible contar la cantidad de mentores que he tenido pero que nunca he conocido. La mayoría de ellos me han enseñado a través de los libros que han escrito… a través de lo que otros han escrito acerca de ellos y de sus ideas. Me han alcanzado más allá del tiempo para instruirme y su legado continúa en mí.

Algunos que me conocían nunca supieron que me ayudaron

Muchos individuos han sido ejemplo de los principios de liderazgo y del éxito que he podido aplicar a mi vida. Les he observado y he aprendido muchas de las cosas que ahora realzan el valor de mi vida. Cuando tengo la oportunidad, me gozo en poder expresarles mi gratitud a estos mentores involuntarios.

Algunos me conocían y sabían que me habían ayudado

Estas personas ofrecieron ayuda intencionadamente. Algunos de ellos tomaron en su seno a un líder joven que no tenía idea de lo poco que sabía. Otros vieron a un líder que estaba surgiendo y le guiaron en el proceso. Otros continúan ayudándome hoy a agudizar mi forma de pensar y a mejorar como líder. La mayoría de las cosas buenas que me suceden son el resultado directo del compromiso que tienen de añadirle valor a mi vida.

Los mentores en mi vida extendieron la mano frecuentemente para levantarme hasta donde ellos se hallaban. Los partidistas desempeñan a menudo otro papel: ellos me levantan y hacen que sea mejor de lo que sería por mí mismo. Cuando pienso en los diferentes tipos de personas que han desempeñado y que continúan desempeñando ese papel en mi vida, reconozco que la mayoría de ellos cae en una de varias categorías. Las mencionaré porque podrían serle útiles para identificar los tipos de personas que le están ayudando:

- **Aliviadores de tiempo:** personas que me ahorran tiempo
- **Complementan dones:** personas que hacen cosas para las cuales carezco de dones
- **Jugadores de equipo:** personas que añaden valor a mi persona y a mi equipo
- **Pensadores creativos:** personas que resuelven problemas y me ofrecen alternativas
- **Cerradores de puertas:** personas que terminan sus tareas con excelencia
- **Promotores de personas:** personas que desarrollan y levantan a otros líderes y productores

- **Líderes siervos:** personas que dirigen con la actitud correcta
- **Estiran la mente:** personas que amplían mi forma de pensar y mi espíritu
- **Trabajadores de red:** personas que traen a otras a mi vida y que le añaden valor
- **Mentores espirituales:** personas que me alientan en mi fe
- **Amigos incondicionales:** personas que conocen mis debilidades, y sin embargo me aman incondicionalmente

Estoy sumamente agradecido con estas personas. Las respeto, valoro y aprecio. No me es posible tener éxito sin ellas y se los hago saber diariamente. Un proverbio chino dice: «Detrás de un hombre capaz siempre hay otros hombres [y mujeres] capaces». Eso ciertamente se ha cumplido en mi vida.

LA VISIÓN DEPENDE DE LOS DEMÁS

He tenido muchos sueños grandes en mi vida, pero Dios nunca me ha dado un sueño que pudiera lograr por mí mismo. Y debido a que mis sueños siempre son más grandes que yo, solo me quedan dos alternativas: Puedo darme por vencido, ¡o puedo buscar ayuda! Escojo buscar ayuda.

La mayor parte de los días que no estoy de viaje, trabajo desde mi oficina en casa. Sin embargo la semana pasada, mientras caminaba por nuestro complejo de oficinas, recibí recordatorios continuos del hecho de que los líderes logran el éxito solamente cuando otros así lo desean:

> *«Detrás de un hombre capaz siempre hay otros hombres [y mujeres] capaces».*
> *—Proverbio chino*

En una oficina hay un cuadro de mi padre, mi hermano y yo. Sin duda, muchas de las bendiciones de mi vida me han llegado como resultado de ellos. Mi padre es una de las influencias más grandes de mi vida. Continúa siendo un héroe para mí. Mi hermano, Larry, es uno de mis asesores más íntimos y mejores amigos.

En las paredes de las oficinas de EQUIP, veo fotografías de líderes de países de todo el mundo que han colaborado con EQUIP para capacitar a millones de líderes a nivel mundial. La misión es imposible sin ellos.

En la recepción de INJOY Stewardship Services (ISS) hay un águila de cristal de Murano que me fue dada por mi casa publicadora, Thomas

Nelson, para conmemorar la venta de diez millones de ejemplares de mis libros. Por muchos años ese equipo ha realzado mi valor como escritor, y de nuestras muchas reuniones han salido ideas magníficas que me han elevado a niveles más altos como autor. ¿Dónde estaría sin ellos?

En los pasillos de ISS cuelgan fotografías de mega iglesias que han sido edificadas a causa de nuestra experiencia en la recaudación de fondos. Los muchos miembros del equipo de ISS han sido mis representantes ante estas iglesias y ante muchos otros como consultores y socios para ayudarles a tener éxito. Nada de esto se habría logrado sin ellos.

Podría continuar hablando de esto. Cada persona tiene parte en mi éxito. Si los retirara, lo que podría lograr por mí mismo sería insignificante.

Las personas valoran cuando trabajan para alguien que las aprecia.

¿Cuál es mi respuesta como líder cuando comprendo esta lección? Gratitud, por supuesto. Les doy las gracias a las personas que me han llevado sobre sus hombros. Sé que estoy donde estoy gracias a ellos. El vocablo inglés *thanks* (gracias) proviene de la misma raíz que *think* (pensar). Tal vez si los líderes pensaran más en la contribución de los demás, serían más agradecidos.

Lo cierto es que el éxito aumenta cuando otros se unen a nuestra causa. Los seguidores hacen posible que haya líderes. Los grandes seguidores posibilitan la existencia de grandes líderes. Si nunca aprende esa lección como líder, su eficiencia nunca llegará al nivel más alto, y se la pasará reclutando constantemente miembros para un equipo con mucho movimiento de personal. Las personas valoran cuando trabajan para alguien que las aprecia.

POCOS LÍDERES ALCANZAN EL ÉXITO, A MENOS QUE HAYA MUCHOS QUE ASÍ LO DESEEN

EJERCICIOS DE APLICACIÓN

1. ¿Quién le apoya? ¿Qué tipo de personal de apoyo trabaja con usted? Vea la lista dada en este capítulo:

- **Aliviadores de tiempo:** personas que me ahorran tiempo
- **Complementan dones:** personas que hacen cosas para las cuales carezco de dones
- **Jugadores de equipo:** personas que añaden valor a mi persona y a mi equipo
- **Pensadores creativos:** personas que resuelven problemas y me ofrecen alternativas
- **Cerradores de puertas:** personas que terminan sus tareas con excelencia
- **Promotores de personas:** personas que desarrollan y levantan a otros líderes y productores
- **Líderes siervos:** personas que dirigen con la actitud correcta
- **Estiran la mente:** personas que amplían mi forma de pensar y mi espíritu
- **Trabajadores de red:** personas que traen a otras a mi vida y que le añaden valor
- **Mentores espirituales:** personas que me alientan en mi fe
- **Amigos incondicionales:** personas que conocen mis debilidades, y sin embargo me aman incondicionalmente

Piense en cómo su gente podría encajar dentro de estas categorías. ¿Existen algunas otras que no se mencionan y que valora? En tal caso, ¿cuáles son? Finalmente, ¿hay categorías para las cuales no puede anotar a nadie? ¿Qué hará para hallar a las personas que llenen esos vacíos?

2. ¿Cómo dice usted «gracias»? Una parte importante de ser un líder eficiente es apartar tiempo para mostrarles gratitud a las personas que le están llevando al éxito. ¿Cómo lo hace? ¿Les ha dicho «gracias» específicamente a todas las personas en su lista de apoyo? ¿Les ha dicho cuál es su contribución y cuánto las valora? ¿Las recompensa por ello periódicamente? Si no muestra su agradecimiento de modo genuino en forma habitual, no conservará a su gente por mucho tiempo.

3. ¿Quiénes son sus mentores? ¿Quién le está guiando y ayudándolo a ascender a su nivel en la actualidad? Si no hay nadie desempeñando este papel en su vida en este momento, halle a alguien. ¿Qué hay de sus mentores del pasado? ¿Les ha dado las gracias? Si no lo ha hecho, aparte tiempo esta semana para escribir notas de gratitud e indicarles lo agradecido que está por la forma en la que ellos añadieron valor a su vida.

Momento para mentores

Este es un buen momento para darles las gracias a sus aconsejados por las cosas que hacen por ayudarle en su liderazgo. Dedique cierto tiempo reflexionando en cuanto al aporte de cada individuo. Identifique específicamente lo que hacen por usted y cómo esto le ayuda. Luego comuníqueselos en forma verbal y por escrito, y también recompénselos de alguna manera.

25

Uno solo obtiene respuesta a las preguntas que hace

La confianza puede definirse como aquella sensación edificante, vigorizante y positiva que uno posee antes de comprender en realidad su situación. Después de haberme graduado de la universidad, fui a mi primer empleo con mucha confianza. Sentí que estaba listo para tomar el desafío de guiar a una pequeña congregación. Pensé que sería fácil; pero entonces enfrenté la realidad de dirigir a voluntarios. Fue tan frustrante. Descubrí que no estaba listo para la tarea y no tenía ni la menor idea de cómo llegar a estar listo.

La confianza puede definirse como aquella sensación edificante, vigorizante y positiva que uno posee antes de comprender en realidad su situación.

Tenía muchas preguntas, pero mi mayor problema era que mi ego no me permitía hacerlas. En lugar de ello, fingía saber lo que estaba haciendo. Créame, ¡esa no es una buena receta para un liderazgo exitoso! Después de unos cuantos meses, me sentía desesperado. Un proverbio chino dice: «El que pregunta es un necio por cinco minutos, pero el que no pregunta es necio para siempre». Finalmente llegué a la conclusión de que sería mejor *parecer* ignorante que *ser* ignorante. Decidí arriesgarme a ser necio por cinco minutos y empecé a hacer preguntas.

Me gustaría poder decir que esto resolvió mis problemas instantáneamente y cambió todas las cosas, pero no fue así. ¿Por qué? Al principio, mis preguntas no eran las correctas. ¡Sin embargo, eso no importaba porque además les estaba preguntando a las personas incorrectas! Afortunadamente, luego de cierto tiempo descubrí que si perseveraba y continuaba haciendo preguntas, eventualmente eso me conduciría a las personas indicadas. El proceso tomó años. Estas son las buenas noticias: cuando uno sabe las preguntas correctas a hacer y va con ellas a las personas correctas, ¡en última instancia recibe las respuestas correctas!

LA BÚSQUEDA DE LAS PREGUNTAS CORRECTAS

No todos descubren este secreto. Leí una historia divertida acerca de tres hermanos con mucho espíritu de competencia que salieron de su casa para hacer fortuna, y a cada uno de ellos le fue muy bien. Un día se reunieron y empezaron a jactarse de los obsequios que recientemente habían dado a su anciana madre.

> *«El que pregunta es un necio por cinco minutos, pero el que no pregunta es necio para siempre».*
> *—Proverbio chino*

El primero dijo: —Le construí una casa grande a mamá.

El segundo dijo: —Bueno, yo le conseguí el mejor Mercedes que hay, junto con su propio chofer.

—Los he dejado atrás a ustedes dos —dijo el tercero—. Ustedes saben cómo mamá disfruta de la Biblia, y saben que ella ya no ve muy bien. Le envié un loro café que puede recitar toda la Biblia. Veinte monjes en un monasterio tomaron doce años para enseñarle. Tuve que contribuir a la orden con $100.000 anuales durante diez años para que lo entrenaran, pero valió la pena. Basta con que mamá cite el capítulo y versículo, y el loro lo recita.

Poco tiempo después, cada uno de los hijos recibió una nota de la madre. Al primer hijo le escribió: «Milton, la casa que me construiste es tan enorme. Vivo en solo una de las habitaciones, pero me toca limpiar toda la casa».

Al segundo hijo escribió: «Marty, estoy demasiado vieja para ir a ninguna parte. Me quedo en casa todo el tiempo, así que nunca uso el Mercedes. ¡Además ese chofer es muy grosero!».

El mensaje al tercero de los hijos fue más delicado: «Mi queridísimo Melvin, eres el único hijo que sabe lo que a tu madre le gusta. El pollo estuvo delicioso».

¡A algunos les toca aprender la importancia de hacer preguntas de la manera difícil!

Hacerlas con frecuencia distingue a las personas que logran el éxito de las que no. ¿Por qué? Porque uno solo puede obtener respuestas a las preguntas que hace. Si no hay preguntas, no hay respuestas. Como lo dijo el financiero y asesor presidencial Bernard Baruch: «Millones vieron la manzana caer, pero Newton fue el único que preguntó por qué».

> «Las preguntas de calidad crean una vida de calidad. Las personas de éxito hacen mejores preguntas, y como resultado de ello, obtienen mejores respuestas».
> —Anthony Robbins

Algunos de los momentos más estimulantes de mi vida llegaron como resultado de hacerles preguntas a personas de éxito y luego escuchar sus respuestas. Al principio de mi carrera me propuse buscar a líderes en mi campo que estuvieran entre los mejores del país. Me reunía con tantos como pudiera y sencillamente les hacía preguntas por treinta minutos o más. Mientras hablaban, yo tomaba apuntes. (Mi madre me dio un buen consejo cuando me dijo: «Sé un buen oidor. Tus oídos nunca te meterán en problemas».) No puedo explicar cuánto me ayudó en mi carrera lo que aprendí de ellos.

Aún hoy, a los sesenta años de edad, busco a líderes exitosos para hacerles preguntas. Trato de reunirme con algunos individuos a quienes admiro y respeto por lo menos media docena de veces al año. Antes de hacerlo, paso bastante tiempo preparándome. El autor Brian Tracy comenta: «Un estimulante importante para el pensamiento creativo son las preguntas bien centradas. Hay algo en una pregunta bien formulada que frecuentemente penetra al corazón del asunto y desencadena nuevas ideas y perspectivas». Como lo dice el orador Anthony Robbins: «Las preguntas de calidad crean una vida de calidad. Las personas de éxito hacen mejores preguntas, y como resultado de ello, obtienen mejores respuestas».

LA PRIMERA PERSONA A QUIEN PREGUNTAR...

Es difícil para mí aconsejarle con quién hablar y qué preguntar para crecer y mejorar como líder. Realmente depende del tipo de trabajo que hace, del punto en el cual se encuentra en su recorrido y de cuánto desea crecer. Sin embargo, puedo decirle esto: Antes de salir a entrevistarse con un montón de líderes, es imprescindible que haga algo primero. Es necesario que se haga algunas preguntas *a sí mismo*. Si no está haciendo las cosas correctas para fijar el rumbo general de su vida, entonces de poco le servirá obtener consejos y respuestas de los demás. Si se hace las preguntas correctas a sí mismo y si se pone al día como líder, entonces le quedará claro qué cosas deberá preguntar a otros.

Hace varios años escribí diez preguntas que pienso que necesito hacerme periódicamente. Creo que responderlas me ayudó a ponerme al día como líder y me ayudó a crecer como individuo. Espero que también sirvan para añadirle valor a usted:

1. ¿Estoy invirtiendo en mí mismo? — Esta es una pregunta de crecimiento personal

Discutí este tema con profundidad en el capítulo «Siga aprendiendo para seguir dirigiendo», así que solo lo mencionaré aquí. La realidad es que los líderes frecuentemente fracasan en llenarse a sí mismos lo suficiente como para poder darle algo a los demás. Sin embargo, no se puede dar lo que no se tiene. Los buenos líderes invierten en sí mismos, y lo hacen no como un fin en sí, sino por beneficiar a otros. Aprenda más y podrá dirigir mejor, y desarrollar a mejores líderes.

2. ¿Estoy genuinamente interesado en los demás? — Esta es una pregunta sobre motivos

Cuando las personas me dicen que quieren ser líderes, yo pregunto el por qué. Algunas veces sus respuestas tienen que ver con el control o el poder. Otras veces puedo discernir que están interesados en las ventajas: un buen estacionamiento, la oficina de la esquina, un mejor salario, un título respetado, etc. Rara vez escucho lo que creo que es la única respuesta correcta al deseo de querer ser líder: ayudar a los demás.

De las diez preguntas que me hago, esta es la que demanda mi enfoque con más frecuencia. ¿Por qué? Porque sé lo que el poder puede hacerle a una persona. Es muy fácil pasar de ser un líder siervo a ser un líder egocéntrico. Esto lo digo porque una de las cualidades que todos los buenos líderes poseen es la capacidad de evaluar las situaciones rápidamente e idear un plan de acción. No serán más inteligentes que otros, pero a menudo son más rápidos. ¿Y qué hay de malo en eso? Puesto que los líderes pueden evaluar las cosas con prontitud, con frecuencia se encuentran en posición de atender a sus propias necesidades y deseos primero, establecerse, antes de ayudar a los demás. Esa *siempre* es una tentación para el líder, y siempre está mal.

Una de las mejores maneras de protegerse contra esta tentación es tener interés genuino en las personas que dirige. Si establece relaciones con ellas, se informa de sus esperanzas y sueños, y se enfoca en ayudarles a alcanzar su potencial, será menos probable que usted haga cosas que violen la confianza de su posición de liderazgo.

3. ¿Estoy haciendo lo que me encanta y me encanta lo que hago? — Esta es una pregunta sobre pasión

Con frecuencia hay individuos que me piden consejo en cuanto a vivir una vida de éxito. Hay unos cuantos principios universales que permiten a una persona experimentar el éxito. El que siempre cito primero es: «Nunca cumplirás tu destino si estás haciendo algo que detestas».

> *Es muy fácil pasar de ser un líder siervo a ser un líder egocéntrico.*

La pasión por lo que hace es el corazón de su éxito y satisfacción. La pasión le alimenta y le dará energía cuando las personas a su alrededor se cansen. La pasión le ayudará a hallar las respuestas cuando los demás dejen de tener ideas creativas. La pasión fortalecerá su voluntad cuando los demás abandonen la lucha. La pasión le dará el valor de arriesgarse cuando los demás anhelen seguridad. La pasión le permitirá jugar… los demás trabajan todos los días.

Las personas tienden a caer en rutinas. Frecuentemente me hago la pregunta: ¿Todavía me encanta lo que hago, o solo estoy haciendo lo que hago? Quiero asegurarme de que sigo apasionado, porque si no, sé lo que puede empezar a pasar. Los líderes que continuamente cumplen tareas que les disgustan corren el peligro de no solo dejar de trabajar con excelencia, sino que también ponen su integridad en riesgo porque se sienten tentados a transigir en lo que no deben o a tomar atajos.

4. ¿Estoy invirtiendo mi tiempo con las personas correctas? — Esta es una pregunta sobre relaciones personales

Hace treinta años escuché a Charles «Tremendous» [el tremendo] Jones decir: «En cinco años, su vida será igual que hoy, excepto por las personas que conozca y los libros que lea». Cuando era joven, hice caso de sus palabras. Fue entonces que empecé a buscar a personas cuyas vidas admiraba. Si podía obtener una cita con ellas, lo haría. Si no lo lograba, compraba sus enseñanzas en cinta magnetofónica o disco compacto, o asistía a sus conferencias.

La tesis de mi libro *Cómo ganarse a la gente* resalta la importancia de otras personas en nuestras vidas: «Las personas usualmente pueden encontrar el origen de sus éxitos y fracasos por las relaciones de sus vidas». He observado lo siguiente:

> *Pregúntese: ¿Todavía me encanta lo que hago, o solo estoy haciendo lo que hago?*

Si estoy con las personas incorrectas, haciendo las preguntas incorrectas, estoy desperdiciando mi tiempo.

Si estoy con las personas correctas, haciendo las preguntas incorrectas, estoy desperdiciando el tiempo de ellos.

Si estoy con las personas incorrectas, haciendo las preguntas correctas, estoy gastando el tiempo.

Si estoy con las personas correctas, haciendo las preguntas correctas, estoy invirtiendo mi tiempo.

Lo he dicho antes, pero vale la pena repetirlo. Halle a las personas correctas y haga las preguntas correctas si desea seguir creciendo como líder.

5. ¿Estoy permaneciendo en mi área fuerte? — Esta es una pregunta sobre la eficiencia

Mencioné este tema en el capítulo «Entre a la zona y permanezca allí», así que ya sabe lo que pienso sobre esto. Henry Ford observó: «Preguntar: "¿Quién debe ser el jefe?" es como preguntar: "¿Quién debe ser el tenor del cuarteto?" Obviamente, el que puede cantar de tenor». Los ejecutivos eficientes edifican las áreas fuertes... tanto las suyas como las de sus superiores, colegas y subordinados, y edifican sus áreas fuertes en cada situación, es decir, en lo que pueden hacer. No edifican sus áreas débiles. No empiezan a edificar sobre un fundamento de cosas que no pueden hacer. ¡Sepa lo que hace bien, y corra con ello!

6. ¿Estoy llevando a otros a un nivel más alto? — Esta es una pregunta sobre la misión

Como he mencionado antes, la pregunta sobre la eficiencia de un líder solo puede responderse mirando a sus seguidores. ¿Están las personas bajo su liderazgo mejorando o empeorando? ¿Están ascendiendo o descendiendo? ¿Su futuro es más brillante o más sombrío?

Cuando viajo a países en vías de desarrollo, animo a los líderes a hacerse esta pregunta. Tristemente, en muchos de estos lugares las cosas mejoran solamente para los líderes y unos cuantos de sus favorecidos, pero está mal cuando un líder se supera mientras que los demás sufren.

> *Mi misión como líder es añadir valor a los demás. Esa es la única razón por la cual debo tener el privilegio de dirigirlos.*

Cada día me recuerdo que mi misión como líder es añadir valor a los demás. Esa es la única razón por la cual debo tener el privilegio de dirigirlos. Si los demás están ascendiendo a un nivel más alto, entonces debo continuar dirigiendo. Si lo contrario es cierto, entonces otra persona debiera ocupar mi lugar.

7. ¿Estoy cuidando de hoy? — Esta es una pregunta sobre el éxito

El secreto del éxito lo determina su agenda diaria. Las personas de éxito toman las decisiones temprano y luego administran esas decisiones diariamente. Mi opinión en cuanto a esta idea es tan fuerte que escribí todo un libro al respecto, llamado *Hoy es importante*. Si me enfoco en el hoy y hago lo que hoy requiere, entonces me estoy preparando para el mañana. Si no cuido de hoy correctamente, entonces mañana estaré reparando esas equivocaciones.

Las personas que poseen visión quieren cambiar las cosas para forjar un futuro mejor. Sin embargo, no pueden *hacer* nada positivo en realidad si ponen todo su enfoque en el futuro. Cuando las personas me piden consejo sobre cambiar algo en sus vidas, les digo: «Nunca cambiarás tu vida hasta que empieces a cambiar algo que haces diariamente». Si cada día usted se pregunta: «¿Estoy cuidando de hoy?», podrá mantener su rumbo, corregir las cosas rápidamente cuando lo pierda y forjar un mejor mañana.

8. ¿Estoy tomando el tiempo para pensar? — Esta es una pregunta sobre liderazgo estratégico

El tendón de Aquiles de muchos líderes es que dedican muy poco tiempo a pensar. Los líderes por naturaleza están orientados hacia la acción. Les gusta moverse, mover a otros y mover sus organizaciones hacia adelante. Poseen una inquietud innata. Eso frecuentemente les lleva a resistirse a la práctica de apartar el tiempo suficiente para pensar, de modo que puedan dirigir eficientemente.

Debido a que estoy lleno de energía y soy una persona activa, he tenido que disciplinarme en esta área y crear sistemas que funcionan para mí. Usted tal vez quiera emplearlos también para aumentar al máximo su tiempo para pensar. Mi sistema se ve de esta manera:

> *Nunca cambiarás tu vida hasta que empieces a cambiar algo que haces diariamente.*

- **Tengo un lugar para pensar mis pensamientos.** Hay una silla cómoda en mi oficina que empleo únicamente para pensar de modo creativo y reflexionar.
- **Tengo una manera de darles forma a mis pensamientos.** He desarrollado procesos específicos para desarrollar y profundizar las ideas que se me ocurren.
- **Tengo un equipo que me lleva a extender mis pensamientos.** Hay ciertas personas en cada área de mi vida que me desafían, añaden valor a mis ideas y me ayudan a mejorar mi manera de pensar.
- **Tengo un tiempo para probar mis pensamientos.** Antes de pasar a la fase de implementación, pruebo mis ideas con otras ideas para asegurarme de que funcionarán.
- **Tengo un lugar para ejecutar mis pensamientos.** Los buenos pensamientos tienen poco valor para los líderes si nunca se implementan. Hay personas dentro de mi organización que son capaces de tomar cualquier idea y tornarla en realidad. Pongo mis ideas en manos de estas personas y luego les doy los recursos y la autoridad para hacer que se lleven a cabo.

Esta es suficiente información probablemente como para ayudarle a comprometerse con el pensamiento estratégico. Sin embargo, si desea agudizar su forma de pensar y aprender más sobre este tema, le recomiendo mi libro *Piense, para obtener un cambio*.

9. ¿Estoy desarrollando a otros líderes? — Esta es una pregunta sobre el legado

Como dije al principio de este capítulo, cuando empecé a dirigir a voluntarios, tuve problemas para lograr que las personas me siguieran. En la medida que aprendí a dirigir, empecé a tener seguidores. Al principio pensé que eso fue un gran logro. solo cuando dejé esa primera organización y la vi deshacerse me percaté de mi error. Si desea que una organización tenga éxito por tiempo prolongado, no basta con dirigir a seguidores. Es necesario que desarrolle a otros líderes.

Me tomó mucho tiempo aprender a desarrollar a otros líderes, y me tomó aun más hacerlo en realidad. Ahora, después de muchos años de enfocar mi atención en el desarrollo de líderes, comprendo que guiar a seguidores es rápido y fácil, aunque ofrece pocos beneficios; guiar a líderes es lento y difícil, no obstante rinde muchos frutos. El precio de desarrollar líderes es sumamente alto, ¡pero también lo es el beneficio! No dirigiría de ningún otro modo.

10. ¿Estoy agradando a Dios? — Esta es una pregunta sobre la fe

Esta pregunta final tal vez no resuene para usted, pero es la más importante para mí. Le pido disculpas si le ofende, pero si voy a ser íntegro al escribir, me es necesario incluirla. Una de las preguntas clave de mi fe es ésta: «¿Qué aprovechará al hombre, si ganare todo el mundo, y perdiere su alma?».[1] Mi liderazgo y mi vida no estarían a la altura si lo que estuviera haciendo no agradara a Dios.

Algunas personas interpretan las preguntas como señal de ignorancia. Yo las considero una señal de compromiso, curiosidad y del deseo de mejorar, suponiendo que son meditadas y el individuo no sigue planteando las mismas interrogantes una y otra vez. Si no está preguntando, no está avanzando. Si no está escuchando, no está aprendiendo. (Se dice que las personas pequeñas monopolizan el hablar y las personas grandes monopolizan el oír.) Si no hace preguntas, no recibirá respuestas. Y sepa esto: Si usted es líder y ya no está haciendo preguntas, más vale que se compre una silla mecedora, la ponga en su portal y dé por terminadas sus labores, ¡porque ya se ha jubilado!

Uno solo obtiene respuesta a las preguntas que hace

EJERCICIOS DE APLICACIÓN

1. ¿Está su ego obstaculizando su crecimiento? ¿Está dispuesto a hacer preguntas que pudieran poner al descubierto su ignorancia o inexperiencia? Sea honesto: ¿Teme dar la apariencia de ser tonto? ¿Le preocupa lo que los demás piensen de usted? Si ha sido líder por mucho tiempo y se resiste a hacer preguntas, le será difícil cambiar. No obstante, sus alternativas serán parecer un necio por cinco minutos, o serlo para siempre. Empiece a hacer preguntas a partir de hoy y trabaje para controlar su incomodidad interna.

2. ¿Cuáles son las preguntas que debe hacerse? Nunca será un líder eficiente a menos que demande cuentas de sí mismo por sus acciones y su crecimiento. No es posible hacer esto sin plantearse preguntas difíciles. Elabore las suyas propias, o utilice las que se mencionan en el capítulo para cerciorarse de que está en buen camino.

1. ¿Estoy invirtiendo en mí mismo? (Crecimiento personal)
2. ¿Estoy genuinamente interesado en los demás? (Motivos)
3. ¿Estoy haciendo lo que me encanta y me encanta lo que hago? (Pasión)
4. ¿Estoy invirtiendo mi tiempo con las personas correctas? (Relaciones personales)
5. ¿Estoy permaneciendo en mi área fuerte? (Eficacia)
6. ¿Estoy llevando a otros a un nivel más alto? (Misión)
7. ¿Estoy cuidando de hoy? (Éxito)
8. ¿Estoy tomando el tiempo para pensar? (Estrategia)
9. ¿Estoy desarrollando a otros líderes? (Legado)
10. ¿Estoy agradando a Dios? (Fe)

3. ¿Quién puede recibir sus preguntas? Estar dispuesto a hacer preguntas y arriesgarse a dar la apariencia de tonto ante los demás indica una actitud adecuada hacia el aprendizaje. Sin embargo, eso no constituye un plan para el crecimiento. Piense acerca de las personas de las cuales podría aprender para crecer y luego trate de sacar citas para reunirse con ellas. Antes de reunirse, dedique como mínimo dos horas a prepararse para la entrevista y escribir las preguntas que tenga. (Si la persona ha escrito libros, léalos todos antes de escribir sus preguntas. Si ha producido lecciones, escúchelas primero. En el caso de alguien que ha escrito o enseñado mucho, la preparación podría tomarle semanas.)

Momento para mentores

Aproveche esta oportunidad para tocar el tema de ser educable con las personas a quienes sirve de mentor. ¿Con qué frecuencia hacen preguntas? ¿Qué tan abiertos están a recibir consejos, no solo de usted, sino de sus compañeros y de la gente que trabaja para ellos? Discuta con ellos los problemas que perciba en esta área.

26

LA GENTE RESUMIRÁ SU VIDA EN
UNA SOLA ORACIÓN, MÁS VALE QUE
LA ESCOJA HOY

El 18 de diciembre de 1998 sufrí un infarto cardíaco grave. Esa noche, mientras estaba en el piso esperando a la ambulancia, recuerdo haber pensado dos cosas: Primero, era demasiado joven para morir. Segundo, no había terminado algunas de las cosas que quería lograr.

Gracias a un cuidado médico excelente y a las oraciones de muchos, sobreviví y ahora gozo de buena salud. Pero durante mi recuperación, pensé mucho acerca de la vida, la muerte y el impacto que deseaba tener antes de morir. Al considerar lo que podría haber sucedido, pensé en quiénes habrían asistido a mi funeral. Me pregunté lo que diría la gente. Y en un momento de honestidad, tuve que reírme al darme cuenta de que la asistencia a mi servicio fúnebre sería determinada por el estado del tiempo, que treinta minutos después de concluido el servicio las personas estarían en algún edificio comunitario y que lo más importante que pasaría por sus mentes ¡sería dónde hallar la ensalada de papas!

¿QUÉ DEJARÉ ATRÁS?

Uno de los resultados más beneficiosos de mi infarto cardíaco fue que me motivó a preguntarme: ¿Cuál será mi legado? Un legado es algo que dejamos atrás para la generación venidera. Puede tratarse de posesiones que ponemos en manos de otros. Pueden ser principios que vivimos y que continúan más allá de nuestras vidas. También pueden ser personas sobre quienes hemos influido y cuyas vidas han mejorado como resultado de conocernos.

Ahora que estoy envejeciendo y que he empezado a pensar más en mi legado, les pregunto a los líderes que admiro qué es lo que desean dejar atrás después de la muerte. Hace unos años, durante una conferencia en la que era el anfitrión, entrevisté a John Wooden, el legendario entrenador de baloncesto del equipo UCLA Bruins, quien contaba con noventa y dos años de edad en ese momento. Le pregunté en cuanto a su legado y cómo deseaba que los que lo conocían le recordaran.

—Ciertamente no quiero que me recuerden por mis trofeos y campeonatos nacionales —dijo sin titubear. Hubo un rumor de sorpresa que recorrió a la audiencia. Hizo una pausa prolongada, pensando. Finalmente, dijo: —Espero que las personas me recuerden como alguien que fue gentil y considerado con los demás. Todos tuvimos una sensación de humildad por la sabiduría sencilla que demostró, y nos hizo recordar la diferencia importante que existe entre los valores y las cosas. John Wooden logró un éxito profesional más allá de los sueños más fantásticos de la mayoría de la gente, pero quería ser recordado por la forma en que había tratado a los demás.

¿QUÉ DEJARÁ USTED ATRÁS?

Algún día usted y yo moriremos. Eventualmente nuestras vidas se resumirán en una sola frase. ¿Qué quiere que diga la suya? Claire Booth Luce inteligentemente denominó a esta la «frase de la vida». Si crea su legado intencionadamente, los que asistan a su funeral no tendrán que preguntarse cuál era su frase de la vida.

Eleanor Roosevelt observó: «La vida es como un salto en paracaídas; hay que hacerlo bien la primera vez». Siendo honestos, ninguno de nosotros lo hace completamente bien. Pienso que todos desearíamos poder volver atrás y hacer cambios en nuestras vidas. Sin embargo, podemos escoger vivirlas de hoy en adelante en forma tal que continuemos haciendo un impacto positivo sobre otros aun después de nuestra muerte. Podemos crear un legado que valga la pena dejar. Para lograr esto, le sugiero que haga lo siguiente:

1. *Escoja hoy el legado que desea dejarle a los demás*
Los legados que se pasan a los demás pueden ser intencionados o involuntarios. He observado que la mayoría son *involuntarios*. He recibido legados de muchas personas que no estaban invirtiendo intencionadamente en

mí. Por ejemplo, mi abuelo Maxwell fue un ejemplo de determinación y voluntad fuerte. Mi abuela Roe fue la primera en compartir conmigo una gran pasión por viajar. Mi madre me dio amor incondicional. Mi maestro de quinto grado, el señor Horton, me ayudó a verme a mí mismo como líder. Wayne McConnahey despertó mi interés por los deportes. Cada uno de ellos tuvo un impacto enorme en mi vida que continúa hasta hoy: mi determinación, el amor por viajar, mi pasión por el liderazgo y el placer de los deportes. Sin embargo, no creo que ninguno de ellos se haya propuesto pasarme estas cosas de manera consciente. Sencillamente eran como eran y «capté» estas cualidades por estar alrededor de ellos.

Anatole France, novelista ganador del Premio Nobel, observó: «El hombre promedio no sabe qué hacer con su vida, sin embargo anhela tener otra que dure para siempre». La mayoría de las personas no son intencionadas en cuanto al legado que desean crear, pero debieran serlo. Nadie se preocupará más por el legado que deje atrás que usted mismo. Si no se hace responsable de él y de llevarlo hasta el final, nadie más lo hará.

> «El hombre promedio no sabe qué hacer con su vida, sin embargo anhela tener otra que dure para siempre».
> —Anatole France

Escoja su legado. Sea intencionado al respecto. De ese modo tendrá la posibilidad de tener un impacto más grande sobre una generación futura. Puede empezar a hacerlo hoy definiendo su «frase de la vida». No logrará definirla toda de una sola vez. Si usted es como yo, necesitará refinarla una y otra vez. Empecé a pensar en el propósito de mi vida para finales de la década de 1960, y este ha evolucionado continuamente. Esta es la forma en la cual mi frase de la vida ha cambiado a través de los años, junto con mi manera de pensar:

Quiero ser un gran pastor.
Quiero ser un gran comunicador.
Quiero ser un gran escritor.
Quiero ser un gran líder.

En la medida que crecí y que se fueron ampliando mis horizontes, la oración que describió mi propósito continuó cambiando. Entonces llegó el momento en el cual vi esas declaraciones y me di cuenta de que mi deseo de ser eficiente como pastor, comunicador, escritor y líder en realidad eran el deseo de añadir valor a las personas.

Observará que ha habido un cambio significativo en mi forma de pensar, uno que es crítico a fin de crear intencionadamente un legado. Ahora, en lugar de enfocarme en lo que quiero llegar a ser, me he enfocado en otras personas, y he refinado mi frase de la vida aun más. Ahora es: **Quiero añadir valor a los líderes que multiplicarán el valor de otros.** Cuando muera, espero que otros confirmen que eso es precisamente lo que he hecho.

El autor y experto en liderazgo, John Kotter, una vez me dijo: «La mayoría de las personas no dirigen sus vidas, sino que sencillamente las aceptan». No permita que esa afirmación se cumpla en usted. Empiece a escoger el legado que dejará a los demás. Tal vez esto solo será el

> «La mayoría de las personas no dirigen sus vidas, sino que sencillamente las aceptan».
> —John Kotter

inicio del proceso, pero eso está bien. Hay que empezar para poder terminar.

2. Viva hoy el legado que desea dejar

Una cosa es identificar un legado, pero otra cosa es pasarlo. La mejor garantía de que dejará el que desea es su manera de vivir. En mi libro *Hoy es importante*, señalo que el secreto del éxito de una persona es determinado por su agenda. Pienso que también puede decirse con seguridad que el secreto de su legado es determinado por su agenda. La suma de su manera de vivir cada día se convierte en su legado. Sume cada una de las acciones durante el transcurso de muchos años, y podrá ver que su legado empieza a tomar forma.

En su libro *Training for Power and Leadership* [Capacitación para el poder y liderazgo], Grenville Kleiser escribe:

> Su vida es como un libro. El título contiene su nombre, el prefacio es su introducción al mundo. Las páginas son un registro diario de sus esfuerzos, pruebas, placeres, desencantos y logros. Día tras día sus pensamientos y acciones se inscriben en su libro de la vida. Hora tras hora se hace un registro que deberá permanecer por todos los tiempos. Una vez que se precisa escribir la palabra *finis*, que se diga de su libro que es un registro de un propósito noble, un servicio generoso y una labor bien hecha.

La mayoría de las personas no pueden escoger cuándo ni cómo morirán, pero sí pueden decidir cómo van a vivir. El sociólogo Anthony Campolo cuenta acerca de un estudio en el cual a cincuenta personas de más de noventa y cinco años de edad se les hizo una pregunta: «Si pudiera vivir su vida nuevamente, ¿qué haría diferente?». La pregunta era abierta, y las respuestas de las personas eran variadas. Sin embargo, tres temas emergieron constantemente:

Si tuviera que hacerlo todo nuevamente, reflexionaría más.
Si tuviera que hacerlo todo nuevamente, arriesgaría más.
Si tuviera que hacerlo todo nuevamente, haría más cosas que permanecieran después de mi muerte.

Cuando llegue al final de su vida, espero que no tenga remordimientos, que haya vivido la vida a lo sumo, y que haya hecho todo lo que pudo cada día para aprovechar al máximo su tiempo en la tierra. Ser intencionado en cuanto a su legado y vivirlo cada día le ayudará a hacer eso.

> La mayoría de las personas no pueden escoger cuándo ni cómo morirán, pero sí pueden decidir cómo van a vivir.

3. Aprecie hoy el valor de un buen legado

Charles F. Kettering, el inventor quien una vez fuera jefe de la división de investigación de la General Motors, afirmó: «Lo más grande que esta generación puede hacer es poner pasaderas para la siguiente generación». Produce mucho gozo llevar a otros a lugares en los que nunca han estado y a alturas que nunca habían soñado posibles. Como líder, tiene una gran oportunidad de hacer esas cosas.

Pienso que la habilidad de crear un legado positivo depende en gran manera de la actitud de una persona. Primero, a usted debe importarle la gente. Segundo, hay que apreciar el gran impacto que puede tener un buen legado, pero también hay que tener la perspectiva correcta. Hay que reconocer lo poco importante que somos en comparación con la tarea que se nos ha encomendado como líderes. Para ello se requiere un nivel de objetividad, madurez y humildad que muchos líderes nunca logran. Su meta como líder no es ser indispensable para las personas que dirige; es dejarle a su gente algo que le resulte indispensable.

El educador D. Elton Trueblood escribió: «Hemos hecho al menos un comienzo al descubrir el significado de la vida humana cuando plantamos árboles que den sombra debajo de los cuales sabemos a ciencia cierta que jamás nos llegaremos a sentar». Ese es el tipo correcto de perspectiva para alguien que crea su legado.

INVERSIÓN EN LA GENERACIÓN VENIDERA

Reconozco que mi perspectiva sobre el tema del legado está fuertemente influida por la fase de la vida en la que me encuentro. Tengo sesenta años de edad, nuestros hijos han crecido, y Margaret y yo estamos en la época de la vida en la cual disfrutamos de nuestros nietos. En contraste, si su familia es joven, el enfoque actual para edificar su legado probablemente son sus hijos. Así debiera ser. Cuando nuestros hijos eran jóvenes, Margaret y yo estábamos enfocados en inculcar valores y habilidades en Elizabeth y Joel. Mientras crecían, determinamos que queríamos darles cuatro cosas:

> *«Hemos hecho al menos un comienzo al descubrir el significado de la vida humana cuando plantamos árboles que den sombra debajo de los cuales sabemos a ciencia cierta que jamás nos llegaremos a sentar».*
> *—D. Elton Trueblood*

- Amor incondicional
- Un fundamento de fe
- Principios de la vida/del éxito
- Seguridad emocional

Me complace poder decir que nuestros hijos están casados, viven sus propias vidas y están pasando sus valores a sus propios hijos. Margaret y yo vemos los valores, esperanzas, sueños, experiencias y bendiciones de nuestra familia pasarse a otra generación. Es sumamente satisfactorio, y me recuerda de algo dicho por el reformador social Henry Ward Beecher: «Debiéramos vivir y laborar en el tiempo que se nos ha concedido de forma tal que lo que nos llegó como semilla pase a la generación siguiente como flor, y lo que nos llegó como flor pase como fruta. Eso es lo que quiere decir el progreso».

Existe un poema llamado «El constructor de puentes» que he disfrutado por muchos años. Fue compuesto por el poeta Will Allen Dromgoole,

de Tennessee, y describe lo que significa crear un legado para los que nos
siguen:

> Caminaba un anciano por un sendero desolado,
> al caer la tarde de un día frío y nublado.
> Llegó él a un barranco muy ancho y escabroso
> por cuyo fondo corría un lúgubre arroyo.
> Cruzó así al otro lado en la tenue luz del día,
> pues aquello al anciano ningún miedo ofrecía.
> Al llegar a la otra orilla construyó el hombre un puente
> que hiciera más seguro atravesar la corriente.
>
> —¡Escuche! —le dijo un viajero que pasaba por allí—,
> malgasta usted su tiempo al construir un puente aquí.
> Su viaje ya termina, pues ha llegado el fin del día
> y ya nunca más transitará por esta vía.
> Ha cruzado el barranco, dejando atrás lo más duro,
> ¿por qué construye un puente, estando ya tan oscuro?
>
> El anciano constructor levantó entonces la cabeza:
> —Es que por este mismo camino —respondió con firmeza—,
> noté que hace algunas horas me trataba de alcanzar
> un jovencito inexperto que por acá ha de cruzar.
> Este profundo barranco para mí no ha sido nada,
> mas para el joven que viene será una encrucijada.
> En las sombras pasará cuando llegue aquí,
> es por eso que para él este puente construí.

¿Qué clase de puente está construyendo para los que le siguen? ¿Está
sacándole el máximo provecho a su liderazgo, no solo para usted, sino también para los que le siguen hoy y los que le seguirán mañana? Saber que un
día las personas resumirán su vida en una sola oración es algo que da que
pensar. Escoger esa frase ahora es una forma de decirle gracias a Dios, a la
vida, a la familia y a las personas que nunca llegará a conocer.

La gente resumirá su vida en una sola oración, más vale que la escoja hoy

EJERCICIOS DE APLICACIÓN

1. *¿Cuánta importancia le ha dado a su legado?* Para muchos líderes, dejar un legado es lo último que les viene a la mente. ¿Qué lugar de importancia ocupa para usted? ¿Había pensado en la idea antes de leer este capítulo? ¿Está preparado para empezar a pensar en lo que le gustaría que fuera? No importa en qué punto del recorrido de liderazgo se encuentre, ya sea un líder joven novato, o un veterano de muchas actividades, nunca es demasiado temprano para pensar en lo que quiere que su vida signifique para los demás cuando haya terminado. Elija hacer de la creación de un legado una prioridad.

2. *¿Qué quiere usted que sea su legado?* Determinar su legado toma tiempo. Para empezar el proceso, hágase las tres preguntas siguientes:

- ¿Cuáles son mis responsabilidades? (Esto le ayuda a identificar lo que *debiera* hacer.)
- ¿Cuáles son mis habilidades? (Esto le ayuda a identificar lo que *puede* hacer.)
- ¿Cuáles son mis oportunidades? (Esto le ayuda a identificar lo que *podría* hacer.)

Después de responder a estas preguntas, trate de usar sus respuestas para escribir una «frase de la vida» concisa.

3. *¿Está viviendo ese legado hoy?* Un legado no se crea sencillamente por el hecho de que un individuo escriba una frase de la vida. Sucede porque ese individuo lo vive todos los días. ¿Su vida actual es conforme a esa frase que ha escrito para sí? En caso negativo, ¿por qué no? ¿Qué debe dejar de hacer? ¿Qué debe empezar a hacer? ¿Qué debe hacer más? Los ajustes de su vida pueden ser pequeños o pueden requerir de transiciones grandes. Empiece a trabajar en ellas hoy.

Momento para mentores

Pídales a sus aconsejados que identifiquen la meta final de su obra. Pídales que describan cómo será (y cómo serán *ellos*) cuando lleguen allí. Pídales que expliquen por qué escogieron esa meta y lo que tomará llegar a ella. Pídales que la detallen tanto como puedan y entonces pídales que describan las formas en las cuales sus acciones actuales apoyan su meta de modo coherente y en qué maneras son incoherentes o socavan su meta. Indíqueles que identifiquen los cambios que necesitan hacer para ponerse en el rumbo correcto para lograr sus metas. Pídales que escriban una declaración de su legado, seguida de una lista de valores que deberán adoptar y acciones que deberán llevar a cabo para darles la mejor oportunidad de lograr ese legado.

Conclusión

Espero que haya disfrutado de las veintiséis lecciones que he incluido en este libro. Lo que es más importante, espero que se haya beneficiado de ellas. El peligro de un libro como este es que es fácil leerlo rápidamente, comprendiendo los conceptos que contiene, pero sin realmente *hacer* nada con ellos. La información sola no le ayudará a convertirse en mejor líder. Necesita aplicarla a su vida si desea cambiar y mejorar.

Si el liderazgo es algo nuevo para usted, entonces confío en que ya esté viendo mejoras en su capacidad de liderazgo como resultado de leer este libro y de aprender de mis errores. Haga lo que haga, no se detenga allí. El liderazgo no se desarrolla en un momento. Se desarrolla a lo largo de una vida, y cuanto más intencionado sea con respecto al crecimiento de su liderazgo, tanto mayor será su potencial para convertirse en el líder que es capaz de ser. Nunca deje de aprender.

Si es un líder veterano y de éxito, y muchas de las cosas en este libro le han sido meramente recordatorios de lo que ya sabe, entonces enfóquese en lo que debe: en levantar a otros líderes. Nunca olvide que el valor potencial más elevado que tiene no está en su liderazgo, está en su capacidad de tomar a gente con potencial de liderazgo y ayudarles a ser líderes de éxito. Usted puede tener un impacto más grande por medio de desarrollar un cuerpo pequeño de líderes que por dirigir un ejército enorme de seguidores.

No importa en qué punto se encuentre de su jornada de liderazgo, siga creciendo, siga dirigiendo y siga trabajando para hacer una diferencia.

Notas

Capítulo 2
1. «We Have Met the Enemy . . . and He Is Us», http://www.igopogo.com/we_have_met. htm, accedida 18 enero 2007.
2. Proverbios 22.7.

Capítulo 3
1. F. John Reh, «Employee Benefits as a Management Tool», http://management.about. com/cs/people/a/Benefits100198.htm, accedida 10 julio 2007.

Capítulo 5
1. Mark Albion, *Making a Life, Making a Living: Reclaiming Your Purpose and Passion in Business and Life* (Nueva York: Warner Books, 2000), p. 17 [*Vivir y ganarse la vida: recupere sus objetivos y su pasión, tanto en la vida profesional como en la personal* (Barcelona: Gestion 2000, 2003)].

Capítulo 6
1. Jim Lange, *Bleedership* (Mustang, OK: Tate, 2005), p. 76.
2. Lorin Woolfe, *The Bible on Leadership: From Moses to Matthew—Management Lessons for Contemporary Leaders* (Nueva York: AMACOM, 2002), pp. 103-104.

Capítulo 7
1. Marcus Buckingham y Donald O. Clifton, *Now Discover Your Strengths* (Nueva York: The Free Press, 2001), p. 6 [*Ahora descubra sus fortalezas* (Bogotá: Norma, 2001)].

Capítulo 8
1. Peter Drucker, *Managing in Turbulent Times* (Nueva York: Harper Collins, 1980), p. 6 [*Gerencia en tiempos difíciles* (Barcelona: Orbis, 1987)].
2. Jim Collins, *Good to Great* (Nueva York: Harper Collins, 2001), p. 70 [*Empresas que sobresalen* (Bogotá: Norma, 2002)].

Capítulo 9
1. Segundo debate presidencial con el titular Jimmy Carter, 28 octubre 1980, «Reagan in His Own Words», NPR, http://www.npr.org/news/specials/obits/reagan/audio_ archive.html, accedida 19 febrero 2007.

2. Stuart Briscoe, *Everyday Discipleship for Ordinary People* (Colorado Springs: Scripture Press, 1988), p. 28.

Capítulo 11

1. Barry Conchie, «The Seven Demands of Leadership: What Separates Great Leaders from All the Rest», *Gallup Management Journal*, 13 mayo 2004, http://gmj.gallup.com/content/11614/Seven-Demands-Leadership.aspx.
2. Stan Toler y Larry Gilbert, *Pastor's Playbook: Coaching Your Team for Ministry* (Kansas City: Beacon Hill Press, 1999).

Capítulo 12

1. Michael Abrashoff, *It's Your Ship: Management Techniques from the Best Damn Ship in the Navy* (Nueva York: Warner Business, 2002), p. 33.
2. Ibíd., pp. 91-92.

Capítulo 13

1. Warren G. Bennis, *Managing the Dream: Reflections on Leadership and Change* (Nueva York: Perseus Books, 2000), pp. 56-57.
2. Jeffrey Davis, *A Thousand Marbles* (Kansas City, MO: Andrews McMeel, 2001).

Capítulo 16

1. Malcolm Gladwell, *Blink: The Power of Thinking Without Thinking* (Nueva York: Little, Brown, and Company, 2005), pp. 18-34 [*Blink: inteligencia intuitiva, ¿por qué sabemos la verdad en dos segundos?* (Miami: Santillana USA, 2005)].
2. «Trust a Bust at U.S. Companies; Manchester Consulting's Survey Rates Trust in the Work Place a 5-1/2 Out of 10», http://www.prnewswire.com/cgi-bin/stories.pl?ACCT=104&STORY=/www/story/9-2-97/308712&EDATE=, accedida 27 marzo 2007.

Capítulo 17

1. Harry Golden, *The Right Time: An Autobiography* (Nueva York: Putnam, 1969).

Capítulo 18

1. Harry Chapman, *Greater Kansas City Medical Bulletin* 63, http://www.bartleby.com/63/17/4517.html, accedida 9 marzo 2007.

Capítulo 21

1. Proverbios 29.2.

Capítulo 23

1. *Reader's Digest,* 13 julio 2003, p. 198.

Capítulo 24

1. Dan Sullivan y Catherine Nomura, *The Laws of Lifetime Growth: Always Make Your Future Bigger Than Your Past* (San Francisco: Berrett-Koehler, 2006), p. 43 [*Las leyes del crecimiento para toda la vida: logre que su futuro sea mejor que su pasado* (Barcelona: Granica, 2007)].

Capítulo 25

1. Mateo 16.26.

Acerca del Autor

John C. Maxwell es un autor *best seller* #1 del *New York Times*, entrenador y orador que ha vendido más de 24 millones de libros en 50 idiomas. Con frecuencia Maxwell ha sido llamado la autoridad #1 de Estados Unidos en cuanto al liderazgo, y la revista *Inc.* lo identificó como el experto en liderazgo más popular del mundo en 2014. También fue votado como el principal profesional de liderazgo por seis años consecutivos en LeadershipGurus. net. Es fundador de John Maxwell Company, John Maxwell Team y EQUIP, una organización sin fines de lucro que ha capacitado a más de 5 millones de líderes en 180 países. Anualmente Maxwell habla a compañías de la lista Fortune 500, a presidentes de naciones y a muchos de los principales líderes empresariales del mundo. Se lo puede seguir en Twitter.com/JohnCMaxwell. Para más información visitar JohnMaxwell.com.